U0596215

本书系浙江省高校重大人文社科项目攻关计划项目

"浙江省教育现代化：标准、路径、指标体系研究"(2016GH006)研究成果

胡斌武 吴向明 等◎著

浙江教育现代化研究

THE MODERNIZATION
OF EDUCATION
IN ZHEJIANG

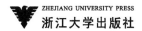
ZHEJIANG UNIVERSITY PRESS
浙江大学出版社

图书在版编目 (CIP) 数据

浙江教育现代化研究 / 胡斌武等著. —杭州 :浙江大学出版社，2020.8
ISBN 978-7-308-20404-0

Ⅰ.①浙… Ⅱ.①胡… Ⅲ.①教育现代化－研究－浙江 Ⅳ.①G527.55

中国版本图书馆 CIP 数据核字(2020)第 134253 号

浙江教育现代化研究

胡斌武　吴向明　等著

责任编辑	陈佩钰
责任校对	张　睿　诸寅啸
封面设计	姚晓雷
出版发行	浙江大学出版社
	（杭州市天目山路 148 号　邮政编码 310007）
	（网址：http://www.zjupress.com）
排　　版	浙江时代出版服务有限公司
印　　刷	广东虎彩云印刷有限公司绍兴分公司
开　　本	710mm×1000mm　1/16
印　　张	17.25
字　　数	288 千
版 印 次	2020 年 8 月第 1 版　2020 年 8 月第 1 次印刷
书　　号	ISBN 978-7-308-20404-0
定　　价	68.00 元

前　言

2015 年,联合国教科文组织发布《教育 2030 行动框架》,提出了未来教育发展的目标、标准、策略,指导各国根据国情制定教育可持续发展战略和计划,促使人人获得终身学习的机会,确保全纳、公平的优质教育。2019 年,中共中央、国务院印发《中国教育现代化 2035》《加快推进教育现代化实施方案(2018—2022 年)》,提出我国教育现代化总体目标是:到 2020 年,全面实现"十三五"发展目标,教育总体实力和国际影响力显著增强,劳动年龄人口平均受教育年限明显增加,教育现代化取得重要进展,为全面建成小康社会作出重要贡献;到 2035 年,总体实现教育现代化,迈入教育强国行列,推动我国成为学习大国、人力资源强国和人才强国,为到本世纪中叶建成富强民主文明和谐美丽的社会主义现代化强国奠定坚实基础。

浙江是中国教育改革发展的探路者、先行地,教育现代化不仅要在进程上比全国先一步、快一步,还要在质量上好一步、进一步。2020 年,浙江省发布《浙江教育现代化 2035 行动纲要》《浙江省加快推进教育现代化实施方案》,提出践行"干在实处永无止境,走在前列要谋新篇,勇立潮头方显担当",与"两个高水平"建设相适应,在"八八战略"再深化,改革开放再出发的新征程上,优先推进教育高质量发展,率先高水平实现教育现代化。到 2022 年,总体实现教育现代化:不断提升学前教育普及水平,有效缓解入托难、上好园难的问题;优质均衡发展义务教育,基本实现城乡基本公共教育服务均等化;特色化发展高中阶段教育,普职协调发展,多样化发展普通高中教育,优质化发展中等职业教育;优质化发展高等教育,基本建成高等教育强省。到 2035 年,在全省各领域率先实现现代化,在全国率先高水平实现教育现代化。

现代化学校是教育现代化的重要落脚点,是教育现代化的重要抓手。2020 年 4 月,浙江省教育厅、浙江省人民政府教育督导委员会办公室印发《关于开展浙江省现代化学校督导评估工作的通知》，提出加快转变传统教育观念，引导学校建立尊重学生个体和追求群体发展需求相结合的现代发展理念，建立顺应时代和社会发展对人才培养需求的育人目标，建立与学校发展条件相一致的现代学校发展方式，全面发展素质教育；决定 2020 年起启动浙江省现代化学校（含幼儿园、小学、初级中学、普通高级中学、中等职业学校和社区学校等 6 类学校）督导评估工作，并确保督导评估公平公正。

在此背景下，开展"浙江省教育现代化：标准、路径研究、指标体系"具有较强的政策意义和现实价值。作为研究成果，本书梳理了浙江省教育现代化政策沿革，比较分析了浙江省教育现代化指标体系，提出了浙江省教育现代化创新发展路径，专题探究了幼儿教育、中等教育、高等教育、社区教育、农村教育、老年教育现代化问题。需要说明的，一是为体现浙江省教育现代化特色，也是基于课题组学科优势，本书重点深入探究了幼儿教育、职业教育、社区教育现代化问题；二是课题组于 2016—2018 年开展了集中调研，为保持调研的历史性、真实性、原创性，个别调研保留了当时的原生态数据。本书是集体智慧的结晶，由胡斌武、吴向明提出研究计划、设想，设计提纲、审稿、统稿、定稿，江苏理工学院职教学部陈春霞博士参与了统稿、审稿，浙江工业大学教育学研究生参加了调研和写作，包括但不限于：第二章整章、第四章第一节（杭州市闲林职业高级中学高欢）、第三章整章、第四章第二节（湖北省社会科学院姚佳）、第五章第一节（台州市路桥区峰江街道中心小学张仙娇）、第三节（杭州市建设职业学校肖韩）、第四节（叶萌）、第五节（蒋池小美）、第六节（杭州市西湖职业高级中学钱柘）。在校研究生季孝琛、沈紫晴、杨卓君等协助了研究工作。在本书写作过程中，我们参阅了大量相关研究论文和著述，在此，向作者和出版单位表示感谢。

本书写作得到了教育部教师工作司、职业教育与成人教育司、国际合作与交流司的关心，得到了浙江省教育厅相关处室、浙江省教育科学研究院、浙江省教育评估院的指导，得到了浙江大学发展委员会副主席、中国西部发展研究院院长、博士生导师周谷平教授，中国教育科学研究院副院长、博士生导师刘贵华教授，江苏理工学院党委副书记、副校长、博士生导师崔景贵教授，江苏理工学院职业教育研究院院长、博士生导师庄西真教授，国家特约教育督导员、杭州师范大学浙江省教育现代化研究与评估中心副主任、博士生导师季诚钧教授的大力支持。本书作为"新时代职业教育现代化研究"丛书之一，得到了浙江省新型高校智库——职业教育现代化研究中心、浙江工业大学教育科学与技术学院的大力支持，借此，一并表示诚挚的感谢。同时，感谢浙江大学出版社及责任编辑陈佩钰老师的辛勤劳动！

作　者

目　录

第一章　教育现代化的内涵与价值

第一节　教育现代化的内涵阐释

一、现代化

现代化(modernization)是一个多学科认知的对象。马克思主义历史学认为其是无产阶级夺取社会主义革命胜利的时代;社会学认为其是社会行为和组织的合理化;文化学认为其是人类思想和行为多方面的变化过程;经济学认为其是工业化发展的水平。我们认为,现代化是社会和人的现代性发生、发展的现实活动,它既是一个现代性的生长过程,又是一种创造性的现实活动。

现代化是一个时间范畴。有西方学者认为现代化的起始时间可以上溯至古希腊时期,例如认为"现代化可以追溯至古希腊罗马后期所开启的形而上学"。① 也有学者主张将现代化的起始点定于文艺复兴时期,因为文艺复兴时期出现的社会、文化等方面的种种变革才真正标志着西方真正意义上现代社会的开始。② 德赛(A. R. Desai)强调现代化是社会发展过程的一个中间阶段,由生产方式带动经济方式转型,具体表现在传统农业向现代化工业的演变方面。可以看出,现代化没有明确的分割界限,没有明确的时间节点,可能

---

① 陈嘉明.现代性与后现代性十五讲[M].北京:北京大学出版社,2006:173.
② [法]弗朗索瓦·夏特莱.理性史[M].冀可平,钱翰,译.北京:北京大学出版社,2000:66.

会长期持续下去，并一直处于革新建设之中。^①

现代化是一种文化形态。马克斯·韦伯（Max Weber，1904）的《新教伦理与资本主义精神》是讨论现代化问题的经典著作。20 世纪 50 年代，美国产生了现代化理论，并产生了广泛的社会影响。路易·迪蒙（Louis Dumont）从政治结构、经济结构、经济增长、社会的相互依赖、知识与教育等方面讨论了社会的现代化问题。^② 迪纳·瓦尔马（Diener Waerma）将现代化视为政治变革中的意识形态，从而形成相对稳定的社会关系结构，强调人的主观能动性。人可以凭借自己的主观意愿发起活动，这些活动可能促进社会的进步和现代化的前行，也可能阻碍其发展，只有借助教育从方向上引导行动者的意识形态才能有效助力现代化变革；他还将现代化发展看作是行动者作用下的动态变革，并强调发展的运动性。^③ 艾伯特·马蒂内利（Albert Madineili）则认为现代化包括社会结构变化、政治变化、经济变化、生态变化、文化教育领域和知识领域的变化等诸多方面，现代化不仅仅是单一维度的专有名词，而且代表更广义的范畴；将政治、经济、社会等方面的变迁全部归结为现代化过程，并且将诸如此类变迁视作现代化时期的突出特点。^④

现代化是一种思维方式。现代化思维方式强调反思性和自我批判。马歇尔·伯曼（Marshall Berma）将现代化表述为一种可能和机会，即我们有权利、有机会按照自己的意志需求去改变既存事实，调整现有模式以适应发展。^⑤ 大卫·雷·格里芬（David Ray Griffin）认为现代化是一种模式，表现在具象的社会生活或组织活动中，现代化的基本特征表现在对现代化知识、对现代化过程、对自己的批判和思考，并以此为基础，佐证新时期社会生活和组

---

① ［印］A. R. 德赛. 重新评价"现代化"概念［M］//［美］塞缪尔·亨廷顿，等. 现代化：理论与历史经验的再探讨. 罗荣渠，编译. 上海：上海译文出版社，1993：26.

② ［法］路易·迪蒙. 论个体主义：对现代意识形态的人类学观点［M］. 谷方，译. 上海：上海人民出版社，2003：9.

③ ［美］迪纳·瓦尔马. 现代化问题探索［M］. 周忠德，严炬新，编译. 北京：知识出版社，1983：4，5，12.

④ ［意］艾伯特·马蒂内利. 全球现代化——重思现代性事业［M］. 李国武，译. 北京：商务印书馆，2010：8.

⑤ ［美］马歇尔·伯曼. 一切坚固的东西都烟消云散了——现代性体验［M］. 张辑，徐大建，译. 北京：商务印书馆，2003：15.

织活动变化的必然性趋势。①

我们认为,现代化规定的是区别于传统社会的现代社会文化,主体性、理性、民主性等是其核心规定,象征着反思性、批判性思维方式。

二、教育现代化

教育现代化与社会现代化有着密切的联系,这一方面表现在编年史意义上,自现代化起,教育就进行着文化价值的现代化转向,开始了教育现代化的文化精神启蒙;另一方面表现在文化价值及其实现方案上,教育现代化和社会整体现代化同体、同构,现代文化的价值主张规定着教育现代化的价值目标,同时教育现代化的展开也自觉地把现代化的文化主张作为自身的价值追求。教育现代化是教育与现代化的组合。

国外对教育现代化的认识主要有 3 个维度:其一,从人的发展层面探讨教育现代化的理念。英格尔斯(Inkeles)侧重研究人的现代化,总结归纳出现代人的 12 个发展指标,从人的发展视角强调教育的重要作用。他认为,人的现代化是教育现代化的发起缘由,更是教育现代化的终极归宿,主要体现在人的先决作用和可持续性发展。安德森(C. A. Anderson)则认为教育形态始终与人的现代性呈正相关,从教育学角度研究现代化,主题包括人的身心发展是否能够适应现代社会要求,能否跟上现代社会的节奏;教育现代化是人现代化的依附条件,人的现代化是教育现代化的应有之义。裴兹·福格斯(López Foguès)认为教育现代化是从终身学习的背景出发,以先进科学技术为支撑、贴近社会实际生活的教育,强调教育的普及对人经验调查和理性培养上的作用。其二,从社会发展层面探讨教育现代化的特征。与社会现代化相比较,教育的现代化有更广泛的内涵。普瑞姆(Prim)通过对南亚教育现代化问题进行分析,认为现代化进程通常意味着打破传统的束缚,科学技术的广泛应用,人们日益增长的物质和精神需要得到满足,生活水平的提高。苛普拉(Kipra)认为考察教育现代化应该考虑 3 个因素:教育必须与不断发生变化的社会相适应,包括适应人类丰富的生活、物质需要和精神需要;教育的内涵要扩展到终身教育层面;教育改革必须与社会和经济发展的全局相适应。

---

① [美]大卫·雷·格里芬.超越解构——建设性后现代哲学的奠基者[M].鲍世斌,等译.北京:中央编译出版社,2002:196.

谢尔盖耶夫(Sergeev)通过现代俄罗斯的发展实例,结合"互联网＋教育"的时代背景,重申创新对教育现代化的重要影响,并对创新社会的构建与教育之间的关系进行探索,尝试通过技术手段促进教育的现代化。① 其三,从教育自身发展层面探讨教育现代化的价值。邓肯·特拉维斯(Duncan Travis)通过建构教育现代化评价标准反衬教育的发展情况,从教育的普及水平、公平状况、发展状况、服务贡献、条件保障、科学治理 6 个方面评价教育现代化的内涵;从教育动力系统、教育质量系统、教育公平系统阐明教育现代化的实现途径。菲利普·托纳(Philippe Tona)从时间尺度和价值尺度理解教育现代化,指出教育现代化的时间尺度和价值尺度交织在一起,时间尺度呈现过程特征,价值尺度表明结果特征,价值特征也会随着时间流变而呈现出动态发展特征。

国内学者对教育现代化的探究主要有 3 个维度:其一,基于"过程论"的教育现代化内涵。《教育大辞典》将教育现代化定义为教育发展的历史过程,指传统教育向现代教育转化的过程。冯增俊认为,教育现代化来自大工业生产的带动,受小农经济的影响,经济形势逐步由农业生产向工业化迈进,在经济环境背景的革新下,教育不断向工业化时代的民主化转变,教育现代化是工业革命与科技革命的重要产物,也是一切教育类改革与发展的总称。② 杨明从历史角度提出教育现代化是全球性不断变革发展的过程,是教育整体转型并向纵深延伸的历程。教育现代化漫长且深远,需要整体宏观把控,需要各分支领域密切配合,需要参与人员积极响应,也需要社会舆论鼎力支持。③ 褚宏启认为,教育现代化是教育发展的历史过程,是教育从传统走向现代的必然阶段。随着旧制度的废除和新制度的兴起,这种转化体现于教育的各个方面,包括思想层面要以人为本,方法手段层面对信息技术的运用,内容层面的

---

① Sergeev N. High-priority directions of modernization of university education in innovational society[J]. *International Journal of Educational Management*,2017,31(1): 56—61.

② 冯增俊.香港教育现代化的基本经验及启示[J].华东师范大学学报(教育科学版),1997,2(2):23—30.

③ 杨明.中国教育离现代化目标有多远[J].教育发展研究,2000,6(8):9—14.

与时俱进,培养目标层面对创新能力的加强,教师教育层面对能力素养的提升等。① 其二,基于"变革论"的教育现代化进程。葛新斌将教育现代化视为动态与静态的复合体,是适切社会发展的循环递进过程,即教育现代化的本质是体现人类不断走向美好的趋势。② 顾明远提出,教育现代化是社会现代化的组成部分,是社会发展到一定阶段对教育提出的要求,是社会现代化深化的过程。面对新时代新经济的变革、新技术的创新、新发展的要求、新人类的夙愿,各领域突发危机的冲撞,教育作为培养人的攻坚力量势必对应地发生变化,从而配合社会现代化的全面发展。③ 周光礼强调教育现代化的社会属性,认为教育现代化是使教育与社会变革相适应,本质表现为消除教育与社会、教育与生产的对立,发挥教育的整体功能,使其更好地为社会变迁服务。④ 褚宏启认为只有教育现代性的增长才是教育现代化的根本特征,是教育诸因素构成的系统的变革和整合过程。⑤ 其三,基于"发展论"的教育现代化价值。邬志辉强调人在社会发展中的重要作用,人的内生性意识会主导外显性行为,只有达到人的现代性,才能进一步实现社会现代化,而教育正是发展变革中必不可少的实施途径之一。⑥ 认为教育现代化的实质是人的现代化,是从个体发展取向角度做出的界定,意欲通过教育使个体的生活更有意义和价值,是一种典型的人道主义的价值追求。谈松华、袁本涛从"时间"和"价值"两方面理解教育现代化:从时间维度看,广义的教育现代化指从与传统的封闭的农业社会相适应的教育向与现代的开放的工业社会相适应的教育转化的过程;从价值维度看,教育现代化指传统教育在向现代教育演进过程中所

① 褚宏启.教育现代化的本质与评价——我们需要什么样的教育现代化[J].教育研究,2013,34(11):4-10.

② 葛新斌.公民教育:我国现代化历史进程中的深切呼唤[J].清华大学教育研究,2000(3):106-112.

③ 顾明远.试论教育现代化的基本特征[J].教育研究,2012,33(9):4-10.

④ 周光礼.中国高等教育治理现代化:现状、问题与对策[J].中国高教研究,2014(9):16-25.

⑤ 褚宏启.教育现代化的理论进展与实践探索[M].北京:北京师范大学出版社,2015:29.

⑥ 邬志辉.中国教育的现代化与制度创新[J].华东师范大学学报(教育科学版),1998,4(4):25-29.

获得的新的时代精神和特征。① 周稽裘、马维娜认为从教育发展的终极目标和终极水平来看,教育现代化是教育发展的各个方面趋向和逼近"现代化"的程度;从教育发展的动态过程来看,教育现代化需要建立起现代化的教育体系。②

尽管学界对教育现代化内涵的理解不完全一致,但总的来看,"目的是达到现代性的状态"。"教育现代化是社会现代化的一部分""是一种新旧的转化过程"。教育现代化的目标一般可分为观念层面、制度层面和物质层面。我们可以把教育现代化的目标分解为若干个指标,形成指标体系。教育现代化的目标由指标体系来实现,教育现代化的标准由指标体系来体现。从这个角度来说,开展教育现代化标准、指标体系、路径的研究,可以夯实教育现代化理论基础,深化教育现代化的本质,创新教育现代化的路径。

第二节　教育现代化的价值探寻

探究教育现代化价值必须把握教育现代化的实质和特殊规定性,而这种特殊规定性正是教育现代化及其形成、发展的历史表现。

一、教育现代化追寻理性价值

教育现代化强调教育的理性价值。近代以来兴起的现代性,以工具理性和个人主体性为核心。这种普遍的行为态度深刻地影响着教育,造成教育培养的人只具有工具的理性,而缺少价值的关怀。③ 工具主体性的泛滥使教育过程呈现出主客对立关系,取代了本该存在的主体间的平等交往关系,异化了完整的人,也异化了教育过程中人与人之间的关系,教育的内容为科学世界所独霸,生活世界被殖民化。实证主义带来的客观的、科学的知识观使知识丧失了情境性和主观性,使教学成为对知识的占有,而不是思想的生成。④ 教育现

---

① 谈松华,袁本涛.教育现代化衡量指标问题的探讨[J].清华大学教育研究,2001(1):14—21.

② 周稽裘,马维娜."九五"以来我国教育现代化研究综述(上)[J].学科教育,2004(11):1—9.

③ 冯建军.教育现代性的反思与批判[J].南京师大学报(社会科学版),2004(4):69—74.

④ 于伟.现代性与教育[M].北京:北京师范大学出版社,2006:332.

代化将教育现代性视为一种进步的力量和理想的目标,主张在促进社会的发展过程中强调育人作用,体现价值理性。相对于那些已经实现工业化与正在进入后工业化时代的原生型现代化国家,我国教育现代化程度还较低,①这需要警惕教育现代化的工具理性,张扬教育现代化的价值理性。

二、教育现代化的价值表征

从社会发展的角度,全球化呼唤着世界范围内的全方位的现代化,绿色、低碳和可持续发展成为全球发展共识。教育现代化既是教育自身走向现代化的过程,也是教育适应整个经济社会发展面向未来整合、重建的过程。教育面向世界、面向未来、面向现代化。当今,"一带一路"倡议对我国加强与沿线国家的教育与人文交流提出了新的要求,为扩大教育开放、提升教育国际影响力提供了历史机遇,要求教育化区域优势为区域共赢态势,不但要注重区域间的协作,而且要注重建设人类教育共同体。

从国家治理的角度,推进国家治理体系和治理能力的现代化是实现社会现代化的应有之义,而教育现代化助力国家治理体系和治理能力现代化建设。新时代,教育的基础性、先导性、全局性地位和作用更加凸显。当前,国家治理体系和治理能力现代化对完善教育治理体系和提升教育治理能力提出了新要求,同时也为教育资源布局、供给侧结构性改革、教育规模、教育服务配置提供了新契机,这需要彰显教育现代化的价值。

从科技革命的角度,"互联网+""工业 4.0""中国制造 2025"引起了一系列社会变革,为人类生产生活提供了新的思路和手段。"互联网+教育"将从教育治理、教育创新、课程载体、教材呈现和教学方式等方面影响教育现代化的进路。浙江在区块链、数字经济、大数据、云处理等领域本身就站在潮头,为全方位教育现代化提供了技术支撑和物质保障。所以,探讨新工业革命背景下浙江教育现代化具有强烈的时代感,全方位的教育安全体系、"开放、共享、人本"的互联网思维、教育大数据、国家省市县四级一体化的教育资源中心、线上与线下相结合的混合式教育、沉浸式精准式学习方式等既是浙江各级各类教育现代化的目标追求,也是浙江引领教育现代化的使命担当。

---

① 岳龙.中国教育的现代性困境及其突破[J].探索与争鸣,2006(10):44-46.

第二章　浙江省教育现代化政策沿革

　　为推进省域教育现代化发展,2000 年,《浙江省教育现代化建设纲要(2000—2020 年)》明确提出"到 2015 年基本实现教育现代化,到 2020 年实现教育现代化".① 2002 年,浙江提出"教育强省"战略目标.目前,浙江省正以《教育现代化 2035 行动纲要》《加快推进教育现代化实施方案(2018—2022年)》为指导全力奋进.本章以历史制度主义为理论依据,以浙江省教育现代化政策变迁为主要抓手,由点到面地总结探索推动省域教育的现代化发展.

第一节　理论支撑:历史制度主义

　　美国斯坦福大学教授阿夫纳·格雷夫(Avner Greif)等人提出了历史制度主义分析范式(historical institutional analysis).该范式强调分析制度变迁时,应考虑政策制度制定、实施的社会背景、缘起发展和后续影响.从历史制度主义视角分析,任何制度的生成与变迁都不是独立存在的,而是与政治、经济等背景环境相互依存的.只有从时间发展的角度,纵观历史事件推演,综合多方面影响因素考量,才能全面地分析政策制度的变迁.

　　历史制度主义方法论的核心内容是从辩证发展及历史的视角研究制度

---

　　①　中共浙江省委、浙江省人民政府:浙江省教育现代化建设纲要(2000—2020 年)[Z].浙委〔2000〕9 号.

的演化。① 该方法揭示的是历史在系统出现、存在和变化过程中的作用,分析历史进程和历史事件对制度的制约,同时强调制度在解释历史进程中的作用。历史制度主义包括时间理论和制度理论。时间理论指以时间的角度分析制度演进的过程,将历史维度纳入制度研究,也是历史制度主义区别于其他新制度主义研究方法的特别之处;②制度理论强调制度变迁,将制度作为因变量,研究其受到政治变迁、经济发展、文化革新等政治经济环境背景变化和行动者决策影响产生突发危机、路径依赖、断裂平衡的变化过程。

历史制度主义站在时间的长河里,凝望历史事件的发展过程,分析制度演变所受到的动力作用以及制度演变自身表现出来的复杂特征,以真实发生的历史事实为依据,详细解读和分析其背后的关键变量,以史为鉴,推动政策创新。历史制度主义以其注重历史维度的思考,更加具有社会科学分析的厚度,并且具有能提供长时段和大视野的社会变迁研究结果的优势。③ 本章遵循历史制度主义理论,按照历史维度构建分析框架,主要探讨时间理论维度下的时间分期、序列分析和关键节点,以及制度理论维度下的制度变迁和制度动力。

一、时间理论

历史制度主义区别于其他理论的突出特点是其提出并强调了时间理论,以客观存在的事物和发生过的经历为依据,对历史事件进行系统梳理,为后续研究提供充足佐证基础。该理论从历史推移的角度研究时间分期、序列分析、关键节点等要素,通过对具体的时间点和时间段的研究探寻制度变迁的内部因素和外部作用。该理论从横向和纵向两方面展开,横向上以时间点为考察对象,重视关键节点发生的具体历史事件;纵向上以时间段为关注目标,分析特定时间段内的历史走向。前者存在一定波动性和断裂性特点,后者具备稳定性和连续性特征。时间要素的波动性影响制度的不规则变化和意外

---

① Sven Steinmo, Kathleen Thelen, Frank Longstreth. *Structuring Politics*: *Historical Institutionalism in Comparative Analysis* [M]. Cambridge: Cambridge University Press,1992:2.

② 刘圣中. 历史制度主义:制度变迁的比较历史分析[M]. 上海:上海人民出版社, 2010:34-67.

③ Paul Pierson. *Politics in Time*: *History Institutions and Social Analysis* [M]. Princeton and Oxford: Princeton University Press,2004:4.

变迁,时间要素的稳定性决定制度的规则变化和稳定发展。[①]

（一）时间分期

时间分期是时间理论分析的核心元素,也是开展历时分析的首要步骤。从时间推移的角度分析,梳理历史事件的发生、发展过程,存在一定的整体性和阶段性,将较长的历史阶段按照一定的标准合理地分化为几个不同的部分,有助于进一步细化探究。时间分期是历史制度主义中关于时间阶段划分的解释说明,在历时分析初期,都要进行时间分期说明,具化时间分段原因及标准,表明分段节点特质,论证同时段的阶段性特点,为政策制度文本分析做铺垫,有助于研究者探析制度演变的内在逻辑。

关于不同议题的历史制度主义的历时分析部分,有的按照年代划分,有的按照领导人执政年限划分,有的按照重大历史事件划分。对于同一时段的相同研究,比如中华人民共和国成立以来的教育政策研究,不同的学者也有不同的时间分段方法,有的按照纵向时间发展划分为每十年一个阶段,有的按照历史事件划分为改革开放前和改革开放后,有的按照教育事件划分为教育体制改革前和教育体制改革后,等等。时间分期是时间理论的重要因素,是进行历史制度主义分析的分析起点,不同研究者可能对同一历史阶段有不同的时间分段标准,这一点无可厚非,但要自圆其说,解释说明分段是因为时间年限均分,或是时代更迭,或是社会结构变化,或是战争纷乱,等等。

（二）序列分析

我们这里提出的序列分析指在历史制度主义中,将历史事件按照时间发展的顺序逐一梳理排列并分析研究的过程。序列分析是制度分析的前提和基础,其主要任务是广泛搜集相应时间阶段的所有历史事件,并不添加任何感情色彩地客观陈述,总结各事件的相同元素和不同元素。政策制度的序列分析一般包括文件法案等文本的出台时间、具体名称、主要内容等要素,罗列综述其演变过程,透过现象看本质,分析这一研究阶段的历史事件的相关性。

序列分析更强调研究事件的真实,分析可借用数理统计的数学模型量化研究,也可根据事件与事件的相关联程度定性研究,总结发生发展规律,探求事件的周期循环规律或随机突变原因。对于不同事件按时间发生发展的综

---

① 刁大明.美国联邦政府拨款制度研究[D].天津:南开大学,2010.

述罗列是客观陈述,但对于事件的论述却是主观议论,研究者根据关注点的不同,摘选各自需要的有效成分加以归纳总结。例如本书关于教育政策的研究,新中国成立以来出台的教育政策有很多,不同角度、不同层级的文件层出不穷,研究者在综述引用时,根据自己的需要,有针对性地选择部分文件,并摘录其中的"有效"内容。

（三）关键节点

关键节点是历史发展中的重大事件,是时间分期的决定因素,是制度演变的转折点。它是连接时间理论与制度理论的桥梁和纽带,为时间理论的时间分期提供依据,为制度理论的制度分析提供佐证,是历史制度打破原来稳定有序的发展平衡阶段,进而进入制度断裂阶段的冲突危机,在整个制度变迁的全过程中起着划分时间阶段、改变发展态势的作用。为此,关键节点也被称作历史制度主义的"制度断裂点",也是制度变迁过程中打破原平衡、进入新阶段的划分节点。

关键节点也存在于历史发展的阶段中,发挥其正反馈调节或负反馈控制的作用。例如:国家提出课程改革后,各省区市、各层级教育机构均结合各自实际情况制定方案,积极响应,落实课改,发挥积极的促进作用。在历史制度主义分析中,一方面要细化研究关键节点自身的产生原因、阶段特点、发展过程和作用影响,另一方面还要对关键节点与国家、经济、生态等在内的其他维度的利弊关系展开讨论。对于关键节点发生的重大历史事件而言,可能会因为"报酬递增"而完善深化原有体制,与此同时,也可能会因为反向作用,引起制度断裂。关键节点是制度发展变迁过程中历史事件发生的重要转折节点,这一时刻的偶然性因素可作用于后期很长一段时间内稳定发展的制度模式。

二、制度理论

历史制度主义强调通过梳理历史事件发生发展的轨迹,研究历史对现在及未来产生的作用,即原来的政策制度选择会对现在的政策制度制定产生何种程度的影响。该研究视角着力挖掘历史变迁中关键节点发生的突发危机,分析不同时段历史事件的共时性结构和历时性模式的因果关系,以及突发危机对原有路径依赖和制度平衡产生的威胁。与此同时,还深入思考制度与环境、制度与行动者的关系问题,认为制度的产生与发展受到环境变迁的影响,同时也反作用于环境,制度与行动者之间亦存在执行与制定的相互作用。相对于时间理论而言,历史制度主义的制度理论更为大多学者所青睐,基于历史制度主义视角分析的研究大多从制度理论出发。制度理论主要论述制度变迁过程的核心要素和影响变迁的制度动力两部分,其中变迁过程中的重点问题体现在突发危机、路径依赖和断裂平衡三方面,制度动力主要表现为背景和行动者两要素。

(一)制度变迁

1.突发危机

突发危机可能是历史发展中某个重要的制度、政策、组织、行动者、重大事件或者其他关系,对当前制度结构产生方向、内容和模式方面的影响。保罗·皮尔森(Paul Pierson)结合增长回报的相关论述,阐释突发事件对路径依赖的作用原理。增长回报支撑路径依赖,突发事件正是增长回报的逆行为。增长回报指在过往的经济生活中,已有的科学技术、行为经验和制度规范在发展过程中,不断自我维持并自我强化,从而影响后续技术的选择和制度的变革。在发展中,行为取得回报递增的效果,在对经验认可的同时螺旋前进,发展航标向既存的结构和关系倾斜。这种过程中的不断增长对既有技术、制度和关系的维持和强化功能的回报呈积极反馈功能。政治制度变迁也存在对旧制度、现存社会力量和关系要素的增长回报效应,在此倾向下不断自我维持、强化,使得制度保持稳定和延续的特征,而正是因为增长回报的机理,催生了制度的路径依赖性。[①]

突发危机正是以某种政治冲突或是环境变化,通过政治、经济等背景变迁或行动者的决策导向,打破这种正向调节的稳定平衡,使原制度在存续的正常时期出现威胁,甚至出现制度断裂,由此形成制度变迁。外部冲击力量可以表现为累积发生和突然出现,在关键节点上做出的制度选择会对未来形成约束,制度变迁因而会随着突发事件的产生调整路径依赖的倾向,同时制度由初始状态转向新制度安排的路径。制度被制定并实施之后,会逐渐进入平稳发展的制度存续阶段,在这段时间内,制度自身各要素之间,制度与制度之间,制度与外部环境之间均相对平衡并同步推进发展。制度演进综合了路

---

① Paul Pierson. Increasing Returns,Path Dependence,and the Study of Politics[J]. *American Political Science Review*,2000(6):252—265.

径依赖与突发危机等因素,在渐进中有突变,在突变中求平衡,是间断均衡和进化选择的结果。

2.路径依赖

路径依赖是历史制度主义范式中的一个重要概念,它强调历史发展过程中前期事件和制度范式会出现自我强化机制,从而不断提高自我的优势地位,对其后发生的事件产生影响,形成一种路径依赖性。关于路径依赖,可以分为广义和狭义两种解释。从广义角度来看,路径依赖强调时间轴后面发生的事情受历史经验的影响,无论是从无到有的发生,还是在原有基础上的变迁均受制于过去事件。从狭义角度来看,其认为其他的选择也是存在的,但是特定制度安排所筑起的壁垒将阻碍初始选择的转换。

路径依赖作为一种外显的存在,究其本质可以理解为一种回报递增效应作用下的自我强化现象。制度一旦被确定,由于回报递增、惯性作用等,其本身就将会自发地自我保护,并且不断正反馈强化,而要转变或者否定原有机制,就会变得十分困难。无论是从无到有的制度生成还是曲折盘旋的制度变迁,制度都离不开外界环境而独立存在,它随着时间的推移在历史发展过程中继续并传承。

对于路径依赖的发生发展过程,皮尔逊给出了明确的解释和详尽的描述。起始阶段,存有多个备选制度制定方案,但此时的制度仅仅处于理论设计阶段,并不能确定各自发展远景(第一阶段);随着事件的推进和制度实施的发展,在某个时间点突然发生某个大事件,这个关键节点会对制度的推进产生重大且深远的影响,此时该事件会推动制度向其中一种态势发展,被确定的制度凭借着自身独特的优胜于其他备选制度的特质脱颖而出(第二阶段);一旦制度被确定,便自发地形成自我保护和正反馈强化作用,锁定自身发展优势,不断自组织调整其他因素,从而适应新形势、新环境,平衡稳定地继续发展(第三阶段)。制度的制定在早期阶段可能会受到外界环境等影响因素的扰乱,但只要制度确定,后续便会进入稳定平衡阶段,路径依赖会摒除其他外界因素的纷扰。具体情况如图2-1所示。

3.断裂平衡

历史制度主义研究中的制度变迁理论有很多,例如制度的革命与战争生成论、路径依赖理论、渐进转型理论等等,受广泛认同的是斯蒂芬·D.克莱斯勒(Stephen D. Krasner)所提出的断裂平衡理论,他将其视为历史制度主义

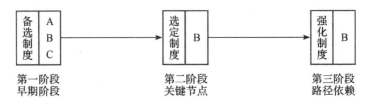

图 2-1　路径依赖的发生发展过程

制度变迁的一种分析模式。[①] 他认为制度以长期稳定为标志,其间导致相对突然的制度变迁的危机将促使制度发生周期性的间断波动,之后制度又重新恢复稳定。除此之外,他还强调,突发的危机大多源自外部环境的变化,危机的发生可以引发原有制度的崩盘破碎,这一现象会引起新制度安排导致政治冲突。

制度变迁强调的是制度由原始状态变化到新近状态的过程,制度断裂强调的是制度变迁过程中,关键节点重大历史事件作用下的极端变化。这种断裂的极端变化往往会带来一段时间的制度稳定,这种稳定或长或短,未有定数。不同国家、不同系统的政治制度虽大体情况保持稳定,但也存在渐进的发展变化,也会受到外部环境的影响和外部力量的推动。

克莱斯勒提出的政策制度的断续性平衡模式,意在从数学变量的角度强调制度的作用与反作用。在平衡稳定时期,可将制度视为自变量解释政治产出;在关键节点处,可将制度视为因变量,由其反映外部冲击的影响与作用。制度的螺旋式发展和周期性变迁也正存在于这种制度断裂的危机冲突中,制度与政策的相互塑造作用也正悄然孕育在稳定与波动的变化之中。断裂平衡诠释了制度变迁的发生发展过程,从定性分析的角度解释并丰富了历史制度主义的理论研究,是历史分析的重要组成部分和强有力的助推剂。

(二)制度动力

制度动力分析主要强调制度变迁的影响机制,补充时间理论静态机械的比较研究框架,扩充制度分析的动态讨论范畴。制度变迁的影响动力可以概

---

① 刘圣中.历史制度主义:制度变迁的比较研究[M].上海:上海人民出版社,2010:123-134.

括地分为政治经济等环境背景和制定与执行的行动者两大方面。①

1. 背景

历史制度主义侧重研究制度与环境之间的关系处理问题，以及由此产生的制度自身演变发展的规律问题。无论是政治制度平稳巩固发展的路径依赖时期，还是其突发危机动态演变的制度断裂时期，均不可避免地存在着政治经济环境的制约或促进。但是，由于制度本身存在路径依赖现象，环境的变化与制度的变迁并不是一一对应的关系，制度有着一定的相对稳定性，只有在关键节点爆发突发危机，才能改变制度原有的平衡，产生制度断裂。而突发危机大多来源于背景影响，或是来源于经济变革，或是政治变迁，抑或是制度自身影响。

相对于新制度主义，历史制度主义更加丰富了制度变迁理论的阐述，细化了制度动力的表达。制度动力是将制度作为因变量，主要研究制度在什么因素的影响作用下产生、发展、转变和终止。例如，我国提出精准扶贫战略后，教育部相应出台系列政策文件，从教育援助角度，大力支持国家政策。普通教育实施人才扶贫，职业教育联系技能扶贫，双管齐下，从省市对口援助到具体学校的教育支援，还有重点项目的援疆援藏计划。历史是事件产生的时机和存在的环境，制度是具体历史阶段的现实产物，背景是制度动力的外生因素，体现在外部环境生成的变动或冲击方面。

2. 行动者

行动者是制度变迁不可或缺的主要因素，制度为行动者提供机会和限制，对行动者偏好产生影响。② 与此同时，行动者也正是凭借制度赋予的机会展开行动，将制度的限制转化为权利，将制度影响的偏好和目的反作用于制度。站在历史制度主义分析的角度考量，制度不仅仅是宏大的政治结构，也是复杂的制度集群。这些网络化的制度集群相互交织、共同搭构形成一个更大的组织网络，行动者凭借自身的偏好和行动作用于制度。行动者对制度的作用主要体现在以下三方面：其一，行动者抓住制度提供的机会展开行动。

---

① 何俊志,任军锋,朱德米. 新制度主义政治学译文精选[M]. 天津:天津人民出版社,2007:161.

② 刘圣中. 历史制度主义:制度变迁的比较研究[M]. 上海:上海人民出版社,2010:134－146.

制度的变迁和沿革离不开人的作用,行动者充分利用制度变迁的机会,紧随时代发展的脉搏,或代表政府部门的权益,或体现经济发展的倾向,或表示行动主体的利益,在政策制定环节发声。其二,行动者有效地将制度的限制转化为权利。行动者牢牢把握住制度赋予的权力,在制度规定的范围内按照自己的意志,代表着各自的利益,实施相应的行动,完成预设的任务,实现希冀的目的。其三,行动者牢记自身的偏好和目的反作用于制度。制度在政策文件中确定行动者的角色,规定行动者的偏好和目的。行动者在长时间的承载和影响下,将制度本身的行为准则和价值偏好铭记,将制度内化到自己原有的认知结构中,综合调整行为方式,自发地向制度靠近,进而帮助推进政策的制定和产生,促进制度的运行和实施。

三、历史制度主义与教育政策分析的契合性

(一)制度与政策的契合

制度与政策是两个表述维度不同的一组概念。制度多是从宏观角度论述,立足于社会层面,反映时下社会发展趋势和特点,体现即时价值取向和观念,由国家相应机关单位发布,实施时间较长,用以调整和规范社会公民行为。政策的概念相对具体化,它多是指由国家相应政权机关,从自身角度出发,站在自己所代表的一方,根据政治社会发展状况,制定的时间相对较短的规定和标准,以设立统一目标,细化实施内容,落实保障机制,实现代表的主体利益。

制度和政策这组概念有区别也有相同的特质,二者均是在特定的历史环境和现实环境共同推进下出现的综合性产物,它们受多重复杂因素的共同影响,包括历史传统的文化和制度,现实的经济社会发展趋势,具体执行实施的地貌特征和区域政治等。制度和政策都在历史变迁过程中呈现自身特点,发挥各自作用,与此同时,这些特点的体现也说明着制度与政策所在特定历史阶段的发展进程。从社会学角度讲,政策可以视为短时间内调整行为的制度。

基于二者的联系与契合性,本章以历史制度主义为理论基础,聚焦浙江省教育事业发展,按照省域教育特点,结合发展现状,探求影响教育现代化政策变迁的动力机制。以此改善原有制度错位、制度短缺、制度越位等方面的现象,结合时代发展新要求,打破制度锁定,实现制度创新。

（二）制度动力与政策动力的契合

历史制度主义认为,只有在历史的发展进程中,在跨学科的总体分析下,才能精准挖掘制度变迁背后的动力因素。本章在深入研习历史制度主义的基础上,结合教育政策学进行跨学科研究,分析浙江省教育现代化的政策演变,着重探讨先发生事件对后发生事件的逻辑作用。从制度变迁的角度探讨影响制度演变的动力机制,分为外生因素的环境背景和行动者产生的内生行为两大部分。从教育政策发展的角度分析影响教育政策制定的因素,分为政策环境、决策人物和决策组织三部分。制度变迁和政策决策在动力分析方面不谋而合,具有极大的契合性。

本章将制度动力中的背景因素与教育政策制定影响因素中的环境因素相结合,生成政策环境动力,并将其细化为政治环境、经济环境和教育环境;将前者的行动者因素与后者的决策因素相结合,展开分为决策人物因素和决策组织因素,并将决策人物细化到决策者、专家与智囊和行政人员三层面,将决策组织细化到组织的结构、组织的层级与幅度和组织的程序或过程三部分。同时,在每一项动力机制的影响因素分析中融合制度理论的突发危机、路径依赖和断裂平衡三因素,以制度断裂平衡发展过程为分析脉络,创新政策演变分析视角。

第二节　历时分析:教育现代化政策沿革

浙江作为我国发展强省,凝聚各行各业翘楚,勇于探索,积极创新,在经济、文化、科技等领域均取得傲人成绩,起着示范作用。新中国成立 70 多年以来,浙江教育事业取得了跨越式发展,结合区域发展特色,形成具有内发性的、本土的教育路径,为中国教育史书写了浙江篇章。现在的浙江,拥有更广阔的发展平台,更丰富的支持资源,更雄厚的物质基础,同时也伴随着更激烈的竞争,这就越发地需要教育输出人才支持,推动人力资本积淀。在新时代、新使命、新要求下,如何推进浙江省教育现代化进程,探索省域教育现代化发展路径,完善教育现代化体系建设,探索浙江之路是我们亟待解决的问题。

新中国成立以来,浙江省教育现代化政策变迁可以细分为 5 个发展阶段,即 1949—1965 年的奠基阶段,1966—1976 年的停滞阶段,1977—1984 年的发展阶段,1985—2003 年的加速阶段和 2004 年至今的跨越阶段。

一、奠基阶段(1949—1965 年)

(一)序列分析

1949 年,新中国刚刚成立,国家经历了长时间战乱的纷扰,百废待兴,教育行业也不例外。在这样的大环境下,浙江教育发展情况同样不容乐观,面临诸多问题和挑战。

首先,学校数量较少。新中国成立初期,浙江省只有 1.63 万所小学,189 所中学和 7 所高等学校。[①] 其次,学校分布不均衡。学校大部分集中在杭州、宁波、温州等城市,其他地区学校较少,偏远山区基本没有学校设置。再次,教学环境简陋。基于特殊的时代背景,政府对教育事业的政策和经费支持不够,导致教育软硬件设施配备短缺。最后,教育思想偏颇。由于浙江位于东南沿海位置,对外经济贸易较为发达,因此思想(也包括教育思想)受外来文化影响,资产阶级倾向严重。基于上述问题,浙江省政府按照 1949 年 9 月颁布的《中国人民政治协商会议共同纲领》的指导意见,积极推进区域教育事业的发展。奠基阶段的浙江省教育政策经历了以下变迁。

1.1949—1956 年,国民经济恢复时期

在教育事业的发展上,坚持教育"为工农服务、为生产建设服务"的方针,改革旧的教育制度,进行初步的教育教学规章制度建设,通过贯彻执行团结、教育、改造知识分子的政策,加快新型人民教师队伍建设,从而深刻地改变了旧教育的性质和功能,使教育真正回到了人民的手里。

1949 年,省文教厅颁布《目前教育工作的意见》,提出维持现状,训练干部,了解情况,稳步改造,这是全省教育工作的基本方针。

1950 年,省人民政府颁发《关于 1950 年农民冬学实施办法》《浙江省城市职工业余教育实施方案》,省文教厅颁发《浙江省农民业余学校试行办法》,号召大家积极学习,助力扫盲运动推进。

1950 年,省委发布《关于二读运动的指示》,要求学生生产与学习同步。

1950 年,省人民政府颁发《关于 1950 年农民冬学实施办法》,加强农民对

---

① 浙江省统计局.新浙江 50 年[M].北京:中国统计出版社,1999:367.

政治、文化等方面的学习。

1950 年,省人民政府颁布《浙江省城市职工业余教育实施方案》,对产业工人实施文化教育,开展教育补偿。

1951 年,省文教厅颁发《浙江省农民业余学校试行办法》,推进扫盲运动。

1951 年,省文教厅发布《本省小学附设初中班或创设初中分部的计划》《中学试行二部教学制的规定》,扩充中学阶段教育。

1953 年,省教育厅在《1953—1957 年教育事业发展计划》中对普通中学提出要求,重点发展工农速成中学和高中,逐步接办私立中学。

1953 年,省教育厅先后下发《关于选送师范学校优秀毕业生入高等师范学校学习的通知》《关于选送优秀小学教师入高等师范学校学习的通知》,省教育厅、团省委联合发布《关于选送学校团专职干部进入高等师范学校学习的通知》,提高高等师范院校学生素质。

1956 年,省委制定《教育十二年规划纲要》,设立在 5 年内普及小学教育的发展目标,提升教育教学质量。

1956 年,省教育厅、工会联合会、工业厅、团省委联合发布《关于大力开展职工业余教育的通知》,促进省内业余中小学稳步发展。

2.1957—1965 年,探索社会主义教育时期

1958 年 9 月 19 日,中共中央、国务院发布的《关于教育工作的指示》,作为教育总方针指导浙江省教育事业发展。探索社会主义教育过程大致可以分成以下两个时期:前期以 1958 年提出的社会主义教育方针,开展教育"大跃进"和"教育革命"为中心,后期从 1960 年下半年开始,主要内容是贯彻"调整、巩固、充实、提高"的方针,总结 1949 年和 1958 年以来教育的经验和教训,纠正"左"的思想对教育的一些影响,并继续进行教育教学改革。[①]

1957 年,省教育厅和团省委发布《关于加强少年先锋队工作的联合指导》,完善思想政治教育。

1958 年,发布《关于进一步加强学校党的领导,加派一批干部担任学校领导工作和教学工作的指示》,加强政治教学。

1958 年,省教育厅发出《关于在中小学、师范学校开展勤工俭学的意见

---

① 方晓东,李玉非,毕诚,等.中华人民共和国教育史纲[M].海口:海南出版社,2002:114.

（草案）》，组织学生参加劳动。

1958年，省教育厅党组发布《关于普通中学、小学、师范学校继续大力开展勤工俭学的意见》，进一步细化学生劳动时间。

1958年，省教育厅发布《关于人民公社教育体制的试行方案（草案）》，赋予人民公社更多权利，管理辖域学校。

1961年，省委颁布《关于安排当前教育工作的决定》，统筹管理学校。

1964年，省教育厅先后制定并颁发了《浙江省农村民办小学暂行管理办法》和《浙江省农村简易小学教学计划（草案）》，积极推进简易小学发展。

1965年，省人民委员会发布《关于举办半工半读、半农半读学校的几点通知》，兴办半工半读、半农半读学校。

1965年，省教育厅发布《目前试办半工半读中学工作几个问题的通知》，具体细化落实半工半读中学工作。

（二）关键节点

1. 1949—1956年，国民经济恢复时期

浙江省教育战线的主要任务是贯彻过渡时期总路线，为社会主义改造和大规模的经济建设服务，力争实现从新民主主义教育向社会主义教育过渡。在教育指导方针上，党和政府提出了培养社会主义全面发展的新人，实施全面发展教育方针，采取了学习苏联教育经验的举措。[①]

新教育方针的确立与实施。1949年10月颁布的《中国人民政治协商会议共同纲领》规定了新民主主义教育，为我国教育事业的发展定性。教育总方针是：为工农服务，为生产建设服务。以此历史事件为基准，同年11月，中华人民共和国教育部成立，教育事业成立自己的决策组织。次月，教育部提出教育要服务于国家建设，行动上要坚持团结、教育、改造知识分子，发展方针要强调普及和提高。按照《中国人民政治协商会议共同纲领》所述，要有计划、有步骤地改革旧的教育制度、教育内容和教学法的规定，浙江省从学制、课程、招生制度三方面开始改革。

---

① 方晓东,李玉非,毕诚,等.中华人民共和国教育史纲[M].海口:海南出版社,2002:15.

2.1957—1965 年,探索社会主义教育时期

受国家发展大趋势的影响,教育打破原有路径依赖,努力为经济建设服务。在教育指导方针上,强调培养社会主义全面发展的新人,实施全面发展的教育方针。此阶段,浙江省教育事业在不断探索中曲折发展,具体措施包括:落实社会主义教育方针,贯彻"八字"方针,试行"高校 60 条",推行教学改革等。

社会主义教育方针的实施。1957 年 2 月,毛泽东发表的《关于正确处理人民内部矛盾的问题》提出教育方针,强调德育、智育、体育的发展。① 1958 年 9 月 19 日,《关于教育工作的指示》把党的教育方针确定为:教育要为无产阶级政治服务,要与生产劳动结合。毛泽东进一步把党的教育工作方针表述为:"教育必须为无产阶级政治服务,必须同生产劳动相结合。"②基于决策者带来的制度变迁的"突发危机",浙江省从统筹思想政治教育管理,推进学校政治教育,促进教育与劳动相结合等方面,细化落实社会主义教育方针。

"八字"方针的贯彻实施。受"大跃进"和"人民公社化运动"等影响,为维护制度平衡,中央客观审视分析教育发展状况,制定了"八字方针",对社会主义的建设事业进行了调整。③ 浙江省将教育工作重心放在控制学校数量、提高教学质量两方面,努力协调教育与生产发展之间的关系。具体实施中,保留发展状况较好、基本条件设施完善、有后续发展潜力的学校。逐步缓解教育发展过程中出现的速度快、战线长、劳动力多等问题。纠正快速发展带来的混乱现象,促进教育与经济发展相适应。

"高教 60 条"的试行。1961 年 9 月 15 日,中央发布"高校 60 条",总结了新中国教育工作的经验,对高校恢复和建立正常的教学秩序,妥善安排教学、科研、生产劳动和社会活动的时间,保证教师在教学中的主导作用,调动教师、干部的积极性等方面有巨大的促进作用。浙江省在党中央的领导下,尽快建立正常的教学秩序,改革了高校领导与管理体制,坚决落实党的知识分子政策。

---

① 毛泽东.毛泽东同志论教育工作[M].北京:人民教育出版社,1992:258.

② 毛泽东.毛泽东同志论教育工作[M].北京:人民教育出版社,1992:273.

③ 方晓东,李玉非,毕诚,等.中华人民共和国教育史纲[M].海口:海南出版社,2002:154.

推行"两种教育制度"。"两种教育制度"指全日制大、中、小学教育与半工半读、成人业余教育并举的教育制度。浙江省委、省政府为了认真贯彻上述要求,采取了一系列针对性的措施:减轻学生过重的课业负担,废除注入式教学法,提倡启发式教学,加强体育卫生健康教育。

(三)效果评价

1949—1956 年,浙江省教育按照"为工农服务,为生产建设服务"教育方针,改变原有教育制度,建设发展满足人民需求的教育。此阶段新中国刚刚成立,发展处于承上启下的奠定基础时期。对此,浙江省接管和改造了原有教育,具体措施包括确立并实施新教育方针,改造基础教育,调整高等教育,开展扫盲运动,革新教育思想等。

1957—1965 年,浙江省在探索适合省域情况的社会主义教育过程中,教育事业有很大发展,教育质量也有显著提高。根据 1965 年的统计,浙江省共有 13 所高等学校,是 1949 年的 3.3 倍,学生 1.66 万人,是 1949 年的 5.3 倍;中专 340 所,学生 6.39 万人,是 1949 年的 7.7 倍;普通中学 617 所(其中高中 151 所),是 1949 年的 3.3 倍,学生 29.01 万人(其中高中 4.02 万人),是 1949 年的 5.4 倍;小学 94093 所,是 1949 年的 5.8 倍,学生 466.52 万人,是 1949 年的 5.5 倍。[①]

二、停滞阶段(1966—1976 年)

(一)序列分析

"文革"期间,全国一片混乱,浙江省也不例外,教育事业陷入困境,学生的全面发展受限,学生培养断层,学校长期不招生,学校公共财产被破坏。该时期我国政治环境不稳定,浙江省出台教育政策不多。停滞阶段的浙江省教育政策经历了以下变迁:

1967 年,杭州大学造反派联合组织建立"新东方红兵团",发表了《关于目前省市形势的声明》,试图造反夺权。

1969 年,省革命委员会制定《关于农村公办小学下放到大队公办过程中若干问题的处理意见(试行草案)》,规定具体的政策和实施办法,指导农村革命。

---

① 张健.中国教育年鉴(地方教育)[M].长沙:湖南教育出版社,1986:529.

1971 年,省革命委员会发出《关于贯彻执行中央〔1971〕44 号文件的意见》,要求缩短学校学制。

（二）关键节点

1966 年 5 月,"文革"爆发,浙江教育也因此进入混乱时期。

1976 年 10 月 6 日,"四人帮"被粉碎,混乱的 10 年至此终结。

（三）效果评价

"文革"期间是教育的黑暗时期。新中国成立以来的成绩被质疑甚至被全盘否定,教育事业深受重创。这期间,浙江省教育出现畸形发展,表现出只讲数量、不求质量、缩短学制、简化课程等现象,甚至还有红卫兵篡权,"造反派"夺权,学生停课闹革命等状况,导致招生考试制度被破坏,基础课教学被削弱,教育秩序混乱,各级各类教育均受到严重冲击。

三、发展阶段（1977—1984 年）

（一）序列分析

1977 年,各级各类学校发展逐渐步入正轨。1977 年 8 月 8 日,邓小平发表《关于科学和教育工作的几点意见》的讲话,即"八八"讲话,从体制机制、教育制度、教育质量、后勤工作、学风建设等方面出发,调动广大人民群众的积极性,修正偏颇的教育定位和路线,重新开始教育发展新纪元。1983 年 10 月,邓小平又提出"教育要面向现代化,面向世界,面向未来",为教育现代化发展指明方向,为浙江省教育政策变迁提供充足的变迁动力。

1977 年 12 月 14 日,绍兴县委宣传部批判组在《浙江日报》上发表《"红卫小学事件"是推行"两个估计"的黑典型》一文,控诉了"四人帮"利用红卫小学事件对教育部门实施的罪状。这是浙江省教育事业拨乱反正的重要标志,从思想上推翻了错误论断,在行动中促进学校教育的恢复和发展,稳定了浙江省教育现代化政策的断裂平衡。发展阶段的浙江省教育政策经历了以下变迁。

1978 年 4 月,省教育厅提出《关于办好一批重点中学的意见》,推进建设重点中学,加强中学阶段教育质量。

1978 年 8 月,省教育厅颁布《关于在中小学教师中开展函授教育的意见》,确定函授教育方式。

1979 年,省教育厅下发《浙江省中等师范学校教学计划(草案)》,初步提出师范教育的学制和教学计划,为教育事业发展储备人才。

1980 年 2 月,省教育厅颁布《浙江省高等师范专修科函授教学计划(试用草案)》,规定了学制和授课安排。

1980 年,省委发出《关于加强职工教育的通知》,落实职工教育培训。

1980 年 12 月,省教育厅下发《浙江省中等师范教育工作会议纪要》,明确师范教育的任务,规范师范教育工作的开展。

1981 年,省教育厅下发《关于中等师范学校教学计划的几点通知》,规范师范教育的学制和教学计划。

1983 年,省教育厅颁布《浙江省农村扫盲验收试行办法》,细化扫盲标准。

1984 年 1 月,省教育厅出台《浙江省基本普及初等教育的要求和检查验收办法》,规定了普及初等教育的要求,进一步规范小学教育。

1984 年 4 月,省自考办发布《浙江省高等教育自学考试暂行办法》,推行高等教育自学考试。

(二)关键节点

恢复高考制度,重振高等教育。1977 年 12 月,恢复高考制度,浙江省以恢复全省高校统一招生考试制度为契机,大力调整专业结构,积极开展多种形式办学。随着规模的扩大和办学水平的提高,全省高等教育重新焕发了活力。1977 年 12 月 25 日,浙江省正式开考。当年,浙江省普通高等学校共招收学生 7356 人,是 1976 年 3310 人的 2.2 倍。[①]

召开东阳会议,恢复教育秩序。1978 年,浙江省召开东阳会议,会议统筹省域教育发展,部署课程改革,完善教学教材,提升教师素养,力求拨乱反正,恢复省内教育秩序,恢复系列"突发危机"后的制度断裂平衡。此后,教育经费投入被加大,学前教育被重新聚焦,小学教育被着重普及,中等教育被整顿改革,高等教育被大力发展,师范教育被广泛关注,成人教育被鼎力推动。浙江省教育事业慢慢恢复发展,各级各类教育稳步前进。

创办树人大学,首创全日制民办高校。1984 年 8 月,时任浙江省政协副秘书长倪保珊等四人积极探索,勇于创办民办大学,武林大学应运而生。同

---

① 浙江省教育志编纂委员会.浙江省教育志[M].杭州:浙江大学出版社,2004:485.

年12月,该民办大学获得浙江省政府批准,并于次年12月更名为浙江树人大学,这是改革开放以来我国最早创建的全日制民办高校之一,其开辟了浙江道路,作为试点高校,为高等教育发展另辟新路。

成立乡教育委员会,实施教育改革。此前,部分乡村以及偏远地区学校招生缩减,教学环境残破,甚至出现停办现象,教育发展不容乐观。为彻底打破原有路径依赖,1984年8月,浙江余姚率先进行农村教育改革,实施"分组办学、分级管理"教育模式。余姚郑港乡针对自身教育发展现状,成立乡教育委员会,并且以点带面推进促成余姚全县的教育改革。开展教育新模式,助力完善农村教育管理体制,调动基层办学积极性。

(三)效果评价

1977—1984年,浙江省委、省政府贯彻党中央的指导,打破历史桎梏带来的路径依赖,对省内教育事业开展了一系列改革,思想解放和实践推进齐头并进,果断摒弃教育政策中的不和谐因素,实现全新制度平衡。思想方面,认真研习"八八"讲话,批判"两个估计",恢复知识分子社会地位。各级各类教育实践方面,浙江省重新发展中小学教育,振兴高等教育,并且推进师范教育和成人教育。具体举措包括恢复高考选拔,调整高等教育的专业设置以满足区域经济发展的需求,重视科学研究,落实扫盲运动,大力促进教师发展,不仅提高了教师的薪资待遇,而且恢复职称评定,还择优打通晋升通道,提高知识分子的社会地位,培养其职业满足感。发展阶段的浙江教育取得了斐然成效,1977年起,浙江省实施的教育改革,扩增了院校数量,调整了分布结构,扩大了发展规模,全面恢复教育秩序,形成教育现代化政策发展新平衡。

四、加速阶段(1985—2003年)

(一)序列分析

1985年5月,中共中央发布《中共中央关于教育体制改革的决定》,这是教育发展的里程碑式事件,是教育政策演变中,教育环境自身动力因素。此"突发危机"后,我国教育事业打破原有制度平衡,掀起全国范围的教育体制改革新浪潮。教育体制改革既是促进经济社会发展的关键力量,也是验证教育体制本身是否符合和谐发展要求的核心要素。

浙江教育发展以教育体制改革为准则,推进省域教育现代化制度建设。浙江省严格遵循党的领导,贯彻落实党的教育方针,坚持实施素质教育,发扬学生的创新精神,锻炼学生的实践能力,为培养"有理想、有道德、有文化、有纪律"的"四有"公民,以及德、智、体、美全面发展的社会主义事业建设者和接班人不懈努力。在浙江省委、省政府的领导下,在各级各类学校的支持中,浙江省紧紧围绕解放思想、实事求是精神,改革教育思想,更新教育观念,深入研究省域教育发展规律,积极开拓创新,推进浙江省教育现代化发展征程。加速阶段的浙江省教育政策经历了以下变迁:

1.1985—1994年,教育体制改革时期

体制改革既是经济社会发展的动力,也是教育和谐发展的关键。1985年以来,以教育体制改革为抓手,同时推进制度的现代化建设,是浙江教育在该时期的一大特色。这10年,浙江教育围绕办学体制、管理体制、投入机制、学校内部管理制度等方面展开积极探索。

1985年,浙江省第六届人民代表大会第三次会议讨论通过《浙江省实行九年制义务教育条例》,要求全省在1988年前普及小学义务教育,城市和经济发达地区,在1990年以前按质按量普及初中义务教育,其他地区在1995年左右普及初中阶段的普通教育或职业技术教育。

1991年,浙江省印发《浙江省中等职业技术教育条例》,对省内中等职业技术教育提出新要求。

1992年,省委、省政府颁布《关于加快浙江省教育发展和改革若干问题的决定》,制定了1995—2000年全省教育发展的目标与规划,推动省域教育加快发展,优先发展,超前发展。

1992年,省教育委员会发布《关于深化高等教育改革的若干意见》,强调统筹教育布局,深化开放思想,推进教育改革。

1994年,省教委颁布《关于进一步办好省级重点中学的几点意见》,大力兴建省级重点中学,并配合制定省级重点学校的等级评估制度。

2.1995—2003年,教育法制化时期

1995年,《中华人民共和国教育法》问世,这是制定各种专项法规及各类教育政策的法律依据。在法律的保护下,在政策的支持下,浙江省借助自身已有优势,积极探索,努力创新,向国家汇报改革的"浙江现象",向人民呈现创新的"浙江样本"。

1996年,浙江省通过《浙江省职工教育条例》,强化对职工教育的重视,加大和加强对职工教育的经费投入和监督检查。

1997年，浙江省政府办公厅颁发《关于全面贯彻教育方针推进素质教育的通知》，统一部署全面推进中小学素质教育工作。

1998年，浙江省政府转发省教育委员会起草的《关于加快浙江省幼儿教育改革和发展的意见》，发动社会各界力量，多渠道促进幼儿教育改革与发展。

1998年，浙江省政府颁布《关于鼓励社会力量参与办学的若干规定》，从政策方面大力发动社会各界力量办教育。

1988年，浙江省政府推行《关于高等教育体制改革的若干规定》，全面推进省域高等院校教育教学体制改革。

1999年，浙江省政府办公厅批示并转发了省教委、省委组织部、省计经委、省人事厅、省编委、省财政厅、省公安厅等7部门《关于进一步做好普通高校毕业生就业工作的意见》，全面推进普通高校毕业生"双向选择"就业制度。

1999年，浙江省政府办公厅转发省教委、省计经委《浙江省试办高等职业技术教育实施意见》，在省内兴办高等职业技术院校，丰富高等教育办学形式。

1999年，浙江省教育厅颁发《关于基本普及高中阶段教育的若干意见》，大力支持并鼓励将省示范院校和省重点院校作为标杆，带动省内高中阶段院校发展。

1999年，浙江省颁布《关于评定浙江省省级重点职业技术学校的通知》，明确规定了重点职业技术学校的评定标准，并开展相应评定工作。

2000年，浙江省委、省政府出台《浙江省教育现代化建设纲要（2000—2020年）》，深化落实浙江省教育现代化建设，加快全省教育发展。

2001年，浙江省政府制定《关于加快基础教育改革与发展的决定》，广开资金引进渠道，多方位多角度引进外来教育投入。

2001年，宁波市出台《关于开展社区教育实验工作的通知》，强化落实社区教育，努力实现教育利民、惠民，促进终身教育。

2001年，长兴县教育局印发《关于教育券使用办法的通知》，率先提出使用教育券，开创教育经费新思路。

2001年，浙江省政府公开发表《关于加快中等职业教育发展的意见》，明确要求每个县（市）都要发展1～2所省骨干重点职业学校，截至2005年，中等职业学校规模要超过1200人，以推进省域中等职业教育发展。

2001年，省教育厅颁发《关于加强中等职业学校示范专业建设的意见》，明确示范校的建设标准，力求以示范校为标杆，辅助区域经济发展，引领职教建设。

2001 年,省教育厅制定《浙江省关于在杭州市中策职高等二十所学校进行学分制试点的通知》,在中职院校施行学分制,推进省域职教教育教学改革。

2001 年,教育厅出台《关于调整中等职业学校布局结构的意见》,要求由省重点职业学校充分发挥示范作用,带动区域职业教育集团化办学,集团内各校间互通有无,协同发展。

2001 年,省政府出台《关于加快基础教育改革和发展的决定》,要求到 2005 年,基本普及从学前到高中阶段的 15 年教育。

2002 年,省教育厅颁布《关于在中等职业学校试行学分制的原则意见》,具体细化规定中职院校学分的设置原则、取得办法和考评措施。

2002 年,教育厅颁发《关于组建职业教育集团的试行意见》,严格规定职教集团的兴建条件、运行机制、规范章程等。

2002 年,省教育厅出台《浙江省高标准高质量普及九年制义务教育要求及实施办法(试行)》,在全省范围实现"四高四化"。

2003 年,省教育厅发布《关于实施"浙江省万校标准化建设工程"的通知》,提出加强学校标准化建设,统一进行学校校舍建设、教学环境设置,以及器材设施管控等规范管理。

(二)关键节点

1. 1985—1994 年,教育体制改革时期

通过义务教育条例,为义务教育普及奠定基础。1985 年 6 月 13 日,浙江省第六届人大三次会议,提出《浙江省实行九年制义务教育条例》,并于同年 9 月 1 日起在全省范围内推广实施。该"突发危机"在全国范围内实属首例,为第二年国家颁布《中华人民共和国义务教育法》提供了实践经验,也为浙江省普及九年制义务教育提前 3 年实现奠定了坚实基础。

进行柯桥实验,引导省域基础教育改革。1987 年 9 月,浙江省教委在绍兴县柯桥区进行试点,启动实施"基础教育与人的社会化"课题探索,该项目推进时间长达 8 年,摆脱传统制度禁锢下的路径依赖,在基础教育的培养目标、学校管理、教育教学、考核评价等方面全面开展。柯桥实验作为试点项目,为浙江省教育改革特别是基础教育课程改革探索了发展方向。

建立高中会考制度,为高考制度改革奠定基础。1988 年,浙江省首次实

施高中会考制度。制度要求所有高中学生参加高考前,需要进行语文、数学、外语、政治、历史、地理、物理、化学、生物 9 门课程的理论考试,还需要通过物理实验、化学实验、生物实验和劳动技术的考查。政府和社会各界以会考成绩评价学校教学质量,测定学生学业水平。与此同时,也将其公认为中学毕业、高校招生、出国留学、招工就业的重要指标。

发扬"开化精神",加强危房改建。校园安全是学校教育教学工作开展的基础,浙江省开化县虽地处偏远,为经济发展欠发达山区,但深刻认识到危房的隐患,在财政支出捉襟见肘之际,毅然大力支持教育事业,连续 3 年保持 20% 的增长率助力教育工作开展,改造 2.16 万平方米危房,保障全县 513 所中小学校园硬件基本建设。并于 1988 年 11 月,成功接受浙江省政府关于县内 31 个乡镇学校危房改造工程的验收。

成立浙江省人民教育基金会,促进教育事业发展。1988 年 12 月,浙江省 50 家企事业单位协同 29 位社会知名人士、企业家共同组织成立浙江省人民教育基金会,从行动者的决策人物和决策组织全面展开,成为全国范围内首创案例,推动浙江省教育事业发展进程。

推广青田经验,助力全省扫盲运动。1991 年 6 月,在国家教委和安子介先生的任务分派下,浙江省青田县进行成人识字试验,教学内容采用《安子介现代千字文》,教学方法运用"劈文切字"法,改变传统识字认字的路径依赖,共用 250 个课时成功结束扫盲工作。自此,青田经验在省内甚至国家范围内大力推广,在扫盲运动中发挥重要作用。

2.1995—2003 年,教育法制化时期

开展扶贫建校活动,推动贫困地区教育发展。1995 年 2 月 15 日,省政府发起扶贫建校活动,发动社会各界的力量,举全省之力帮扶贫困地区建设学校。其间,采用省政府拨发教育扶贫经费,组织省级厅局、市(地)、县和企业共 131 个单位支持等形式,共筹集资金 1.5 亿元,帮扶省内 17 个县建设 100 所初中,倾浙江省全省之力,引领资助贫困地区教育事业新风尚。

通过"两基"验收,夯实教育现代化发展基础。1997 年底,浙江省基本实现普及九年制义务教育和扫除青壮年文盲的目标,并第三个成功通过国家教委验收。在省域教育现代化推进工作中,迈出一大步,为国家教育现代化建设奠定坚实基础。

聚焦高等院校发展,整合教育资源。1998 年 9 月 15 日,浙江省将浙江大

学、杭州大学、浙江农业大学和浙江医科大学四校合并,组建成为新的浙江大学。由此,浙江大学发展成为全国学科设置最齐、办学规模最大的综合性大学,实现浙江省高等教育领域发展的又一新突破。

创建教育强县,提升省域现代化水平。1998年10月,率先开展教育强县的创建工作,促进基层教育事业发展,调动教育建设的积极性,平衡区域教育发展,避免出现两极分化现象,助力省域教育现代化目标的实现。

颁布民办教育政策,引领全国教育发展。1998年12月,推出《关于鼓励社会力量参与办学的若干规定》,打破原有制度平衡,大力发展民办教育,鼓励多种形式办学。此次会议以及会议产出的民办教育政策,在其他省份地区尚无先例,成为引领国家教育事业发展的重要历史性事件。

建立民工子弟学校,服务省域建设。为促进城市建设,浙江省流入大量外来务工人员,随迁子女教育成为亟待解决的问题。在此"突发危机"影响下,杭州市于1999年1月成立天成小学,这是我国第一所外来务工人员子弟学校。后来,浙江省逐步开放政策,实现公办学校和外来务工人员子弟学校双管齐下,共同接收随迁子女,提供浙江样本,促进浙江省教育事业发展,为我国其他省份地区提供发展经验。

开创农村幼教模式,引领幼教事业发展。1999年,浙江省安吉县大力发展幼儿教育事业,整合乡镇幼儿园,统筹规划,统一管理模式。以县镇幼儿园为中心,在各村设立分园,形成办园体系,在体系内统一管理,包括经费收支、教师轮岗、活动设置等。该"镇村一体化"办园模式,属全国首创,为我国基层幼儿园运行提供安吉模式,形成幼儿园办学制度新平衡。

调整高中科目设置,预备高考改革。1999年,浙江省实行"3+X"高考科目设置改革,调整原有教学模式,打破统一考试壁垒,给学生更多灵活把控的空间和自主选择的机会,冲破传统高考路径依赖,为全国范围内的高考改革提供试点经验。

建立全国首个独立学院,探索高等教育新模式。1999年7月,浙江大学与杭州市政府、浙江省邮电管理局共同建立浙江大学城市学院,这是全国范围内的首家由重点大学创办的独立学院,学院按新机制、新模式运行,为高等教育事业发展探索新模式。

创建六大高教园区,改善高等教育发展空间。1999年8月,省委、省政府为改善高等教育发展,在省内创建高教园区,包括杭州下沙、小和山、滨江、浙江大学紫金港校区和宁波、温州在内的六大高教园区,总面积 3.95 万亩,校舍建筑面积 1267 万平方米,总投资 280 亿元。

探索义务教育新模式,创建公办名校集团。1999 年 9 月,杭州市西湖区求是小学首创试行连锁办学模式,并于 2002 年正式成立求是教育集团。借鉴上述经验,杭州市于 2004 年施行公办名校集团化战略,建立城区名校教育集团,城乡互助共同体,提高全市教育质量。

创新教育券制度,探索教育经费拨款新思路。2001 年 5 月,长兴县教育局公布并推行《关于教育券使用办法的通知》,全国范围内首次试行教育券制度,以"突发危机"引领教育经费拨款体制新思路,促进教育体制改革。

实施德育导师制,创新德育工作新机制。2002 年 3 月,长兴中学、湖州二中等 6 所高中阶段学校大力推进德育工作,率先实施德育导师制,以导师为中心引领开展学生德育工作,效果显著。随后,衍生出学生成长导师制、寝室导师制、实习导师制、专业导师制、校内外德育导师制等模式,推进学校德育模式发展。

实施标准校舍建设,消除潜在隐患。2003 年,为缩小省域地区间教育发展差异,省教育厅实施万校标准化建设计划,排查存在隐患的危险老旧建筑,规范学校办学硬件设施标准。计划在 10 年内,确保全省九年制义务教育阶段学校标准化比率超过 85%,建设基础建设完善、环境优美、结构合理、设施安全的校园。

(三)效果评价

1985—1994 年,以浙江省教育为参照主体,国家于 1993 年发布《中国教育改革发展纲要》,提出了要优先发展教育,指出劳动教育的重要作用,强调教育要与生产劳动相结合。在这期间,浙江省厚实历史积淀,摒除路径依赖,大步进入教育加速发展阶段,在教育体制改革方面,取得了令人瞩目的成绩。

1995—2003 年,浙江省教育事业改革历经了国家政策带来的"突发危机"。浙江省根据省域发展趋势,为满足社会需求,从现代化建设整体角度考量,统筹部署教育发展工作。浙江省于 1997 年,第三个顺利经过国家"两基"

目标检验。此后,浙江省建立 31 个素质教育实验县。① 几年间,浙江省在原有基础上,继续推进职工教育、自学考试、社区教育,兴办民办院校和独立学院,在职业院校开展学分制试点,成立职业教育集团,创办六大高教园区。

五、跨越阶段(2004 年至今)

(一)序列分析

2004 年后,教育事业发展以顺承加速时期教育政策为主,发挥路径依赖的促进作用,进入制度断裂后的相对平衡,政策变迁以教育事业发展状况为基,结合环境背景和行动者进行微调。2010 年,党中央、国务院提出《国家中长期教育改革和发展规划纲要(2010—2020 年)》,结合我国教育事业发展现状,全面规划未来 10 年教育发展方向,变人力资源为人才资源,推动我国成功实现由教育大国向教育强国转化。2018 年,党中央、国务院召开全国教育会议,从现阶段教育发展情况出发,提出要遵循教育规律,全面助力教育现代化建设新征程。

2004 年以来,浙江教育进入跨越发展阶段。为实现国家新要求,满足经济社会新发展,浙江省教育事业还需继续努力:基础教育要向均衡、公平、优质方向进一步推进,职业教育硬件条件发展相对滞后,高等教育需要内涵式发展,教育资金投入不够充足,与此同时,还要深化推进素质教育、创新创业教育,促进教育的可持续化发展,推动教育均衡化、信息化、国际化、终身化、个性化,提升教育整体实力,以此实现浙江省教育现代化。跨越阶段的浙江省教育政策经历了以下变迁。

1.2004—2009 年,教育均衡发展时期

2004 年,省教育厅出台《关于试行全日制普通中小学学生学籍管理办法和学前儿童入园管理办法的通知》,提出修改原有中小学学籍管理办法,以适应浙江省基础阶段教育发展新形势,并于 2004 年 9 月 1 日全面推行新版《浙江省义务教育阶段学生学籍管理办法(试行)》。

2004 年,省政府办公厅出台《关于进一步做好流动儿童少年义务教育工作的意见》,针对浙江省外来人口数量逐年扩增以及流动人口频数增大的问

---

① 侯靖方.日出江花红似火——1998—2002 年浙江教育发展报告[M].杭州:浙江教育出版社,2004:12.

题,为适龄儿童可以正常接受义务教育提供政策保障。

2004年,省人民政府出台《关于进一步加强农村教育工作的决定》,指出要大力推动农村教育发展,促进省域教育平衡态势。

2004年,省教育厅印发《浙江省教育系统内部审计工作规定细则》,加强浙江省教育事业内部管理,促进廉政建设。

2005年,省教育厅和省扶贫办联合印发《关于面向欠发达地区开展成人高等学历教育的通知》,帮扶经济发展相对滞后地区的青年农民继续求学,培养一批有知识、有技能的新型农民。

2005年,省教育厅与省劳动和社会保障厅联合出台《关于进一步做好后备劳动力培训工作的意见》,力图通过职业技能培训的形式,对农民实施教育补偿,培养并储存农村后备劳动力。

2005年,省教育厅与省经贸委、省劳动保障厅联合发布《关于建立浙江省职业教育校外实习示范基地的通知》,从政策层面促进职业教育与校外企业联合,推动职业院校学生实习实训进程。

2005年,省教育厅颁布《关于减轻中小学过重课业负担的若干意见》,推进素质教育,改革考试评价制度,规范学校招生秩序。

2005年,省教育厅、人事厅联合印发《关于选派中小学骨干教师到欠发达地区支教的通知》,开展教师对口支援项目。

2005年,省教育厅出台《关于进一步加强高等学校本科教学工作的若干意见》,完善高校教育管理、教育教学、教育评价等方面工作,规范高校教育教学工作。

2006年,推出浙江省人民政府《关于大力推进职业教育改革与发展的意见》,要求各职业院校对照具体条例贯彻执行,以提升浙江职业教育整体实力。

2006年,省教育厅出台《关于在全省中小学实施德育导师制的指导意见》,强化德育教育的重要作用,在省域中小学全面施行"德育导师制",加强对学生的道德教育,提升学生素质。

2006年,省政府制定《浙江省教育强省建设与"十一五"教育发展规划纲要》,文件提出"十一五"期间浙江省教育事业发展目标,规划教育发展路线。

2006年,省教育厅颁布《浙江省海外华文教育"151"工程实施意见(2006—2010年)》,设立10所华文教育基地,促进海外华文教育发展。

2007年,省教育厅出台《关于对设区市教育局进行教育科学和谐发展业绩考核的通知》,全面细化制定考核标准,规范考核工作,推动教育和谐可持续发展。

2007年,浙江省出台《浙江省高等学校教学管理基本要求(试行)》《浙江省高等学校教师教学工作业绩考核指导性意见(试行)》《浙江省高等学校教学质量监控指标体系》。

2007年,省教育厅和财政厅联合印发《浙江省农村中小学书香校园工程实施办法》,提出推行全省农村中小学"书香校园工程",规定每生每年图书配备经费,缓解农村中小学图书数量不足、种类不全等问题。

2007年,省政府颁布《关于大力推进城镇教师支援农村教育工作实施意见》,要求只有参与过农村支教工作的老师,才有资格向上级部门申请参评高级教师。

2007年,省政府发布《关于开展第二轮教育对口支援工作的实施意见》,继续深化落实教育对口援助工作。

2007年,省政府印发了《关于实施义务教育经费保障机制改革的通知》,省政府相关部门深化落实教育经费拨给,强化义务教育公益性,免除该阶段学杂费。

2007年,省教育厅出台《关于促进高等教育发展的若干意见》,加强高等院校内涵建设,致力于提升高校教育教学质量,实现省域高等教育新突破。

2007年,省教育厅发布《关于推进实施素质教育意见》,从招生录取、课程设置、教师教学、考核评价等方面,细化规定素质教育实施准则。

2007年,省教育厅联合公安厅印发《关于建立中学生违法犯罪预警机制的指导意见》,大力推行预警机制,加强对学生的法制教育,预防未成年人违法犯罪。

2008年,省政府办公厅颁布《关于开展成人双证制教育培训工作的通知》,通过双证制教育培训,提升成人受教育水平。

2008年,省教育厅、省财政厅下发《浙江省高等学校"十一五"期间高层次人才培养计划管理办法》,建设创新团队,培养青年骨干教师,资助优秀青年教师,加强省内高层次人才培养。

2008年,省政府推出《关于进一步加强和改进进城务工人员子女教育工作的意见》,要求各级院校按照就近原则,接收外来工作农民工子女适龄入学,保障其可以正常接受教育。

2008 年,省教育厅、财政厅联合颁布《关于全面实施义务教育免费教科书和做好部分教科书循环使用的通知》,以免费和循环使用的方式提供义务教育阶段学生教科书,为该阶段省内学生在校学习保驾护航。

2008 年,浙江省政府发布《关于进一步加快学前教育发展全面提升学前教育质量的意见》,对学前教育办园条件、管理制度、运行机制等做出明确要求。

2008 年,省教育厅出台《全面推进中等职业教育课程改革指导意见》,要求全面大力推动中等职业院校课改进程,以提升职业教育质量和内涵建设。

2008 年,省教育厅、省编办、省人事厅、省财政厅联合颁布《关于进一步加强中等职业学校教师队伍建设的若干意见》,重视中职教师能力培养,提出担任专业理论课任教老师和实习实训等技能实操指导老师的数量,基本达到总数的 60%。

2008 年,省教育厅、财政厅联合公布《关于组织实施浙江省农村中小学教师"领雁工程"的通知》,大力推进省级骨干教师、专业课教师、德育教师和校长的培养工作,财政部配合提供专项支持资金。

2008 年,浙江省率先颁布《关于实行农村教师任教津贴的通知》,致力于提升教师薪资待遇,深化落实农村教师任教津贴发放的推进工作,这一举措使农村教师每月平均增加 230 元工资。

2008 年,省教育厅、省财政厅联合颁布《关于实施浙江省大学生科技创新活动计划的通知》,出资大力支持省内大学生创新创业。

2008 年,省教育厅颁布《全面推进中等职业教育课程改革指导意见》,开启浙江省中职院校教育改革之路,助力省域教育水平全面提升。

2009 年,省教育厅、人力资源和社会保障厅、财政厅联合出台《浙江省农村教师突出贡献奖评选暂行办法》,细化规定了农村教师突出贡献奖的评选办法。

2009 年,浙江省第十一届人民代表大会常务委员会第十四次会议通过《浙江省义务教育条例》,对学生、学校、教师、教育教学、经费保障、法律责任做出细化要求,并于 2010 年 3 月 1 日起施行。

2009 年,省委和省人民政府颁布《关于大力实施海外优秀创业创新人才引进计划的意见》,倾力引进海外人才,推进浙江省现代化发展。

2009 年,省教育厅、财政厅、人事厅、工商管理局、国资委、劳动和社会保障厅联合颁发《关于普通高等学校校办企业实行规范化管理的通知》,推进高校校办企业发展。

2.2010年至今,教育内涵提升时期

2010年,省委、省政府发布《浙江省中长期教育改革和发展规划纲要(2010—2020年)》,对未来10年浙江教育发展做出细化要求。该政策明确浙江省未来教育现代化发展的目标和方向,以教育现代化的实现为省域社会现代化的达成提供人才储备和智力支撑。此后,浙江省相关部门以此为依据,纷纷制定相应行政文件。

2010年,浙江省教育厅出台《关于切实减轻义务教育阶段中小学生过重课业负担的通知》,从政策层面全面推进为义务教育阶段学生"减负"工作。

2010年,省教育厅印发《浙江省中小学幼儿园校园安全管理办法》,保护幼儿园和中小学学生的在校安全。

2010年,省教育厅出台《关于进一步加强中等职业教育专业结构调整工作的指导意见》,要求结合区域经济发展特色,调节中职院校专业设置。

2010年,省教育厅出台《关于全面实施中小学学生学籍电子化管理的意见》,全面推进电子学籍的使用,促进教育信息化。

2011年,教育厅出台《关于做好在浙海外高层次人才子女就读中小学和幼儿园工作的通知》,全力配合人才引进工作的切实开展。

2011年,省教育厅和省政府台湾事务办公室联合制定《关于进一步做好台胞子女就读中小学和幼儿园工作的若干意见》,促进两岸教育交流。

2011年,省教育厅制定《关于规范普通高中学校中外合作办学项目管理的意见》,加强浙江省教育国际化发展。

2011年,省教育厅、省卫生厅联合省质量技术监督管理局共同发布《关于进一步加强学校饮水卫生安全管理的通知》,切实保护学生饮水安全。

2012年,省教育厅、省物价局和省财政厅出台《关于印发普通高中学分制收费意见的通知》,深化落实普通高中课程改革工作。

2012年,省教育厅发布《关于在全省高等学校建立并实施青年教师助讲培养制度的通知》,大力培养青年教师,提升教育教学质量。

2012年,省教育厅下发《关于浙江省普通本专科院校学生转专业的指导意见》,针对学生性格特点和个人爱好,给予学生更多一次自主调剂专业的机会,激发学生学习积极性。

2013年,省教育厅制定《浙江省优秀本科生出国交流学习项目实施办法》,鼓励优秀高校学生出国交流,推动浙江省教育国际化发展。

2013年,省教育厅、省民政厅共同发布《关于调整民办非学历高等教育机构管理体制的通知》,规范浙江省民办高校建设。

2013年,省平安办、省综治办、省教育厅、省公安厅联合出台《关于开展等级平安校园建设工作的意见》,深化落实校园安全建设,为学生学习生活基本安全提供有力保障。

2014年,省教育厅印发《关于印发〈浙江省幼儿园等级评定实施办法〉和〈浙江省等级幼儿园评定标准〉的通知》,以等级评定为契机,加强幼儿园内涵建设,规范学前保育教育工作。

2014年,省教育厅、省人力资源和社会保障厅颁布《关于高校教师专业技术职务评聘制度改革有关问题的通知》,规范高校教师职务晋升和评聘标准。

2014年,省教育厅出台《关于切实规范高校继续教育合作办学行为的通知》,规范高校与社会机构或个人合作开展教育培训的制度原则,致力于规范劳动者行为习惯,提升其道德修养。

2014年,省教育厅颁发《浙江省高等学校学术不端行为调查处理规程》和《浙江省研究生基本学术规范》,系统规范高校学术研究工作,严查学术不端行为。

2014年,省教育厅出台《浙江省高校课堂教学创新行动计划(2014—2016年)》,鼓励高校创新课堂教学,提升高等教育质量。

2015年,省教育厅制定《关于推进普通高中和中职学校学生相互转学工作的指导意见》,打破普教与职教的发展壁垒,实现普职互通新模式。

2015年,省教育厅颁布《关于深化义务教育课程改革的指导意见》,提出因材施教,注意发扬学生个性,促进浙江省教育个性化发展。

2015年,省教育厅出台《关于完善浙江省普通高中学生成长记录与综合素质评价的意见》,客观记录普高学生学习生活状况,为高校招生提供数据支撑,助力学生个性化培养。

2016年,省教育厅、省财政厅、中国人民银行杭州中心支行、中国银行业监督管理委员会、浙江监管局共同制定《关于完善国家助学贷款政策的若干意见》,细化助学贷款规则,最大程度援助家庭经济状况欠佳的学生,助力教育公平。

2016 年,省教育厅制定《中小学教师专业发展培训学分制管理办法(试行)》,全面开展中小学教师培训,助力教师专业成长。

2016 年,省教育厅制定《浙江省普通本科高校分类评价管理改革办法(试行)》,有针对性地对不同高校实行不同的评价制度和管理办法。

2017 年,浙江省第十二届人民代表大会常务委员会第四十一次会议通过《浙江省学前教育条例》,在省内规范学前保育教育工作。

2017 年,省教育厅颁布《关于完善学考选考工作的通知》,进一步对高中学生学考选考细化规定,要求学考选考分卷,学考通过后参加选考。

2017 年,省教育厅制定《关于进一步推进高中阶段学校考试招生制度改革的实施意见》,要求各学校加强对学生综合素质的考评,摒弃为学业成绩分等级的固着制度,促进学生全面发展。

2018 年,省教育厅颁布《关于进一步规范义务教育阶段公办学校学区划分调整和招生入学工作的意见》,要求学生分区就读,就近入学,促进教育公平。

2018 年,省教育厅联合省物价局共同颁发《落实民办学校办学自主权实施办法》,赋予民办学校更多自主办学的权利,鼓励民办院校发展。

2018 年,省教育厅、省机构编制委员会办公室、省财政厅、省人力资源和社会保障厅共同制定《浙江省民办学校教师队伍建设实施办法》,分别对教师配备、保障、发展、流动、服务和职业道德提出新要求。

2018 年,省教育厅出台《民办学校信息公开和信用管理办法》,要求创设民办学校信息公示和信用档案制度,促进教育诚信。

2019 年,省教育厅颁布《浙江省特殊教育标准化学校评估细则(试行)》,将关注对象指向特殊教育,争取全面落实教育现代化项目实施。

2019 年,省教育厅、省财政厅等部门联合推出《关于进一步完善省属高校科研项目经费使用办法的通知》,为省内高校科研项目实施提供经费保障。

2019 年,省教育厅制定《浙江省进入中小学校全省性竞赛活动管理细则》,对省内竞赛规范化管理,科学化规定。

2020 年,省委省政府印发《浙江教育现代化 2035 行动纲要》,深化落实省域教育现代化地方策略。

（二）关键节点

1.2004—2009 年,教育均衡发展时期

进入 21 世纪,国家强调教育的公平与质量,浙江省反观自身,深刻发现并认识到自身发展的不足,省域教育事业存在地域偏差,部分偏远地区尤其是山区教育发展相对滞后。对此,浙江省开展系列行动措施,促进教育协同发展,并取得一定成效。

普及 15 年教育,位列全国首位。2004 年 9 月,浙江省基于教育事业发展良好态势,充分发挥路径依赖的回报递增正反馈效应,普及从学前到高中的15 年教育,引领国家教育事业发展,推动教育现代化进展。

创办宁波诺丁汉大学,开创中外合作办学先例。2005 年 5 月,教育部批准英国诺丁汉大学和浙江万里学院合作,创办宁波诺丁汉大学。该校的成功创办为国际合作办学提供新思路,成为全国第一所中外合作创办拥有独立校区的国际性高校。

发展农村教育,改善教育环境。2005 年 5 月,浙江省实施"家庭经济困难学生资助扩面""爱心营养餐""教师素质提升""食宿改造"四项工程,全方位多维度强化路径依赖的优势,改善农村教育条件和办学环境。

规范教育收费,整治教育乱象。2006 年,浙江省在全省范围内评估规范教育收费示范县,评定周期为两年一次,和教育强县创建工作同步推进,整治教育乱收费现象,促进浙江省教育现代化工作的推进。

改善职业教育,提升教育整体实力。2006 年 6 月,省政府大力助推职业院校六项工作,在路径依赖作用下强化提升浙江省教育发展整体实力。

推行平行志愿,改革高考招生原则。2007 年,浙江省实行"分数优先、遵循志愿"的高考投档原则。以高考分数招考指标,促进教育公平;以填报志愿为评定标准,赋予考生更加自主的选择权利,在路径依赖作用下,稳定高考制度新格局。

加强评估考核机制,规范学校办学。2009 年,浙江省首次实施全日制自考助学机构综合评估考核,系统规范院校办学。

实施新课改高考,减轻学生负担。2009 年是浙江省实行新课程改革后的第一次高考,继重大政治环境变迁带来的"突发危机"后,浙江省课程教学和考试考核双管齐下,调整考试内容与新课程对接,缓解学生学习压力,切实为

学生减负。

2.2010 年至今,教育内涵提升时期

根据省域现代化相关政策的纲领性要求,浙江省各地大胆尝试,积极探索教育现代化发展新思路,软硬件双管齐下,共同推进教育的内涵提升。

输入输出相结合,聚焦教育国际化。2010 年,浙江省在全国范围内率先设立高等教育国际化的办学目标,随着高校国际化发展项目不断推进,与国外合作创办 2 所二级学院,温州肯恩大学在这一年获准开始筹建。除此之外,浙江省高校在其他国家新创建 3 所孔子学院。

提升师资水平,加强教师队伍建设。2010 年,在充分考量教师个人意向的基础上,浙江省制定并出台了系列制度,加强中小学教师专业培训,促进教师专业化成长。以浙江省为改革试点,开展国家教师资格考试和教师资格定期注册工作,规范教师的准入和退出机制。

完善义务教育体系,推动教育公平。浙江省 33 个县(市、区)于 2013 年,均顺利通过国家义务教育发展基本均衡县的评估审核,推动省域教育全面发展。

深入合作,加强国际交流。2014 年,温州肯恩大学、浙江科技学院中德工程师学院成立。与此同时,浙江师范大学和新加坡智源教育学院开始合作培养学前教育硕士,进一步打开浙江省教育国际化断裂平衡新格局。

深化教育改革,高标准普及十五年教育。2015 年,浙江省各级各类院校大量引进信息技术,基本实现"宽带网络校校通",不断提升教育水平,致力于让学生从"有书读"到"读好书"方向发展。有效运用信息化技术手段,带领浙江省教育事业进入现代化断裂平衡新时代。

重视基层党建工作,加强思想政治教育。2016 年,浙江省号召各高校组织党员积极开展志愿服务活动,发展党建工作。其中,温州大学的"党员义工制"受到刘延东副总理批示,收获断裂平衡后路径依赖新成果。

绽放"小青荷",服务 G20 杭州峰会。2017 年,G20 峰会在浙江省杭州市召开,浙江省各大高校的学生积极踊跃报名,争当志愿者,一朵朵"小青荷"用自己的热情迎接并服务每一位来宾。

继续推进教育国际化进程,加快浙江省教育现代化步伐。自 2017 年以来,浙江省陆续开展中外合作办学以及境外办学项目,以及浙江省孔子学院师资选拔培训中心试点项目,并新增设海外孔子学院 2 所。

成立研究中心，推进监督测评。2017年，为推进教育现代化发展，浙江省创设教育现代化研究与评价中心，完善组织架构，对现代化发展水平实施动态监督测评，加强教育现代化的监管。

"新昌实践"，开创人才培养新模式。2017年，浙江省诸多高校与新昌县开展项目合作，聚焦理论与实践深度融合，创新研究生培养新模式，该模式得到教育部的认可并向全国各高校推广。

（三）效果评价

1.2004—2009年，教育均衡发展时期

2004年以来，浙江省在教育现代化政策变迁中，充分发挥制度断裂平衡时期的路径依赖优势，妥善解决实际问题，在诸多层面取得突出成效，并居于全国领先发展地位。不仅如此，在路径依赖的正反馈作用下，浙江省教育领域其他方面也成果颇丰，主要体现在继扩大教育规模，增加院校数量之后，大力发展教育内涵建设，致力于提升教育公平与质量上。

2.2010年至今，教育内涵提升时期

浙江省教育事业稳步发展，绩效显著：教育体系打造方面，将职业教育与普通教育协同推进，双管齐抓，提升浙江省教育事业整体实力；教育监管方面，规范学校教学与管理，结合省域经济社会发展现状，调整专业设置，加强师资队伍建设，促进产学研融合发展；素质教育方面，努力为中小学生减负，重视道德教育，增加艺术体育活动，培养创新意识；发展模式方面，加强中外合作办学，科学和谐发展，多角度、多方位协同共促教育现代化。浙江省教育事业在改革中不断探索，在发展中不断创新，加快了省域教育现代化的步伐。

第三节　制度变迁：教育现代化政策演变的动力机制

按照时间的推移发展，遵循制度分析的理论引导，制度演变顺序大体可梳理为从突发危机引起的关键节点时期，经过路径依赖，再到制度断裂平衡的正常时期，如此反复，周期循环。其中对于关键节点发生的重大历史事件需要重点分析，这一时刻可能出台重要文件，或是产生重要理论，再或是发生政治变革。此后，新制度逐渐适应发展，制度与行为相互磨合，在路径依赖作

用下,不断被强化,平稳发展,直至下一个危机冲突的出现。现如今,浙江省已经处于国际化、信息化的社会发展新时期,教育改革不断深化。在此关键节点时刻,教育的价值定位、目标制定、内容设置等方面需要做出新时代的调整,教育政策要迎接变迁革新的历史性挑战。[①] 而教育政策规模巨大,结构庞杂,如若演变,势必预先探讨其动力机制。结合制度演变动力机制,可分析出制度变迁作用下,教育政策制定的主要影响因素分为政策环境、决策人物和决策组织三部分。

一、政策环境

教育政策在理论层面上引领教育前行的方向,规范教育行动的标准。任何事物都不是凭空产生或凭空消失的,发展的兴衰均有其原因,教育政策也不例外。它也并不能脱离于其他而独立存在,其产生和制定受多重因素的影响和制约,是相关领域共同作用的产物。[②] 这些作用力大体分为两部分,即事物本身的内发力和外部作用的外铄力。浙江省教育政策制定的外部作用力主要是指政策环境,即政治环境、经济环境与教育环境。它们分别发挥着或是促进关键节点发生突发危机,或是维持路径依赖现象持续推进的作用。

(一)政治环境

省域教育的发展要契合国家和地区历史发展的整体趋势,省域教育政策的制定要满足国家和地区政治环境的总体需求。在教育政策变迁的过程中,政治环境影响着突发危机的产生,挑战着路径依赖的持续。政治影响教育目标的确定、问题的推进和方案的选择。

首先,政治环境影响教育政策目标的确定。不同时期的政治环境对教育有着不同的要求。战争年代,教育要培养能征善战的军人,强化学生军事训练,以发展强健的体魄为目标;和平发展时期,教育要培养吃苦耐劳、踏实肯干的劳动者,重视劳动教育。不同的政治背景对人才有不同方面的偏重,这种需要决定着教育目标的确定,影响教育活动的实施。不同的教育目标代表不同国家、不同民族、不同时期的特点,其实质都是为政策服务,与统治阶级

---

① 李俊.论职业教育中的利益与权利均衡——浅析职业教育现代化的社会维度[J].清华大学教育研究,2013(2):96—101.

② 肖凤翔,贾旻.协商治理:现代职业教育治理体系现代化的路径探析[J].中国职业技术教育,2016(3):5—10.

的意愿相契合。

其次,政治环境影响教育政策议程的推进。教育政策的制定都需要通过一定的政治过程才能进入政策议程。[①] 浙江省教育政策的制定也需要政府部门与人民群众的交流互动,需要试点院校与被试学生的探索尝试。只有在开放的政治环境下,上级与下级、政府与群众才能交流畅通。政府部门可以直接知晓广大群众对教育的希冀,有助于决策部门准确获得信息,及时调整制度方案。与之相反,在闭塞的政治环境下,人与人之间沟通不及时、交流有障碍,信息不能及时有效得到反馈,教育问题不能妥善得到解决,教育政策的制定只是停留在理论层面,并不能代表广大群众的意愿,教育政策议程的推进也会受到阻碍。

最后,政治环境影响教育政策方案的选择。政治环境决定教育的发展倾向、领导任命和资源分配。政治环境、决策者的派别和其阶级定位作为政治环境的主观要素,影响教育的发展朝向和教育政策的方案采用。经济倾向程度会影响教育资源数量的多寡,政治倾向状况会影响教育资源的具体去向。浙江省资源富庶地区,教育发展态势迅猛。偏远山区资源匮乏,教育现代化进程滞缓。而资源分配一定以服务阶级利益为原则,因此教育政策方案的遴选也会与之相对应。

（二）经济环境

浙江省地处我国东部沿海,经济发展态势良好,为教育现代化工程推进提供充足物质保障。[②] 经济是教育发展的基础,为其提供物质支持和资金保障。不同的经济状况对教育的发展起着推进或制约的作用,影响教育政策变迁。经济状况发展平稳有助于制度平衡的保持,教育政策可以凭借路径依赖效应强化稳定发展。而经济危机时期社会发展滞缓,则会为教育事业带来突发危机,在极大程度上威胁制度平衡。经济环境对教育政策产生的影响,主要表现在教育政策的目标确定、问题设定和方案选择三方面。

其一,不同地区由于历史因素和地域特点存在发展相对成熟的经济支撑产业,他们共同推进区域经济的发展。不同经济环境存有不同路径依赖效

---

① 袁振国.教育政策学[M].南京:江苏教育出版社,1996:158－189.

② 刘希平.千秋大业教育为基:浙江教育 60 年[M].杭州:浙江人民出版社,2009:263.

应,对人才有着不同的岗位需求。重工业发展地区对机械类、材料类、化工类专业人才需求量更大,农业发展地区对植物生产、动物生产类专业人才需求量更大,自然资源富足地区对矿产类、地质类专业人才需求量更大,等等。这就要求浙江省各级各类院校按需开设不同的专业、设置不同的教学内容、培养不同的技能人才。不仅如此,教育还有帮助学生树立科学价值观的作用。学生在校读书阶段正是个人成长的关键时期,思想观念、价值体系均在此阶段逐渐形成并完善。这一时期,学生有意识活动的三分之二时间均在学校完成,因此学校教育发挥的重要作用不容忽视。经济背景左右着教育内容的选择和思想意识的定位,也影响着教育政策目标的确立。[①]

其二,经济基础为教育发展提供物质保障。所处地区教育水平各异,存在的教育问题也大相径庭。经济欠发达地区,甚至连基本的硬件设施都不能得到保障,老师工资待遇低,学校教学环境差,学生就学压力大,这种情况下的教育问题在于让每个孩子都能正常接受教育;经济发达地区教育资源丰富,学校教育经费充足,可以引进先进的信息化教学手段。基于此,浙江省决策机构和决策行动者在制定教育政策时的侧重点自然要因地区而异,充分考量当地经济发展状况,研究区域内教育方面存在的主要矛盾,科学合理规划与当地经济状况相适应的发展路径。

其三,实现义务教育的年数、教育投资总额、人均教育开支、青少年就学人数的百分比、识字率等,[②]作为衡量与评估教育政策的标准被广泛认可。国家统一规定,要求各地方要严格落实九年义务教育顺利实施,各地政府根据自身经济环境,调整政策的推进。

(三)教育环境

教育政策的制定必然离不开历史发展的影响,[③]浙江省新时期教育政策的制定和执行势必基于教育发展现状的分析研究,产生于教育背景环境的烘托熏染,继而针对新要求探索新路径。浙江省教育环境对教育政策变迁的作用,可以归纳为客观作用和主观作用两方面。

---

① 杨小微,冉华,李学良,高娅敏.评价导引下中国教育现代化路径求索——基于苏南五市和重庆的教育现代化调研[J].教育研究与实验,2016(4):1—6.

② 袁振国.教育政策学[M].南京:江苏教育出版社,1996:158—189.

③ 刘希平.千秋大业教育为基:浙江教育60年[M].杭州:浙江人民出版社,2009:263.

　　从客观的角度分析,浙江省教育的历史传统与发展现状均会作用于教育政策的制定。历史传统是既成的教育事实,经过几代的更迭和传承,以其回报递增优势和强化稳定状态,已经拥有一定的发展模式,形成一定的教育体系,存在一定的路径依赖效应。随着时间的推移,人们会结合发展现状对教育发起新诉求,产生制度的"突发危机"。原本制度的平衡稳定受"突发危机"的影响,发生新的改变,表现为教育政策的更新迭变。小到地方、大到国家的教育政策均体现出历史传统与发展现状对教育政策制定的影响。浙江省新时期的教育政策在制定时,势必会结合历史政策,在原有模式的基础上继续发展革新,一般倾向于巩固和发展原制度,自觉不自觉地向着原本熟悉的模式靠拢。例如,浙江省先提出教育国际化发展,出台相应政策,在杭州、宁波等地率先设立试点,达到预设目标后,为巩固该项政策发展,扩大受众范围,提出进一步加强浙江省教育国际化的推进工作,制定新政策,从制度规范的角度加快该项目的深化落实。

　　从主观角度分析,教育的思维方式与价值观念均会作用于教育政策的制定。自古以来,儒学就是我们长久推崇的教育思想,承袭儒家经典强化路径依赖,在教育政策的制定上表现为重视道德教育。我国教育政策要求各级各类院校开设思想政治教育,在课程设置上加强对学生的思想政治教育。我国中小学或高等教育均采用班级授课的方式,每个班级配备一名班主任,班主任除了进行日常专业科目教学外,还要对学生开展思想政治教育。梳理历年的教育政策,不难发现不同年份、不同地区的政策文本无不存在加强学生思想道德教育的目标与任务。新中国成立以来我国追求教育公平,秉承各地均衡发展的原则。教师支教、高校对接帮扶等教育政策的倾斜,或是加大农村教育投入、实施"两免一补"举措的实施,均为实现教育公平。除此之外,我国大部分省市统一课程大纲,统一教材,实施统一考试,力求保障每一位学生享有同样的教育。

二、决策人物

　　教育的本质是培养人,对人的全面发展起促进作用。[①] 教育活动要借助

---

　　① 田慧生.协同创新提高质量为加快推进教育现代化提供智力支持[J].教育研究,2017(3):9－15.

"突发危机"带来的变化,充分发挥路径依赖的回报递增作用,强化原政策高效率有益的一面,避免其稳定不变效应对原政策不利一面的延续。浙江省教育政策的制定要基于省域教育发展现状,结合其他各平行领域发展态势,规划未来3年、5年或者10年等时间阶段的发展目标,指导教育事业向前推进。教育政策的制定要具有一定的纲领性,强化教育活动具体开展落实的标准,细化下属部门进一步拟定政策的指令安排,深化各级各类院校切实开展活动的计划方案。① 人是一切行为的主宰者、参与者、执行者,任何活动都离不开行动者的统筹计划和实施推进。针对浙江省教育政策的制定而言,需要跨领域、跨学科的众多学者以及教育部门、财政部门、人民政府等人员的共同参与,协同发挥决策人物的作用,②行为主体针对各自擅长领域各司其职,扮演决策者、专家与智囊,以及行政人员的角色,分别负责政策的方向把控、智力支撑和问题反馈。

(一)决策者

决策者参与提案、研讨、复议、确定等政策制定的全过程,并且拥有政策制定的决策权。制度有路径依赖现象,人也不例外,要合理处理行动者的路径依赖效应,扬长避短。因此,对决策者的基本认知、价值倾向、能力素质等特质的分析利用尤为重要。

从决策者的基本认知角度讲,由于其遗传素质、成长经验、教育环境的差异,个体对客观事物的认识也会有所不同,表现为对信息的接收、编码和提取等心理过程的区别与侧重,由此影响其对教育问题的选取。在浙江省教育发展的过程中,势必会出现一些"突发危机",这些问题或是源于教育本身,或是来自外界诉求。决策者并不会将其全部选取为政策问题集中研究,也不会同一时间将其全部发现并付诸实践去解决。基于不同决策者的不同侧重领域,有的人重视学前教育,认为学前教育是儿童成长发展的启蒙时期;有的人强调基础教育,认为基础教育才是学生成长发育的关键阶段;有的人关注教师素质,认为教师专业发展水平是教育教学的软实力;有的人偏重教育投入,认

---

① 任丽涛.国家治理现代化视域下的思想政治教育发展研究[D].长春:东北师范大学,2016.

② 褚宏启.教育现代化的理论进展与实践探索[M].北京:北京师范大学出版社,2015:211—267.

为物质基础才是教育发展的基本保障;等等。对于教育政策的制定,其问题提出环节各有分歧。在问题确认阶段,决策者会凭借自身基本认知,对已提出的问题进行下一步的筛选,决策者们在讨论同一客观问题是否可以晋升为政策问题时,也有不同的评判标准,有的决策者考虑问题的重要程度,有的倾向于根据问题的棘手程度,而对于程度的划分也需要深入研讨并量化指标。

从决策者的价值取向角度讲,受到经验积累和认知发展的影响,人们会形成对外界客观事物的评价判断,这些评判因素包括经济收益、社会价值和研究价值。分析浙江省教育政策多采用质性研究方法,即使存在量化指标和测评维度,也不会做到像理工科实验一样精准客观,而是受决策者的主观价值标准影响极大。决策者的价值立场影响政策制定、问题的选取与目标的确定。有的决策者认为教育要为经济服务,有的提出教育要体现社会价值,教材内容的选择要符合社会的发展需求,还有的强调教育问题的选定要有一定的长远意义,要服务于科学研究项目的推进。价值取向是内化的评定准则,通过行为动机外化表现在教育政策目标的制定和方案的选取方面,进而演变成指导后期的教育方针。

从决策者的能力素质角度讲,能力具体细化为决策能力、领导能力、执行能力、协调能力和创新能力,素质具体体现在技能、思维和品德方面。浙江省各级决策者整体能力素质毋庸置疑,也一定有其擅长与表现突出的方面。在教育政策制定时,要充分发挥决策者各自优势,增加对问题分析的高度与综合考量的广度,避免个人主观臆想和理论推导,要切实开展实践研究和田野调查,使研究向纵深发展,以解决实际问题为宗旨,以切实为人民服务为准则,致力于处理民之所困,发展民之所急,满足民之所欲。决策者在技能、思维与品德等素质方面均衡发展的前提下,要分派决策能力强者负责最终问题确定,领导能力强者负责统筹安排任务分配,执行能力强者负责落实推进细化政策,协调能力强者负责上传下达的工作衔接,创新能力强者负责方案制定路径探索。

(二)专家与智囊

专家多指行业内的领军人物,是该领域的发展带头人,具备专业的知识与技能,且有一定的社会声望、权威和影响力。智囊的共同特点是聪慧博学、足智多谋,一般扮演谋者、军师的角色,为团队出谋划策。专家与智囊均是智慧的代表,以独立个体或集合团体形式出现在决策组织中,团队构成人员可以是同类研究不同侧重面的学者,也可以是不同领域不同学科的科研人员,发挥各自所长,融合多种方法与手段通力合作,负责提供智力支持。在浙江省教育政策变迁的过程中,势必要梳理教育领域的历史政策沿革,分析时下政治经济发展格局,工作量大且内容繁复,单单凭借政府工作人员一己之力难以实现,需要借助专家与智囊的介入辅助进行。他们发挥自己的智力优势,运用科学研究的基底,补充决策者的意见,为其工作的开展做好前期基础准备工作、中期试点实践工作和后期推广实施工作,共同应对突发危机,干预教育政策的变迁与沿革。参与形式通常为信息咨询或对策建议,发挥其理论知识扎实与实践经验丰富的优势,向决策者输出智力劳动成果,改进试点反馈意见,推进变迁政策实施,优化教育政策运行的可行性和实用性。

专家和智囊大多受命于浙江省政府决策者的任命与委托,归纳整理其工作内容如下:首先,科学预测教育发展方向。对方向的把控体现学者们的整体统筹能力,要以科学研究为基底,海量阅读资料,广泛研究探索,分析国内外发展时局与形势,从而尽可能全面地系统分析和整理评价,科学合理预测未来发展方向。其次,深入探究教育发展意义。这阶段的工作不仅要大量分析包括古代、近代、现代在内的各个时期的资料文献,博古通今以史为鉴,而且要分别调查不同时间、国家、地区的教育发展规律,横向经验借鉴,还要扩宽思维。再次,整理归纳相关基础信息。专家和智囊要将搜集到的信息按照相关程度、不同层次、时间序列等方面整理归纳,形成报告,递交给政府工作人员,作为前期工作的汇报。最后,创新优化教育发展方案。对于教育政策的变迁而言,其落脚点在于工作的推进与任务的展开。上述工作从理论层面论证教育政策的可行性与必要性,后续还需将重点落实在对下属部门提出的指导方针、实施准则、发展路径和评价标准之上。

（三）行政人员

行政人员一般指代表国家行使政治权利、执行政治任务的工作人员。主要负责项目的实施与跟进,消息的上传与下达,信息的收集与整理,政策的起草与拟定等工作。在浙江省教育现代化政策的演变过程中,行政人员切实地参与政策的制定、实施与评审的整个过程,通晓其从产生到变迁再至实施的各项细节,熟悉其中的运行流程和所遇问题,对于政策的变迁更为了解,对政策的制定与修正更有发言权。教育政策变迁阶段,不可避免一系列的"突发危机"问题选择,单单凭借决策者和专家与智囊的力量还远远不够,决策者主要负责站在政治的高度对政策的制定做出判断并对项目的实施做出指令,专家与智囊更倾向于负责从理论知识研究层面对政策进行补充和佐证,与此同时还需要拥有丰富实践经验的行政人员参与。对于任何"突发危机"带来的教育政策变迁,行政人员的意见均会在不同程度上影响其问题的确定、计划的制定、方案的选择、活动的推进,帮助制度实现断裂后的新平衡。

行政人员是教育政策制定的另一主要影响元素,主要体现在其直接参与和间接影响中:一方面,行政人员直接参与浙江省教育政策的制定和方案的撰写。在政策制定中,决策者作为总负责人,统筹规划总方向,行政人员的工作重心在于辅助和执行上级领导的决定。他们具体负责政策分简后的子项目,这些课题相对细化,研究问题相对简单,时间周期相对简短,影响范围相对狭窄,规模层级相对基础。对于政府部门公开发表的具有纲领性、方针性特点的决策性文件,行政人员可以利用自己一线工作中积累的经验与优势,结合当地发展现状以及结构特点,敲定政策细节,制定具体方案,使子方案的规划与制定更灵活,提高实践中政策方案的具体细化落实效率。另一方面,行政人员间接影响浙江省教育现代化政策的制定和方案的撰写。对于制定纲领性方针,统筹教育发展方向等事宜,行政人员通过执行政策任务的形式,在工作中不断摸索前行,及时反馈推进意见,向上级领导汇报发展进程和出现的问题,间接影响政策的演变。

二、决策组织

浙江省教育现代化政策变迁是原政策经过突发危机被推翻后,新政策建立进入制度断裂平衡时期的动态过程。[①] 落到实处具体表现为制度的制定、实施与评估,这些工作需要决策组织的层层把关和逐一实施。决策组织是指具有决定教育政策权力的集体或团体,其自身结构组成可细化为组织的结构和组织的层级与幅度,工作任务主要为强调组织的工作程序与过程。以上种种均从不同角度浸染在教育政策变迁之中,组织的结构匹配教育政策变迁的耦合性,组织的层级与幅度影响教育政策变迁的效率,组织的工作程序与过

---

① 何俊志.结构、历史与行为[D].上海:复旦大学,2003.

程制约教育政策变迁的精准度。决策组织为政策的制定、推行、审核而设定，没有正确与否的判定，只有合不合适的区别。能够助力教育政策发展的决策组织，就是被广泛认可与肯定的工作团体。

(一)组织的结构

组织结构是团体分工合作的构成体系，明确规定各构成要素享有的权利和应履行的义务，以完成任务、实现目标为宗旨，按照层次、幅度、职能和职权划分为科层结构、横向结构和矩阵结构。① 应对浙江省教育现代化发展面对的不同突发危机时，各组织结构的表现不同。

科层结构的层级划分明显，上级负责决策的制定与评判，下级负责任务的执行与推进，下级严格服从上级的指示。这种隶属关系权责明确，在突发危机作用下的教育政策变迁过程中，能够大大提高工作效率，推进工作按部就班有序进行。下层执行过程中，如遇到问题与困难，直接向上级部门汇报，上级部门果断做出判断并采取措施解决。但由于单一对接负责，缺乏横向交流，可能出现上级领导考虑不周全或路径依赖的现象。这种结构适用于简单问题的高效解决。

横向结构没有等级之分，一般以委员会的形式出现，组成人员权利持平、职责相当。遇到问题，大家头脑风暴共同商议，提出各自的想法和意见共同讨论。在方案的选择和计划的制订方面，调动集体的积极性和参与性，集思广益。能够集众家之所长，补个人认知的局限，有益于提出更全面的解决办法，避免路径依赖效应的负面影响。它的弊端在于权责不明，效率不高。委员会中所有成员的身份相同，没有负责的领导人员，工作的开展只能停留在对问题的不断讨论上，很难高效推进工作的进度。这种结构适用于复杂问题的深入讨论。

矩阵结构集合上述两种类型的优点，有等级高低的划分，并且同级由多人组成，避免科层结构的独断专行和霸权主义，也提高横线结构工作的实效性和决策的果断性。这类结构可以有效发挥各部门人才的特质，灵活应对教育政策中的突发危机，使复杂问题简单化，简单问题通透化。但是其中的问题在于同级工作人员处于合作关系之中，未能明确划分权责，如果解决问题

---

① 袁振国.教育政策学[M].南京:江苏教育出版社,1996:165-181.

的过程中意见出现分歧,程序很难继续推进,下级工作人员也会不知所措。

(二)组织的层级与幅度

结构清晰、权责明确的教育政策决策组织有利于高效处理浙江省教育现代化推进中的突发危机,尽快解决突发事件带来的不利影响并使制度恢复稳定。层级合理幅度适中,各成员与部门纵横交错、相互制约,整体以立体网状形式存在的组织有助于发挥其正反馈效应。理想化的决策组织层级应由自上而下不同职位的人员构成,从纵向的角度区别管理归属关系,上级领导为下级公职人员分配任务,下级人员服务于上级决定,执行上级命令。层级的划分和对应职权的分配因具体情况而异,按需设立,数量不等。组织层次的划分,影响人员的任命,体现在教育政策的决策者和行政人员构成上。

组织的幅度从横向角度决定工作人员的管辖范围和程度。对于决策组织同一层级的工作人员,妥善分配工作任务,将人员的职位与职责一一对应。同层级的工作人员数量可能不确定,针对政策变迁途中突发危机的轻重缓急具体合理增减工作,或平行调度,以保证各级各类工作人员有充足的时间和精力,能够认真完成各自的工作内容,对自己分管的事务负责,保质保量完成任务,不越权更不偷工减料。无论是从纵向的层级角度讲,还是从横向的幅度层面谈,其程度的适宜性对突发危机作用下新教育政策的制定、执行等工作的开展有很大影响。层次过于复杂,教育问题的反馈和工作任务的分派就会经过层层传达,无形中增加工作的重复性,降低工作效率。相反,若层次设立太少则会引起领导决策的专制,不利于政策的制定。若幅度模糊不清、界定不准,会出现工作过程重复或遗漏等问题,均不利于教育政策的变迁和制度断裂后稳定平衡的恢复。

(三)组织的程序或过程

组织的程序或过程是客观存在的工作推进步骤,浙江省教育现代化政策的制定与推行也要经受教育部门相关组织流程的层层把关。教育政策的制定流程大体表现为以下几个步骤:首先,国家相关部门针对上级指示,组建领导小组,具体分析解读教育发展总体目标,并委托科研机构开展基础调查研究,包括收集相关资料,实地调研,草拟计划方案。其次,邀请业界权威专家、学者等相关人员,召开座谈会,研习讨论,反复磨合修订初级方案。最后,决策者确定政策初稿,决策组织批准执行。

　　面对不同的突发危机,处理工作内容有不同的组织程序,任何政策的决策、实行和推广都要通过程序的审核。① 科学合理的组织程序或过程能够提升政策的严密性,从源头避免问题的产生,为后期工作的开展把关,发挥决策组织形成的路径依赖优势,增强回报递增作用,提升正反馈效应。② 畸形的组织程序不仅会影响现行的工作开展,也会因此养成不良习惯,形成阻碍发展的路径依赖效应,后患无穷。具体表现为:组织程序或过程太过冗长,会严重延误政策的推行,影响其时效性;相反,组织程序或过程过于简单,则不利于政策的全面审查,为后续工作的开展埋下隐患。③

----

① 张新平.简论教育政策的本质、特点及功能[J].江西教育科研,1999,1(1):3—5.
② 何俊志.结构、历史与行为[D].上海:复旦大学,2003.
③ 高欢.浙江省教育现代化政策分析——基于历史制度主义视角[D].杭州:浙江工业大学,2019.

第三章 浙江省教育现代化指标体系研制

——基于与江苏省的比较

人类基本需求与基本要素的一致性决定了人类的基本路径与反应具有一定的相似性。[①] 同理,在教育发展中,不同国家或地区在相同阶段或不同阶段所遇到的问题与基本路径有着很大的相似性和一致性。由于各国或各地区自然禀赋、政治、历史、文化与经济状况不同,不同国家和地区的教育指标体系有一定的差异性或一致性下的具体特色,并对其后的现代化进程产生重要影响。当前,国内对教育现代化指标体系的研究大多聚焦在国家一级层面,区域一级层面的专题研究总体上不是很多,再具体到省域层面的比较研究更是少之又少。而省域作为国民经济区域划分的重要单位,特别是经济发达的省域,对国家教育现代化的整体发展意义重大,因而开展对教育现代化指标体系的省域比较研究势在必行,这也是各省域要担负的教育使命。指标体系的一个关键特征是以设定的具体目标来探讨目标达成所需的条件和实施程度。[②] 2019 年 2 月,中共中央、国务院发布《中国教育现代化 2035》,确定了到 2035 年总体实现教育现代化的战略目标。2020 年 5 月,浙江省印发《浙江教育一体化 2035 行动纲要》和《加快推进浙江教育现代化实施方案》,就率先实现教育现代化作出规划和部署。面对教育现代化 2035 新目标与率先高水平实现教育现代化的新要求,及时修订与完善教育现代化指标体系就成为浙江的当务之急。因此,本章特选取了与浙江省在地理位置、自然禀赋、经济发展等方面具有高度相似性而教育现代化建设发展方面又截然不同的代表

---

① 项贤明.比较视野中的教育现代化进程[J].比较教育研究,2007(12):1—7.

② 顾明远.中国教育科学走向现代化之路纪实——纪念共和国建国 60 周年[J].北京师范大学学报(社会科学版),2009(4):5—18.

性省域——江苏省作为比较对象,力图从不同维度对两套教育现代化指标体系进行比较,探讨其异同点以及背后所折射出的理论支撑和现实意向,并归纳教育现代化指标体系研制的内外部规律,以期为浙江进一步修订和完善指标体系提供依据,从而有力助推国家总体实现教育现代化,也为各地解决所面临的共同问题和普遍性难题提供参考和借鉴。

第一节　教育现代化指标体系的学理分析

作为教育现代化测评任务的一种工具和载体,教育现代化指标体系对于贯彻落实党中央战略部署、引导各地开展教育现代化建设工作以及实现又快又好发展具有极为重要的意义,是评价教育现代化水平的前提性工作和关键性环节。当前,面对《中国教育现代化2035》的战略目标,加快构建教育现代化指标体系并促进国内某些发达地区率先高水平实现教育现代化成为当前的重要任务。

一、教育现代化指标体系的本质特征

(一)本质:教育指标的组合

教育现代化是一个相对概念,是教育发展在不同的时间序列中实现现代化的程度,也是教育的各方面指标达到了不同时期的现代化的标准与要求。[①]教育现代化也是一种目标,在不同时期,其目标追求和标准也有所不同,不同时期的目标和标准的变化决定了教育现代化的历史性与进步性,也决定了作为其测评工具的指标体系也应该不断地调整和完善。可从3个方面来分解教育现代化这一概念,即是否具有现代性,表示状态和水平;使之具有现代性,表示过程和动力;努力追求现代性,表示目标和理念,推动教育规模、结构、质量的和谐发展。而教育现代化指标体系作为教育现代化测评任务的一种工具和载体,是指用来反映教育现代化系统发展水平和具体发展状况的数值或标准。首先,指标体系是以某一个或多个逻辑框架为统领的。其次,指标体

---

① 褚宏启.教育现代化的路径:现代教育导论[M].北京:教育科学出版社,2013:158-159.

系不单单是统计数据的集合,还通过集合的形式反映了内部各级各类教育之间的关系。最后,指标体系具有逻辑性和可测量性,以此对教育现代化水平进行评测、质性描述和量化分析。由此可见,教育现代化指标体系比教育指标更为复杂,是基于理论基础的由一系列逻辑相关的指标组合而成的,可有效描述教育系统发展情况,综合反映教育现代化系统发展过程中的状态和水平。因此二者有很大差异,具有系统性和完整性的特点。

(二)定位:全人的全面发展

随着人民需求的不断提高,教育目标也由实现普及教育向建设高质量教育和全面实现教育现代化转变。现在,人们也越来越意识到仅看学习成绩是不够的,评价教育是否全面实现了现代化,还要看教育资源是否均衡配置、学生是否全面发展等。因此,新的历史方位要求新时代我国教育现代化指标体系也要有与之相适应的定位——方方面面的全方位发展即全人的全面发展。(1)全面的教育现代化定位,宏观上是指教育现代化要兼顾各级各类教育的发展,微观上是指每一所学校都应向内涵式、特色式发展。(2)全方位的教育现代化定位,指既要办好国内各级各类教育,又要重视国际教育的发展;既要发展好学校教育,又要促进网络教育、继续教育、终身教育的发展;既要促进东部地区教育、城市教育、优势群体教育和优质学校教育的稳步向前发展,又要加快中西部地区教育、农村教育、弱势群体教育和薄弱学校教育的发展步伐。(3)全人的教育现代化定位,即要以全人的全面发展为立足点。从教育的广度看,即要兼顾每一个个体的发展,"使其一个都不能少";从教育的深度看,即要注重个体的全面发展,"使人成为一个完整的人",包括自然生命的教育、精神生命的教育和社会生命的教育。① 而全面、全方位的教育现代化归根到底就是全人的现代化,人是最高出发点和最后落脚点。总的来说,我国教育现代化的核心定位是实现全人的全面发展,包括促进教育与社会的共同发展,其中,促进人的现代化是本质追求。因此,新时代衡量教育现代化发展水平的尺度应立足于根本定位——全人的全面发展,并以此为价值导向和现实指南。

---

① 李希贵.深化教育改革 加快教育现代化[J].教育研究,2017,38(11):7-10.

（三）特征：现代性的增长

人类社会持续向前发展，教育作为人类社会的一部分，不会一成不变。现代化的教育也应该代表世界教育改革发展的动态特征和共同趋势。事实上，虽然不同国家和地区的发展进程不同，但教育现代化的核心特征——现代性却有很大的相似性。[①] 从教育现代化的本质来看，教育现代化是其各方面不断发展和全面逼近"现代化"的过程。也就是说，对于某个地区教育现代化是否具有现代性以及追求现代性的程度可以从现代性的理念、目标、过程、水平、状态等方面衡量，这些是比较一致的特征。

1. 更具现代性的教育理念

主要体现在以国际先进的、符合国家发展实际的崭新的教育思想引导，推动教育发展，尤其突出教育优先发展思想、教育协调和谐发展观念、教育公平理念和教育家办学理念等。国家战略中体现教育理念的现代化，如使得教育具有较好的服务面向，立足于社会需求和人的个性化发展，以建设现代化国家为指导，在科技创新、建设国家区域创新体系方面有所体现。

2. 更高程度的教育普及

主要体现在基础教育、高等教育、职业教育、继续教育各领域的教育发展达到一定的规模及发展水平，具体是学前教育、九年义务教育、高中教育、职校教育等各级各类教育入学水平达到一定的程度，各类人群能够随时接受社会教育，教育培训实现较广的覆盖面并具有较突出的培训效果等方面，使全体人民学有所教成为常态。

3. 更为满意的教育公平

主要表现在城乡、区域之间不同性别、人群等的教育入学机会具有较小的差异，社会公众可以享有较为均等的教育资源和条件水平，具有对经济困难和特殊人群如残障人群、随迁子女、留守儿童等群体的有效的教育保障，使他们享受到公平的教育机会等。尤其是近中期基础教育城乡之间、地区之间和学校之间教育的公平问题进一步改善，经济困难地区、家庭经济困难学生和特殊人群的教育机会得到保障，实现教育公平，促进社会公平。

---

① 张炳林，宁攀. 教育现代化内涵解读及推进策略研究[J]. 数字教育，2017，3(6)：21-27.

4.更高水平的教育质量

主要表现在素质教育等教育理念被摆在突出位置,各级各类教育的教育规模和效益得到统筹发展,教育质量结构与国家战略和人民群众需求相适应。包括提升所有学生的综合素养水平,学生尤其是职业院校和高等院校学生的就业能力比较突出,教师具有较高的素质和能力,为发展高质量教育提供基本保障。教育办学条件较好尤其是具有较高的教育信息技术水平,为提升教育质量提供技术动力。

5.更为完善的教育制度

主要表现在具有完善国家现代化教育体系的制度建设政策支撑、考试体制的改革创新、各级教育的联动机制、践行的终身教育理念。现代化的教育体系还应具有完整、协调、灵活、开放的各级各类教育体系,尤其是高等教育和职业教育能够较好满足经济社会发展需求。在宏观教育制度建设方面,法制化程度应不断提高;在各地区体制和制度改革中,教育决策的合理化、民主化应持续增强,从而为实现教育现代化提供有效的制度支撑。

6.更为健全的教育投入与保障

主要体现在各级政府教育财政的投入力度逐渐加大,能够确保公共财政资源和社会资源性教育投入。具体表现是:政府教育拨款能力较强,教育总投入较为充沛,能够满足教育发展需求;在人均教育经费方面,达到发达国家和地区的平均水平;师资队伍建设和以教育信息化与教育技术手段为中心的教育教学改革持续进行,基本办学条件有所保障并不断改善,确保每一所学校按照国家标准和各地要求办成合格学校。

7.突出的教育贡献

现代化的教育主要体现在为经济社会服务和培养人才方面的价值,即应对提高人民群众综合素质、提升国家人力资源水平和推进建设创新型强国做出突出贡献,特别是在科技创新、科技服务以及建设国家区域创新体系方面发挥重要作用。

二、教育现代化指标体系的多元功能

(一)描述功能

指标是指用来反映某一系统发展水平和具体发展状况的数值或标准。指标体系可以反映教育在现代化发展建设等方面的进程情况和相关政策的

实施效果,促进社会各界对发展相关计划和行动的共同理解。通过指标监测能够了解教育发展过程、学校办学水平、教育体系建设等方方面面的状况,为政府提供决策依据。

(二)监测评价功能

监测与评价功能是指标体系最根本的职能作用。教育现代化监测指标体系是一种综合性、系统性和相对全面的测量工具,有明确的价值理念、可靠的数据和科学的分析。通过指标体系监测,可以帮助研究者和决策者对其想了解的教育发展进程及成果质量、教育改革与发展目标达成度和社会满意度等做出科学评定。

(三)改进功能

改进功能本质上是面向内在目标的。无论是建立指标体系还是应用成熟的指标体系,通过监测评价教育现代化实践,从更加全面和综合的角度,找出问题,分析问题,调整策略,解决问题,才是指标体系的内在逻辑。指标体系的完善,不仅体现在对方法和策略的完善上,还体现在对人们原有价值观念、价值判断和价值追求的进一步提升上,从而为教育现代化整体水平的提升服务。

(四)预测功能

运用指标体系能够对教育现代化的历史进程和当前建设进程实现实时监测,科学地评判国家和各地区教育现代化建设水平和目标达成度,并探寻和总结教育现代化建设过程中的一些内在规律。在此基础上对未来教育现代化建设的发展方向和重点趋势实施前瞻性预测,并根据预测结果引导各地采取相应改进措施,从而促进教育现代化向前沿性方向科学发展。

(五)导向功能

教育现代化指标体系作为各地教育现代化建设的风向标,也应随着社会发展和教育改革实现与之相应的变化,并且把教育变革都合理地整合在其中,进而扩大教育变革的辐射面。也就是说,科学的指标体系能够引领教育现代化建设,指标或标准中蕴涵着教育现代化对高水平、高标准的追求,进而全面体现教育现代化程度赶超和高质量的目标追求。

三、教育现代化指标体系的价值取向

价值取向是个体内在持有的价值观形成的一种倾向,影响着人们的思想、行为以及对教育的评价标准。本章从两个层次展开分析：一是政府和指标制定者所反映的价值倾向，发现指标背后所负载的价值取向；二是全社会所持有的价值取向，这种价值取向更为根本。

（一）相对于外延建设的内涵建设

《国家中长期教育改革和发展规划纲要（2010—2020 年）》提出"要进一步树立以内涵发展为核心的教育观"，党的十九大提出"着力推进教育内涵式发展，着力提高人才培养水平，推动教育事业科学发展，办好人民满意的教育"。由此可见，我国教育发展的方向已从以规模扩张为特征的外延式发展转向以质量提升为中心的内涵式发展。教育质量是教育发展的本质要求，也是建设教育人力资源强国的关键因素。当前我国教育面临的形势是既走在一次现代化的途中，又适逢二次现代化突袭的浪潮，行进在守望与追赶之间，[①]尤其需要走以提高质量、注重内涵建设特点的教育路子。我们不仅要考虑有效地改善学校条件和资源建设水平，为学生提供一个良好的学习环境，而且要注重核心素养教育、教育优质均衡和学生的全面发展。内涵建设的实践路径之一就是学校特色文化的建设，挖掘特色文化并形成和彰显学校文化，这符合当代各国各地区教育的发展趋势，也是当代教育的内在追求。因此，指标体系的最终目标和核心价值是推动教育实现现代化，赶超或超越发达国家或国际大都市的平均水平，以此推动和促进国家加速建成小康社会。

（二）相对于工具价值的内在价值

过去工业化时期，教育一直被视为完成国家发展目标的"工具"，表现为一种生存性教育。生存性教育的典型特征之一是以提高升学率为教育目标，以大批量生产为主要途径，着重强调教育在培养人才方面的即时物化和"工具性"功能，因而容易导致受教育者的"非人格化"，非常不利于学生的心理和思想健康发展。进入 21 世纪，随着教育现代化的不断推进，多维需求和综合能力体系正成为一个重要的特征。[②] 这意味着大众不再仅仅把升学作为教育目标，而是逐渐认识到人的全面发展的重要性，也意味着大众正慢慢形成高

---

① 顾明远.学习和解读《国家中长期教育改革和发展规划纲要（2010—2020）》[J].高等教育研究，2010,31(7):1－6.

② 周稽裘.教育现代化——一个特定时期的描述[M].北京:教育科学出版社,2009:189－190.

位的教育发展视野。如卡尔所称,"受过教育的标准就是要能了解并珍惜各种不同形式的知识、学问与技能的非工具性或目的论的特征"。教育的价值不单纯是培养和发展人的生存能力,更重要的是实现全面发展以及服务社会的需要。相比于教育的工具性价值,教育现代化的内在价值实质上是一种更为人本化的价值观,它主张教育要以"全面化""自由化""多元性"和"个性化"为价值取向,其出发点和落脚点都是实现个体个性化与全面化发展。因此,人作为具有主观能动性的主体在社会中的自我实现才是教育现代化内在价值的集中性反映和关键性标志。

第二节 教育现代化指标体系的 PEST 分析

PEST 分析法是战略外部环境分析的基本工具,即通过对政治、经济、社会、技术 4 个方面的因素分析从总体上把握宏观环境,同样在教育领域中也适用。从系统论角度看,教育系统作为社会系统中的一个子系统,涉及与社会系统的协调关系,本质上表现为对社会进步的反应。[①] 也就是说,教育现代化指标体系应该能够在一定程度上反映与教育现代化发展相关的背景状况,包括政治、经济、社会和技术环境,不能脱离社会背景。是故,本节主要通过PEST 分析法对两省教育现代化发展进程的相关背景状况进行比较分析,从中归纳出指标体系研制的影响要素,从而为后文的指标文本比较提供一定背景依据。

一、政策变迁

P 即 Politics(政治要素),指对教育现代化系统有实际影响的政治力量、法律法规和教育政策等因素。当国家或各地政府发布了对教育现代化具有影响力、约束力和方向性的教育政策时,教育现代化的战略规划和具体实施方案也要随之进行相应调整。具体来看影响因素主要有教育政策、教育法、政府法律法规、学校与政府的关系等,而这其中尤以教育政策的影响最为深

---

① 刘晓玲.基于 PEST 分析法的中国教育培训市场外部环境分析[J].市场研究,2012(8):15—17.

刻。教育政策实际上是与教育系统关系最密切的一个因素,是教育现代化发展的风向标。本部分将通过时序分析法对两省教育现代化的相关教育政策进行划分,具体分析见图3-1。

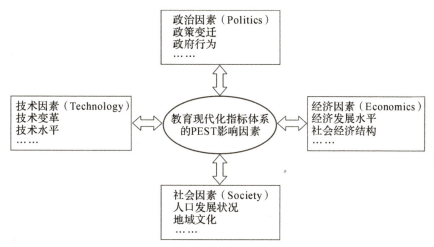

图 3-1　教育现代化指标体系影响因素的 PEST 分析

(一)江苏省教育现代化政策演进历程与特点

1.试点探索阶段(1993—2005 年)

江苏的教育现代化实践始于苏南地区,标志性事件是 1993 年 12 月江苏省原教委发布《关于在苏南地区组织实施教育现代化工程试点的意见》,这具有里程碑的意义。此前,江苏在完成"双基"之后于 1991 年就提出了要进行教育现代化建设的想法,并形成了初步方案。1995 年,江苏省政府颁布《江苏省乡镇教育基本实现现代化建设标准(试行)》,明确指出当前重点是建设一批示范乡镇,以带动省内其他乡镇实现现代化。1996 年,江苏又提出在全国率先基本实现教育现代化的目标。1999 年,江苏省政府发布《江苏省教育现代化实施纲要》,明确提出教育现代化的奋斗目标是"到 2010 年赶上中等发达国家的教育发展水平"。2002 年,江苏省政府要求改造大部分学校的危险房屋,这意味着以硬件建设为核心的教育现代化目标有所实现。2004 年,江苏省政府召开会议指出该阶段的重点是继续提高学校办学水平。[1]

---

　　[1]　孙国忠.江苏省实现教育现代化的方法与途径探索[J].当代教育实践与教学研究,2018(2):22—23.

2. 县域建设阶段（2005—2010 年）

2005 年,江苏省委颁布《加快建设教育强省 率先基本实现教育现代化的决定》,指出这一阶段的重点是提高县域教育发展水平,目标是到 2010 年率先基本实现教育现代化。2006 年,江苏省政府确定教育现代化是全省现代化建设的优先建设领域。2007 年,江苏省政府正式发布《县区教育现代化建设水平主要指标》,这标志着江苏省是我国第一个开展县域层面教育现代化评价的省域,而且标志着我国第一个县域指标体系的诞生,更标志着江苏省教育现代化建设从初步实现转向基本实现,意义重大。同年 8 月,江苏省政府召开"十一五"教育发展大会,指出"到 2010 年,江苏将率先基本实现教育现代化"。2010 年,经江苏省教育厅评估并报请江苏省政府认定表彰 98 个县(市、区),占比 87.5%。

3. 全省推进阶段（2010 年至今）

2010 年,江苏省委正式颁布了《江苏省中长期教育改革和发展规划纲要(2010—2020 年)》,明确指出"要坚持教育始终放在发展的首位,力争到 2020 年率先实现教育现代化,建设全国教育强省"。2013 年,江苏省委制定发布了省级《江苏教育现代化指标体系》,率先在全国启动教育现代化建设程度评测。同年,江苏省政府针对教育现代化监测工作中发现的问题,为教育现代化监测提供了具体的测量工具和评价规则,并对推进教育现代化实践提出了一些具体意见。2016 年,江苏省政府召开第三次教育工作会议,提出了"一达到两提高"的发展思路,并重新确定了教育现代化的奋斗目标,即为人民提供满意的教育。[1] 同年又印发了《江苏教育现代化监测指标》。这一阶段的重点是提高人的思想和素养现代化水平,反映了江苏对教育现代化发展内涵理解的提升和进步。

总的来说,江苏的教育现代化属于典型的外生型教育现代化,即不是以自发性、渐进性的自然积累走自下而上的发展道路,而是依靠国家行政力量的推动和大量引进他国教育经验走自上而下的发展道路。同时,江苏特别重视发挥指标体系在教育现代化实践进程中的引领作用,如 1995 年颁布了《江苏省乡镇教育基本实现现代化建设标准》,2007 年出台了《县区教育现代化建

---

① 毛建国.建立区域大教育观的理论思考与政策建议——以江苏新一轮教育现代化建设为例[J].江苏教育研究,2013(25):12—15.

设水平主要指标》,2013 年修订为《江苏教育现代化指标体系》。此外,江苏尊重地区实情,承认地区差异,其坚持分类指导、分片规划、区域推进的工作机制,即苏南、苏中、苏北分片区、分层级推进教育现代化,这也是江苏教育现代化演进的重要特征。

(二)浙江省教育现代化政策演进特点

由于对浙江省教育现代化政策的阶段划分和演进特点在第二章已详细分析,此处不再赘述。不过,相比于江苏教育现代化的发展特点来说,浙江教育现代化也属于外生型教育现代化,即依靠国家行政力量的推动和借助示范作用走自上而下的发展道路。此外,浙江历来有崇尚文化教育的传统。如1998 年,浙江就明确提出了建设经济强省、科教强省的构想;2002 年,省教育厅又提出了"教育强省"的战略理念。同时,浙江也注重通过制定科学的监测评价指标体系来引领和带动全省教育现代化向前发展,如 2012 年,省教育厅出台了《浙江省教育现代化县(市、区)评估操作标准》,其中,教育信息化建设和教育国际化建设是浙江教育现代化发展的重要内容。在具体教育现代化的推进过程中,浙江也率先探索了一些宝贵经验,如率先探索集团化学区办学、实施中小学作业"减负"改革、探索产学研联动的中职—高职衔接的职业教育体系等,从中可以清晰地寻绎出浙江不断扩大教育现代化优势的政策进路,这都是有益的借鉴和参考。

(三)结论

1.省级政府主导教育发展方向

以省政府为主导,逐步推进市、区、县教育现代化建设,已成为各省市落实教育现代化发展战略的普遍共识和推进逻辑。实践证明,开展政府主导的指标评估最有利于确保教育现代化战略扎根。比如,江苏为发挥政府在教育现代化事业中的统摄和引领作用,先后修订出台了《2007 年度县(市、区)教育现代化建设主要指标》和《2013 年度江苏教育现代化指标体系》以规范教育现代化监测工作,通过政府主导分阶段实行监督、评估和表彰,长此以往,县(市、区)评估和鉴定工作也逐步朝着教育现代化的奋斗目标迈进,这都体现了政府的主导作用和领导力。

2.在满足阶段性的需求方面达成共识

两省政府作为教育现代化建设的主导力量和风向标,在制定教育现代化的相关政策和评估体系时,都是以国家总体教育现代化战略框架为指导,同时立足本省实际情况来规划本省教育现代化建设的推进思路。因此,两省都关注到不同时期本省教育改革的热点和难点问题,也都采取了分区域、分阶段研制评估指标体系和推进教育现代化的战略措施。例如江苏关注教育的个性发展,提出了"让所有孩子同在蓝天下快乐成长";浙江为扩大优质教育资源覆盖面,率先探索集团化、学区化办学,因而两省对于满足阶段性的教育需求这一教育规律达成共识。

二、经济环境

E 即 Economics(经济要素),指一个国家的经济制度、经济发展水平、经济结构、产业布局、资源状况和未来经济走势等因素。由于经济基础是社会系统中的一个至关重要的因素,经济发展的快慢直接关系到教育投入的多少,因而经济基础是教育现代化发展进程中最坚实的物质基础。主要的经济要素有 GDP 发展趋势、产业结构分布占比情况和国民生产总值变化趋势等,而这其中尤以经济发展水平和经济结构的影响最为深刻。

(一)经济水平决定教育投入

教育现代化不仅需要政策的引导,更需要强有力的经济做支撑。教育现代化是政府的公共性事业,教育现代化首先是政府的责任并主要表现为政府的教育投入。政府对教育投入的增加有利于省级人力资本水平的提升,进而带动全省经济水平的全面提高。而经济的持续增长又为政府经费的增加提供了必要的条件。没有经济的增长,就没有优先的资金投入,也就没有教育的优先发展。可以说,一个省整体的社会经济水平直接决定了政府对教育财政拨款的水平,二者之间存在着相辅相成的正比例关系。另外,据谈松华等人的研究,区域社会经济现代化水平对区域教育现代化影响较大,二者紧密相关。[①] 以对地方教育经费总投入为例,2018 年江苏全省地方教育经费总投入为 2827 亿元,同比增长 8.9%;[②]浙江全省地方教育经费总投入为 2400.9

① 谈松华,袁本涛.教育现代化衡量指标问题的探讨[J].清华大学教育研究,2001(1):14—21.

② 关于 2018 年全省地方教育经费执行情况的统计公告[EB/OL].(2019-12-02)20-04-30].http://jyt.jiangsu.gov.cn/art/2019/12/2/art_55525_8831084.html.

亿元,同比增长 12.57%。① 相比较而言,浙江政府的财政投入力度还有待加强,需要加大经费投入,从而为教育事业提供更加坚实的物质保障。

（二）经济结构影响教育内容

经济的发展归根到底在于人才的发展,教育培养的人才最终要在实践中方能体现其社会价值。也就是说,学生的就业率能够在很大程度上影响该学科的教育内容和结构。由此可见,经济的快速发展势必会引起人才需求和人才结构的变化,进而引起教育内容和培养方向的变化。从江苏的经济发展来说,改革开放以来江苏就以乡镇企业为突破点开始发展工业经济。20 世纪末,江苏又以扩大对外开放战略为指导,大力发展开放型经济。截至 2019 年底,江苏全年第一二三产业增加值比例调整为 4.3∶44.4∶51.3,②产业结构调整加快。因此,当前江苏经济发展的核心任务是快速调整产业结构。从浙江的经济发展来说,2019 年浙江全年第一二三产业增加值结构为 3.4∶42.6∶54.03,③第三产业的占比明显更重,对经济增长贡献率高,这意味着高速发展的第三产业会极大提升相关企业的人才需求,也对浙江教育提出了更高要求。实际上,教育作为人才培养与服务经济社会的枢纽,承担着为国家和社会源源不断地输送人才的重要任务,必然要围绕产业结构的发展变化和科学技术的推陈出新而不断调整教育内容,从而更好地满足社会对于各类人才的需求。

三、社会环境

S 即 Society(社会要素),指一个地区中社会成员所蕴含和体现出的地方特征、价值观念、文化传统和风俗习惯等要素。具体来看,对教育系统有影响的社会要素主要有人口规模、年龄结构、人口流动性和地域文化等。其中,人口规模直接关系到一个地区的教育规模,人口结构直接关系到各级教育的供

---

① 浙江省教育厅浙江省统计局浙江省财政厅关于 2018 年全省教育经费执行情况统计公告[EB/OL]. (2019-11-15)[2020-04-30]. http://jyt.zj.gov.cn/art/2019/11/15/art_1543965_40279354.html.

② 2019 年江苏省国民经济和社会发展统计公报[J]. 统计科学与实践,2018(3):22—28.

③ 2019 年浙江省国民经济和社会发展统计公报[J]. 统计科学与实践,2018(3):5—10.

给量,地域文化则隐性影响着社会成员的教育观念,这些要素都是教育现代化的要素。

(一)人口发展影响教育体制

人口是社会的基本要素,人口规模、结构和质量是国家从人力资源大国向人力资源强国转变的关键因素。[①] 而教育作为培养人才和提高人力资本水平的中枢,也会受到人口发展变化带来的一系列影响。一是人口数量对教育体制的影响。以 2017—2019 年数据为例,江苏全省人口总数分别为 7998 万人、8029 万人、8070 万人;[②]浙江全省人口总数分别为 5657 万人、5737 万人、5850 万人,[③]两省人口总量均保持持续性增长。随着人口数量的持续增长,教育要实现优质均衡发展,就必须兼顾各层次教育,采用多元化的办学形式以满足社会公众多样化的需求。同时,还要调动社会各界的积极性,争取吸引行业、企业等组织共同推进教育现代化建设,形成公办学校与社会各界一同参与、公办教育和民办教育和谐发展的教育格局。二是人口结构对教育结构的影响。人口结构的变化必然会影响教育的布局与结构,进而决定了劳动力的总体和各个结构层次上的供给量。当前,由于考虑到我国经济增长对劳动力依然存在着较强依赖,按照当前的人口发展趋势来推算的话,时间越往后,日益增多的劳动人口与快速发展的第三产业形成的矛盾对比就越大,结构性矛盾日趋复杂化。招工难问题已逐渐扩散到全国,且呈常态发展趋势,技术人员短缺成为普遍现象,这就需要教育主动适应社会发展需要,调整教育结构以培养大批多类型的技术人员,满足社会发展所需。此外,由于人口数量增长的不一致性和波动性,这种高峰和低谷的重现也会对学校内部的体制产生一定的影响。

(二)地域文化影响教育观念

不同的国家有文化差异,不同的省域同样也有差异。我国各省域各地区之间社会经济发展存在着很多的不平衡和差异,这种差异背后的原因有地理

---

① 刘铮.人口现代化与优先发展教育[J].人口研究,1992(2):1—10.

② 2019 年江苏省国民经济和社会发展统计公报[EB/OL].(2020-03-03)[2020-04-30] http://tj.jiangsu.gov.cn/art/2020/3/3/art_4031_8993801.html.

③ 2019 年浙江省国民经济和社会发展统计公报[J].统计科学与实践,2018(3):8.

因素、经济因素、政治因素、人文历史因素等,而这其中的关键因素之一就是地域文化的差别。江苏和浙江同属东部沿海省域,其地理位置和自然禀赋均较优越,然而其教育发展却表现出很大的不同。例如浙江教育内部差距相比江苏来说要小得多,这就是地域文化的影响所致。浙江的地域文化中最大特色就是政府支持下的市场精神。浙江初始条件一般,但是浙江人敢于去拼,更具有冒险精神,义乌商人、温州商人等都是写照。也正因如此,浙江每一个市、每一个县都可以根据实际需要做自己的选择。这种"自由选择、自由发展"的文化是浙江内部教育发展均衡的本质因素,也是互联网产业在浙江发展的原因所在。而江苏是典型的南北区域教育发展不平衡的省域,相比较而言,江苏的地域文化更偏向于传统和保守,注重安稳,崇尚文化和教育,这也是江苏一直重视教育改革的原因所在。可见,文化对于教育改革尤其是教育思想和观念的影响是巨大的。其实每一个省份、每一个城市,不管内陆沿海,不管土地肥贫,不管资源有无,都有自己独特的文化特色,而这些地域文化会深深地影响当地人的教育观念。

四、技术环境

T 即 Technology(技术要素),技术要素不仅指一些具有革命性的发明,还包括与教育有关的新技术的出现、发展趋势和应用前景。技术要素给教育系统带来的最大影响是教育信息化理念的出现,如技术领先的学校就比未采用先进技术的学校信息化水平更高。因此,除了要分析技术发展给教育内容和方式带来的影响,还要关注技术发展给教师带来的影响,这也是教育信息化水平的关键要素。

(一)技术变革影响教育内容和方式

随着"互联网＋"、人工智能、大数据时代的到来,新技术的发展正不断改变着人们的生活。教育领域也发生了很多改变,改变了教育内容、学习方式和教育手段,等等。比如一系列大数据支持下的网络在线学习,可以使每个人都能随时随地学习和交流,突破时空局限;[①]教师可以利用动画技术创设丰富有趣的教学情境,从而吸引学生的注意力,激发学生学习的积极性。这些

①　秦虹,张武升."互联网＋教育"的本质特点与发展趋向[J].教育研究,2016,37(6):8－10.

教育方式和学习方式的变化都反映了技术变革对教育领域产生的影响,说明技术变革已全面渗透到教育现代化领域中。这也对教育提出了更高的要求,即教育必须根据技术的发展而不断发展,要及时更新教育理念,适时调整和更新教学内容,还要积极把新技术运用到学校管理和课堂教学中,加快实现教育信息化。例如浙江省为促进信息技术开放共享,近年来先后组织实施了"千校结好"计划、智慧教育工程、创新实验室建设项目、移动学习终端试点项目等一系列重点项目,从而逐渐形成了教育信息化的先发优势。可见,把信息技术推行和运用到课堂教学中并使两者深度交融,将是未来各地区教育信息化建设的重点,也是教育现代化建设的必然趋势。

(二)技术水平影响教师教育技术能力

技术是教育信息化的核心要素,技术水平是衡量当代一个国家或地区教育信息化发展水平的主要标志。而教育信息化工作的推进,关键在教师,在于教师自身的教育理念,更在于教师对于信息技术的实际应用能力。作为信息化时代的教师,在课堂教学中需要根据教学内容及要求,恰当运用电教媒体及互联网,化抽象的知识为形象的知识,充分发挥信息技术的作用,这不仅是获得良好课堂教学效果的前提,更是教师对自身专业发展的自我要求。例如浙江省从2008年开始就启动了"特级教师网络工作室建设"项目,推出名师网络空间以发挥名师的辐射引领效应,[①]还有近年来开展的一系列对各级各类教师信息化应用能力提升的培训。江苏也比较重视教师队伍的整体信息化水平,通过开设省级名师工作室、市县级大师工作室以扩大优质教育资源的省域覆盖面。从中我们都可以寻绎出两省对提升教师队伍信息化水平的重视以及不断扩大教育信息化优势的人才进路。

总体来说,教育的任何活动,都离不开它的外部环境,教育现代化是以社会条件为基础,并随社会的变化而变化的。因而在研制教育现代化监测指标前,须先了解究竟是哪些外部因素在影响着教育现代化建设和目标的实现。只有针对具体因素,研制出有针对性的教育现代化评估指标,才可能使一个国家和地区集中有限的资源积极应对外部环境,以此促进教育现代化率先高

---

① 陈琳,陈耀华.以信息化带动教育现代化路径探析[J].教育研究,2013,34(11):114—118.

水平实现和整体实现。

第三节　浙江、江苏教育现代化指标体系的比较

本节选取现行的《江苏省教育现代化建设市县监测评估细则（2016年修订）》（以下简称《江标》）和《浙江省2017年度县（市、区）教育现代化发展水平监测指标体系》（以下简称《浙标》）为比较对象。《江标》分为教育普及度（14分）、教育公平度（13分）、教育质量度（17分）、教育开放度（6分）、教育保障度（20分）、教育统筹度（16分）、教育贡献度（8分）、教育满意度（6分）等8个一级指标16个二级指标43个检测点；监测对象为江苏省13个地级市106个县（市、区）。《浙标》分为优先发展（35分）、育人为本（15分）、促进公平（25分）、教育质量（15分）、社会认可（10分）等5个一级指标11个二级指标47个监测点；监测对象为全省11个地级市89个县（市、区）。通过从不同维度和层面对两省教育现代化指标体系进行比较，力图分析教育现代化指标体系构建的内外部规律。

一、宏观层面：发展向度的比较

发展向度指指标体系所蕴含的教育现代化发展路径、发展机制、发展策略等方面的趋向。[①] 从宏观层面切入，以教育发展理论为指导，主要从非均衡发展策略、发展方式、创新机制等维度去比较两省指标体系背后蕴含的异同点。

（一）策略向度：非均衡发展策略的比较

非均衡发展策略作为指导落后地区实现经济带动式、跨越式发展的理论代表，其效果在经济领域已得到证明。同样，在教育领域也可以使非均衡发展理论作为推进教育现代化的策略支撑，以指导国家对某些地区、高校或学科专业等实行有选择、有重点、有次序发展。重点发展是指将有限的教育资源集中调配到可以产生高教育效益的学校或学科的外援式发展策略。特色发展是指某些地区立足并依靠自身独特资源以赢得优势的内生式发展策略。优先发展是指在一个特定阶段内集中调配教育资源以发展某些学校或学科

---

① 罗荣渠.现代化新论[M].北京：北京大学出版社，1993：233－236.

的政策性发展策略。

观察指标体系可发现,《江标》在指标中明确指出了哪些是重点监测指标,并且都一一做出了标记,共有 19 个重点监测指标,重点关注外来务工人员随迁子女上学情况、学生综合素质培养、从业人员继续教育、教育布局与规模等领域的现代化建设情况。例如在"学生综合素质"二级指标中,下设了"体质健康合格率"监测点,并且赋予了较高权重,以评价学生的综合素质培养水平,可见江苏省更关注重点发展战略,尤其是对教育质量度的监测。《浙标》制定了"每百名学生拥有功能教室、创新实验室的数量""省级(区域)教育资源服务平台教师活跃度"等监测点来评价教育信息化的建设水平,而这些都是近年来浙江教育改革中热点和重点议题的反映,均可在指标中寻见。可见,浙江省更倾向于立足省情选择特色发展策略。同时浙江也格外关注职业教育现代化建设水平的评价,并设置了一系列监测指标,如"中职学校省级及以上职业能力大赛获奖率""成人学校社会培训成果存入学分银行",这说明了浙江对推进职业教育发展的重视程度,属于重点发展战略。

总的来说,两省均是在教育非均衡发展理论指导下选择了适合本省的发展战略,均有设置重点发展学校、重点学科现代化水平的监测指标。相比较而言,江苏省更重视教育现代化质量的监测,以重点发展战略为主;浙江省更注重人民群众关心的热点问题,以特色发展战略为主,从而突出省域教育特色和优势。

(二)动力向度:创新机制的比较

随着知识经济的飞速发展,教育现代化所面临的挑战也越来越多,对于教育现代化所承担的培养创新人才、推动高新技术产业发展的时代要求也越来越高。因此,教育现代化亟须创新教育机制。从时间上看,教育要贯穿人的一生,要使终身教育理念深入人心;从空间上看,教育要突破地域限制,呈现多元化教育形态;从目标上看,教育要由传统的"两基"目标转向"三维"综合素质培育;[①]从功能上看,教育要由适应和服务社会转向改造社会,以适应时代需要,并引领省域教育现代化的发展趋势。

---

① 褚宏启.教育现代化的本质与评价——我们需要什么样的教育现代化[J].教育研究,2013,34(11):4—10.

　　《江标》制定了"教育开放度"一级指标和"参加国（境）外培训进修的教师比例"等监测指标来探测知识交流与合作的创新水平；对于教育教学机制创新，江苏省则分别从时间、空间、目标和功能4个维度出发对应设置了"继续教育""体制与管理""学生综合素质""社会服务能力"4个二级指标，以全面探测教育教学机制的创新。例如从"思想品德与心理健康""学业合格率""体质健康合格率"3个方面评价学生综合素质，这符合现代社会对于人才全面发展的时代要求。《浙标》制定了"对外开放"二级指标以及"专任教师拥有境外学习研修经历的比例""拥有全职外籍教师的学校比例"等监测指标来评价知识创新。关于教育教学机制创新，浙江省则从内容和空间出发，以德育载体为视角，制定了"立德树人"和"育人环境"2个二级指标，并设置了"开展中小学与幼儿园发展性评价的学校比例"等监测指标，侧重于考核各学校德育领域教育教学机制的创新（见表3-1）。

表3-1　二级指标的创新机制比较

创新机制	《江标》	《浙标》
知识创新	• 参加国外培训进修教师比例 • 参与国际合作交流中小学校比例 • 职业院校相关专业核心课程与国际通用职业资格证书对接比例	• 专任教师拥有境外学习经历比例 • 拥有全职外籍教师的学校比例 • 与境外学校建立友好关系
教育教学机制创新	• 继续教育 • 体制与管理 • 学生综合素质 • 社会服务能力	• 立德树人 • 育人环境

　　由上述分析可知，两套指标体系均注重教育现代化建设中的知识创新和教育教学机制创新，只是程度有所不同。相比较而言，江苏对于教育教学机制创新的关注更全面，而浙江更关注职业教育和德育领域的教育教学机制创新。

　　（三）路径向度：发展方式的比较

　　教育现代化的建设路径一般分为外延式发展和内涵式发展两类。[①] 外延

――――――――――

　　① 董焱，王秀军，张珏.教育现代化发展评价指标体系研究[J].教育发展研究，2012，32(21)：55—58.

式发展是指通过增加教育资金投入、资源投入和人力投入,扩大原学校内部规模、外部各类教育机构数量和增设新学校等适应外部需求的方式来提高教育现代化建设水平,外部因素是其根本驱动力。作为对应概念,内涵式发展则是指学校主要依靠创新办学方式、优化学科和专业布局、提高现代技术应用水平与教育资源利用率等挖掘内在潜力的方式来提高教育现代化水平,内部因素为其根本驱动力(见表3-2)。

表3-2 二级指标的发展方式比较

发展方式	《江标》	《浙标》
外延式发展	投入水平(4) 师资水平(3) 信息化水平(2)	经费保障(3) 教师保障(6) 资源保障(6)
	共9个三级指标,占28.1%	共15个三级指标,占40.5%
内涵式发展	各级教育(4) 继续教育(3) 机会均等(3) 资源配置(3) 资源共享(1) 国际化水平(3) 布局与结构(3) 体制与管理(3)	立德树人(3) 育人环境(3) 对外开放(3) 义务教育优质均衡(5) 教育协调发展(8)
	共23个三级指标,占71.9%	共22个三级指标,占59.5%

注:二级指标后面括号内的数字代表这个二级指标下监测点的数量。

《江标》制定了"智慧校园比例""'三通两平台'覆盖率""教师学历比例""生师比"等监测点,这都属于外部指标,以此来评价学校设备水平和师资队伍水平,体现了江苏注重以外延式发展引导提升学校现代化水平的价值趋向。同时《江标》中也制定了"思想品德与心理健康""体质健康合格率""人才培养模式""师德与专业能力建设"等监测点,这都属于内部指标,可见,江苏省同时也注重以内涵式发展方式来引导教育现代化向前发展。《浙标》在外部指标上,制定了"生均教学仪器设备值达标,且比上一年度增""中小学校生均图书达到目标值,且每年新增图书""每百名学生拥有功能教室、创新实验室的数量""生师比""各类教师学历及其他要求""中小学教师专业发展培训工作绩效考核成绩"等监测指标以评价学校设施数量和水平与师资队伍结构和水平。在内部指标上，《浙标》设置了"育人为本"一级指标，并选取"创建省级学习型城市""开展中小学与幼儿园发展性评价的学校比例"等监测指标来评价学校在内涵式发展方面的水平，由此可知，《浙标》主要采取外延式发展路径，同时兼顾内涵式发展，以此推进教育现代化能够率先高水平实现。

由上述分析可知，两省均注意到了综合运用外部指标和内部指标，相比较而言，江苏更侧重以内涵式发展（71.9％）为推进路径，浙江则更注重兼顾外延式发展与内涵式发展的建设路径，这反映了两省均注重从外延式发展和内涵式发展两个角度来评价教育现代化水平，并以此作为引领教育现代化发展的实践导向。

二、中观层面：结构与功能的比较

从中观层面出发，以教育系统功能理论为指导，主要从结构效度、教育功能、标准参照系 3 个维度来比较两套指标体系的异同。

（一）结构效度的比较

结构框架是指划分指标系统背后所折射出的逻辑框架支撑，指标体系实质上是对"教育现代化"概念的不断分解和提炼。分解教育现代化概念的方法有两种：一种是按教育的层次划分教育，另一种是把教育看作一个由"投入—过程—产出"环节构成的系统，这也是最常用的评价模式。斯塔弗尔·比姆（Stuffle-beam）提出了决策导向型评估模式，该模式把评价过程分为背景评估（context evaluation）、输入评估（input evaluation）、过程评估（process evaluation）、成果评估（product evaluation），简称 CIPP 评估模式。其中，背景评估主要是对教育的人口、政治、经济和文化等因素进行评估，探讨这些背景性因素对教育现代化造成的差异性影响；输入评估主要是对教育的经费投入、教学设施和师资配备等进行描述和评估，了解民众对教育投入的满意程度和不同需求；过程评估主要是对课程设置和学生课业负担等进行考量和说明，了解民众对教育保障体系的满意状况；成果评估主要是从基础教育阶段学生的学业成绩、品德养成、心理健康和升学率等方面进行考查和阐释，了解民众对教育所培养人才的满意程度。本书按照投入性指标、过程性指标、产出性指标的框架对两套指标体系进行分类，具体分析如下（见表 3-3）。

表 3-3　两省教育现代化指标的分布框架表

环节	《江标》	《浙标》
投入	教育保障度(9)、教育统筹度(6)	优先发展(15)
过程	教育公平度(6)、教育开放度(4)	育人为本(9)、促进公平(13)
产出	教育普及度(7)、教育质量度(5)、教育贡献度(4)、教育满意度(2)	教育质量(9)、社会认可(1)

注:一级指标后面括号内的数字代表这个一级指标下监测点的数量。

　　《江标》有一级指标 8 项,二级指标 16 项,检测点 43 个。其中,教育保障度、教育统筹度 2 项指标归为教育投入环节;教育公平度、教育开放度 2 项指标归为教育过程环节;教育质量度、教育满意度等 4 项指标归为教育产出环节。从内容上看江苏更偏重于教育的产出。《浙标》中有一级指标 5 项,二级指标 11 项,监测点 47 个。"优先发展"属于对教育的财物保障,可归为教育投入环节;"育人为本""促进公平"2 项属于教育自身的发展,可归为教育过程环节;"教育质量""社会认可"属于教育对人发展的影响,可归为教育产出环节。综合来看,浙江兼顾投入、过程、产出各个环节,从二级指标的内容和数量上看更强调对于教育"过程"的监测。

　　由上述内容可知,两省都使用到了两种概念分解方式。由于政府管理权限问题,两套指标都是以县域范围为监测对象,因此都不涉及高等教育,但涉及基础教育、职业教育和继续教育。从框架建构的内在逻辑看,《江标》《浙标》都是以"投入—过程—产出"CIPP 模式为理论框架,都在一定程度上受此模式影响;从框架建构的外在逻辑看,两省均立足自身所处发展阶段的特点、具体发展目标和重点工作,并融合了应答模式,即两省都对各自领域内的人民群众关心的热点问题有所反映,因而两省在各环节中所设计的指标有同有异,由此也就形成了具有自身特点的评价框架,这显示出了两省不同的关注点。

　　另外,对两套指标体系的监测点的比较分析表明(见表 3-4),在投入性指标中,《江标》的投入性指标占比为 34.8%,《浙标》投入性指标占比 31.9%,两者相差不大,说明两省对于教育实施现代化所必要的经费条件、师资条件及信息化水平建设重视度接近。在过程性指标方面,两省均有 2 项二级指标,而《浙标》占比 46.8%,高于《江标》的 23.3%,说明浙江更关注教育现代化的过程性评价。在产出性指标方面,《江标》的产出性指标 4 项总和占比最高(41.9%),远远高于《浙标》的占比,说明江苏更关注对教育现代化实施的绩效评价。总的来说,《江标》属于产出性指标体系,投入性指标和过程性指标占比差不多。《浙标》属于过程性指标体系。由此表明,投入性指标、过程性指标、产出性指标三类指标的总比重应当相当。因此,在研制指标体系时各省、各地区或各学校可根据自己的实际情况和需要,灵活调整指标组成。

表 3-4 监测点数量的占比比较

指标	投入性指标		过程性指标		产出性指标	
	数量(个)	比重(%)	数量(个)	比重(%)	数量(个)	比重(%)
《江标》	15	34.8	10	23.3	18	41.9
《浙标》	15	31.9	22	46.8	10	21.3

(二)教育功能的比较

随着教育改革的不断推进和发展,教育作为一种过程而非一个结果的概念逐渐被社会所认同,教育的功能也在不断更新中,从传授知识的本体功能,到开展科学研究创造知识的衍生功能,再到主动服务社会应用知识的派生功能。[1] 教育现代化就是彰显教育培养人才、科学研究、社会服务这三大系统功能的过程。此外教育还具有文化传承的功能。江苏和浙江的指标体系是否蕴含这些教育功能,还需一一分析。结合访谈内容可知:

《江标》的一级指标有教育普及度(各级教育、继续教育)、教育公平度(资源配置、机会均等)、教育质量度(学生综合素质、学校办学水平)等指标体现了教育培养人才的本体功能,有教育贡献度(受教育水平、社会服务能力)和教育满意度(对学校和政府的满意度)等指标体现社会服务功能,一级指标中没有表达科学研究和传承文化的功能。二级指标"资源共享""国际化水平"下的"学校、社会教育资源的开放和利用""参加国(境)外培训进修的教师比例""参与国际合作交流的中小学校比例"等监测点体现了教育的科学研究功能。有"师德与专业能力建设"指标仅作为监测点被划归到二级指标"师资水平"中,体现了教育的文化延续和发展功能。

《浙标》有优先发展、育人为本、教育质量等一级指标表达教育在培养人才上的功能,同时,社会认可[社会公众(含学生、家长、教师、校长、社会代表

---

[1] 胡瑞文. 2020 年我国基本实现教育现代化展望[J]. 教育发展研究,2009,29(3):1—6.

等)对教育工作的满意度调查得分]这一指标反映出浙江对于教育服务经济社会发展能力的重视,体现了教育主动服务社会的功能。虽然一级指标中没有体现科学研究和文化传承功能,但是二级指标中设计了"国际合作与交流"这一指标,属于科学研究的功能范畴。此外,"创建省级学习城市"监测指标还反映出浙江对创建学习型社会的重视,体现了教育在文化传播和传承上的功能。

由上述分析可看出,《江标》体现出的教育功能更全面,《浙标》体现出的教育功能更有特色性。两套指标体系都设置有一级指标来表达培养人才、社会服务的教育功能,但是都没有体现科学研究和文化传承的教育功能。两套指标体系的二级指标均表达了科学研究的教育功能。其中,文化传承功能均被列为监测点体现在两套指标体系中。总之,研制指标体系时不仅要考虑人才培养、社会服务等教育功能的指标,还需要有能够表达参与科学研究和文化传承功能的指标,这样的指标才是真正具有全面性、现实性、前瞻性的教育现代化指标。

(三)标准参照系的比较

确定教育现代化的标准参照系是构建教育现代化指标体系必须面对的问题。标准参照系是用以确定指标的目标值及其实现程度的,也是指标监测的主要数据来源。

1. 以国际标准为参照

由于我国是发展中人口大国,我国的教育现代化本质上属于发展中国家追赶发达国家教育发展水平的动态过程,因而通常以世界发达国家或国际大都市的教育水平为参照系。[①] 国际范围内,目前被引用较多的教育统计研究报告主要有联合国分年度的《人类发展报告》、《国际统计年鉴》、世界银行各年度的《世界发展报告》、《世界教育报告》、*Education at a Glance*,为教育现代化指标目标值提供参考。例如,江苏省的"学前 3 年教育毛入学率"就把世界经济合作组织(OECD)成员国的平均教育发展水平作为目标值的参照系。浙江省"义务教育学业水平质量监测累计合格率"就是以世界银行报告中的"初等教育完成率"为标准参照。

---

① 杨小微.现代化学校呼唤现代化标准[J].教育测量与评价,2018(4):1—6.

2.以国内既有规定为参照

某些指标和目标值的确定是参照国家或省级政府制定的政策标准和目标,或者是某些专业领域既有的规定要求的。观察两套指标体系可发现,《江标》《浙标》的指标和目标值,大多是把教育研究、统计研究报告作为参照系,有《中国教育与人力资源发展指标》《科技统计》以及各省的相关统计公报,均是两省进行教育现代化监测评价的主要数据来源。例如,江苏省关于残疾儿童少年享受免费教育的指标和目标值,就是以《江苏省残疾人保障条例》中的相关条例为参照系设置的。再如浙江省的"在编中小学(含幼儿园)教师平均收入不低于当地公务员平均收入"这一指标是根据国务院印发的《关于提高教育经费使用效益的意见》确定,并在此基础上对目标值进行适当调整最终得以形成的。

3.以国内发达地区为参照

根据英格尔斯现代化标准,我国某些发达地区如上海、北京等城市的大部分指标已达到并超出了英格尔斯现代化基本标准线,属于向第二次现代化迈进的阶段。其中,人均受教育年限就是一个重要的参照标准。以《2016年中国人力资本报告》《2017年中国人力资本报告》《2018年中国人力资本报告》中的人均受教育年限这一指标为例,北京、上海、天津均排名前三,并且呈直线增长的趋势(见表3-5)。因而像北京、上海、天津这3个地区的指标就可以作为其他各省市确定指标目标值时的参照系选择。例如,浙江省的"创建省级学习城市"就是参照北京教育现代化指标中的指标和目标值确定的,江苏省的"体质健康测试合格率"就是参考上海教育现代化指标中"学生体质健康达标率"的目标值确定的。

表3-5　2016—2018年中国省市人均受教育年限　　　　　单位:年

地区	2016年	2017年	2018年
北京	12.39	12.67	12.76
上海	11.01	11.41	11.69
天津	10.69	11.01	11.52
江苏	9.44	9.44	9.73
浙江	9.06	9.12	9.11

数据来源:2016—2018年度《中国人力资本报告》,另请参见:http://humancapital.cufe.edu.cn/rlzbzsxm/zgrlzbzsxm2018.htm。

三、微观层面：内容向度的比较

（一）都强调教育保障、教育质量、教育公平、教育满意度

一级指标设置上，《江标》按照权重依次为：教育保障度（20分）、教育质量度（17分），教育统筹度（16分）、教育普及度（14分）、教育公平度（13分）、教育贡献度（8分）、教育开放度（6分）、教育满意度（6分）；《浙标》按照权重依次为：优先发展（35分）、促进公平（25分）、教育质量（15分）、育人为本（15分）、社会认可（10分）。两省共同关注"教育保障"（浙江称为"优先发展"），"教育质量""教育公平""教育满意度"（浙江称为"社会认可度"）维度。①

教育保障。《江标》通过投入水平、师资水平、信息化水平3项二级指标构建一级指标教育保障度。《浙标》通过经费保障、教师保障、资源保障3项二级指标构建一级指标优先发展（见表3-6）。教育投入方面，《江标》设置了全社会教育投入、财政教育投入、各类教育生均预算经费等监测点，还考量教育经费投入在全国的排名，可见江苏省强调教育财政投入，以及教育投入的政府责任和制度安排；《浙标》设置了公共财政教育支出占公共财政支出的比例、生均公用经费监测点，细化到各级各类教育的投入，特别是设置了学前教育投入，体现了浙江省对于学前教育的重视程度，以及对发展学前教育的未雨绸缪。师资保障方面，《江标》设置了"师德与专业能力建设"监测点，强调师德建设及教师专业能力建设；《浙标》设置了"在编中小学（含幼儿园）教师平均年收入不低于当地公务员平均年收入"监测点，表明浙江强调教师的职业地位，并通过不低于当地公务员平均年收入等制度保障教师职业地位，还设置了"非编中小学（含幼儿园）教师平均年收入达到当地在编教师平均年收入"等监测点，表明浙江对民办教育的发展与重视，并通过制度安排保障民办教师的职业地位与民办教育的发展；同时，江苏、浙江均强调生师比、教师学历比例，这是办学的基本保障。

---

① 何晓颖，姚佳，胡斌武．区域教育现代化指标体系研制策略——基于江苏、浙江的比较[J]．教育探索，2020（6）（待）．

表 3-6　教育保障指标比较

《江标》			《浙标》		
一级指标	二级指标	监测点	一级指标	二级指标	监测点
教育保障度（20分）	投入水平（8分）	财政教育支出预算增长比例	优先发展（35分）	经费保障（9分）	生均教育事业费预算拨款比上一年度增长
		财政教育支出占公共财政支出的比例			生均公用经费比上一年度增长
		全社会教育投入增长比例			全社会教育投入（不含共公财政教育经费）比上一年度增长
				教师保障（14分）	生师比
					各类教师学历及其他要求
					中小学（含幼儿园）专任教师持有教师资格证比例
					在编中小学（含幼儿园）教师平均年收入不低于当地公务员平均年收入，按分公务员发放各种考核奖同步增加教师绩效工资总量
		各类教育生均公共财政预算公用经费支出达到省定标准			非编中小学（含幼儿园）教师平均年收入达到当地在编教师平均年收入
					中小学教师专业发展培训工作绩效考核成绩
	师资水平（14分）	师德与专业能力建设		资源保障（12分）	义务教育标准化学校比例
					生均教学仪器设备达标，且比上一年度增长
		教师学历比例			中小学校生均图书达到目标值，且每年新增图书
		生师比			每百名学生拥有功能教室、创新实验室的数量
	信息化水平（4分）	"三通两平台"覆盖率			校园网络骨干带宽达到1G以上，且教学场所实现无线校园网覆盖的学校比例
		智慧校园比例			省级（区域）教育资源服务平台教师活跃度

　　教育质量。《江标》通过学生综合素质、学校办学水平 2 项二级指标构建一级指标教育治理度,设置"学业合格率""体质健康合格率"等监测点;《浙标》通过教育发展水平、各类教育质量 2 项二级指标构建一级指标教育质量,设置了"义务教育学业水平质量监测累计合格率"等监测点(见表 3-7)。两省均关注学业合格率、体质健康合格率。江苏还将"思想品德与心理健康"等作为监测点,表现出对学生综合素质的关注,体现全面发展的导向性;浙江还将"成人学校社会培训成果存入学分银行""中职学校省级以上职业能力大赛获奖率"等作为监测点,表现出对教育、成人教育的关照与发展导向。

表 3-7　教育质量指标比较

《江标》			《浙标》		
一级指标	二级指标	监测点	一级指标	二级指标	监测点
教育质量度 （17 分）	学生综合素质（10 分）	思想品德与心理健康	教育质量（15 分）	教育发展水平（6 分）	学前教育入园率
					义务教育巩固率
					高中教育毛入学率
		学业合格率 其中:中高等职业院校毕业生双证书获取率		各类教育质量（9 分）	义务教育学业水平质量监测累计合格率
					义务教育学生体质健康合格率
		体质健康合格率			普通高中学业水平考试累计合格率
	学校办学水平（7 分）	人才培养模式			高校新生体质健康合格率
		达到省定优秀标准的各级各类学校比例			中职学校省级及以上职业能力大赛获奖率
					成人学校社会培训成果存入学分银行

　　教育公平。《江标》通过机会均等、资源配置 2 项二级指标构建一级指标教育公平度,设置了"义务教育城乡、学校间条件均衡化比例"等监测点;《浙标》通过义务教育优质均衡、教育协调发展 2 项二级指标构建一级指标促进公平,设置了"所有小学办学条件校际优质均衡差异系数"等监测点(见表 3-8)。两省都表现出对残障儿童、外来务工人员随迁子女、贫困生等弱势群体的关注。江苏将"义务教育城乡、学校间条件均衡化比例"等作为监测点,表现出

对教育公平支撑点的关注,体现教育资源配置的导向性;浙江将幼儿园覆盖面、等级中职学校比例等作为监测点,表现出对弱势教育层次的关照,对教育现代化的着力导向。

表 3-8　教育公平指标比较

《江标》			《浙标》		
一级指标	二级指标	监测点	一级指标	二级指标	监测点
教育公平度（13分）	机会均等（6分）	残疾儿童少年接受15年免费教育的比例	促进公平（25分）	义务教育优质均衡（14分）	所有小学办学条件校际优质均衡差异系数
		外来务工人员随迁子女与户籍学生享受同等待遇的比例			所有初中办学条件校际优质均衡差异系数
					优质高中招生名额分配到初中学校比例
					达到规定班额的比例
		提供多样化教育			义务教育公办学校参加交流的校长、教师占符合交流条件的校长、教师的比例。其中,骨干教师占总交流教师的比例
	资源配置（7分）	义务教育城乡、学校间条件均衡化比例 其中:教师合理流动比例		教育协调发展（11分）	普惠性幼儿园覆盖面
					省二级及以上幼儿园覆盖面
					等级中职学校比例
		非义务教育阶段学校公共资源供给			在省级以上专业就读学生数占全体中职生比例
					创建省级学习型城市
					省级成校现代化率
		困难学生受帮扶比例			符合条件的随迁子女在公办学校或政府购买服务的民办学校就读比例

　　教育满意度。《江标》一级指标为"教育满意度",设置"对学校及政府的满意度"1个二级指标,并设置"学生、社会对学校的满意度""学校对政府管理和服务的满意度"2个监测点;《浙标》一级指标为"社会认可度",设置"教育满意"1个二级指标,并设置"社会公众(含学生、家长、教师、校长、社会代表等)对教育工作的满意度"监测点(见表3-9)。我们认为,"教育满意度"带有较强

的自我评价性,"社会认可度"带有较强的他人评价性,《浙标》的"社会认可度"提法更适切;"教育满意度"带有较强的主观评价,"社会认可度"带有较强的第三方评价性,客观性较强,社会认可度调查采用第三方评价较为合适。

表 3-9 教育满意度指标比较

《江标》			《浙标》		
一级指标	二级指标	监测点	一级指标	二级指标	监测点
教育满意度(6分)	对学校及政府的满意度（6分）	学生、社会对学校的满意度	社会认可度（10分）	教育满意度(10分)	社会公众(含学生、家长、教师、校长、社会代表等)对教育工作的满意度
		学校对政府管理和服务的满意度			

(二)江苏更关注统筹发展,浙江更关注特色发展

江苏更关注统筹协调发展,设置了布局与结构、体制与管理 2 个二级指标,并通过"各类教育协调发展与互通衔接""学校布局与规模合理""公办学校多形式办学""民办教育健康发展"等监测指标评价,强调了区域教育治理体系与治理能力现代化中,政府的主体责任与使命担当,有助于推进区域教育现代化的整体统筹协调发展。

浙江省更关注特色发展,强调办学特色。《浙标》注重学前教育,设置了"开展中小学与幼儿园发展性评价的学校比例""中小学(含幼儿园)专任教师持有教师资格证比例"等监测点;注重中职教育,设置了"中职学校教师双师型比例""等级中职学校比例""中职学校省级及以上职业能力大赛获奖率""省级成校现代化率"等监测点;注重育人环境与社会教育,设置了"家长学校及家长委员会的学校比例""建有校外实践教育基地的学校比例""博物馆、文化和艺术、体育等公益类场馆免费向中小学生开放的比例"等监测点。这些指标与监测点能助力浙江省优质学校、特色学校建设,发挥评价的导向功能。[1]

---

① 姚佳.教育现代化指标体系的省域比较分析——以江苏、浙江为对象[D].杭州:浙江工业大学,2019.

第四章　教育现代化的创新发展

对于浙江省教育现代化建设,还需要调查研究存在的不足和短板,找寻现实与目标之间的差距,创新政策制定,从政策环境氛围、决策人物视角、决策组织倾向三方面着手,在统筹全局和具象规划方面予以制度保障,及时调整应对策略,探析优化路径,以均衡化、体系化的政治环境趋向缩小浙江省教育现代化的区域差异,以信息化、国际化的决策人物旨向提高浙江省教育现代化的实施效率,以终身化、个性化的决策组织倾向满足浙江省教育现代化的更新迭变。

第一节　制度创新:教育现代化政策前瞻

一、改善政策环境趋向

浙江省在探索与实践中不断改善教育质量,平衡区域发展,缩小教育差距,并取得一定成效,但仍有上升改进的空间。为避免路径依赖造成历史遗留问题,妥善处理其引发的不良影响,政府部门需要统筹规划,均衡教育区域发展,促进新时期教育体系化进程,①从缩小城乡差距、精准教育扶贫、完善政策体系、打通教育壁垒等方面着手,指导后续浙江省教育现代化工作的开展。

---

① 刘玮.区域内义务教育优质均衡发展政策执行考察——以苏南 W 市 B 区为例[D].南京:南京师范大学,2016.

1. 缩小城乡差距

城乡差距决定教育发展均衡性的推进,是衡量现代化整体实力和程度表现的重要参考。① 评判区域教育综合水平的高低,并不只是关注教育事业取得的业绩和成效,也要兼顾存在的问题和欠缺的部分。区域发展不平衡并不是一朝一夕的表现,而是经过无数次制度断裂—平衡历史演变的结果。教育作为人的基本权利,没有民族、性别、阶级、家境之分,每个公民都应享有并接受平等的教育。教育公平是该项权利有效实施的必要保障,也是现代化时期浙江省首要关注的重点问题。

为均衡推动城乡教育进程,浙江省大力发展农村教育,从政策倾斜和经济支持两方面提供基本保障,先后启动对口帮扶、资源共享、爱心早餐等工程,夯实教育现代化发展基础。借鉴已有经验,强化路径依赖的正反馈作用,充分发挥试点示范功效,带动滞后地区发展积极性,在政策环境上加大农村地区政策倾斜力度,帮扶其树立发展自信,坚定发展决心。

在硬件设备方面,重视危房重修重建,加强课桌椅翻新翻修,改造用电用水线路,加大对一切具有安全威胁问题物品的排查力度;增设、检修、翻新篮球架、足球场、体育馆、塑胶跑道等体育运动设施,增大校园绿化面积,完善校园基础建设,保障学生体育活动空间充足、设施健全、区域安全;按照学生数量配备校车,接送学生上下学,并且严格控制乘坐校车学生人数,避免超载,定期或不定期检查校车配件,严格审核司机驾驶技术,确保学生交通安全;增设且加强校医院或医务室医疗设施配备,定期检查且不定期抽查药物生产日期和质量效果,加强学校医务工作者培训,保障学生医疗安全;完善图书馆建设,按师生比例增添图书,为师生学习提供资源保障;建立网络学习资源库,开设多媒体互动教学平台,增设高新技术体验项目,多角度提升学生学习效率。

2. 精准教育扶贫

在全国大力推进精准扶贫的战略背景下,浙江省也要针对自身发展困境,充分发挥对口援助、精准扶贫对全面建成小康社会的重要战略意义,迎合教育现代化发展带来的"突发危机",在政策环境氛围营造方面,积极做出

① 滕珺.关于中国教育现代化的理论探索——顾明远的教育现代化思想探析[J].教育研究,2008,5(8):17—22.

调整。

援助取向要从经济发展到民生改善和持续改进转换;援助时间要从短暂型向可持续型转换;援助模式要形成由"输血型""外生型"向"造血型""内生型"转换,特别是在教育援助领域要形成"组团式""一体式"精准扶贫。基于木桶原理的短板效应,浙江省应强化发展快速地区的现代化绩效对区域发展平均水平的拉动,弱化发展滞后地区的现代化程度对整体发展速度的影响,坚持均衡化发展提高整体实力的有效路径。[①] 教育现代化采用齐抓共管的方式综合推进,强调援助对象、实施项目、投入资金的精准性,采用措施到户、因村派人等方式提升脱贫成效。

在人文方面,主要体现在对教师和家长观念的改建和水平的提升上。从学校教育出发,教师是教育的软实力,极为重要。基于此,要增加免费师范生比例,加大师范教育补贴,鼓励高考学生积极填报师范类专业,为教师队伍扩建储备人才,对院校教师进行心理辅导,减轻教师职业倦怠,调动其工作热情与积极性,开设职前、职中、职后培训,吸引更多社会有为青年投身到教育事业中。从家庭教育出发,家长的言传身教是孩子学习的榜样,潜移默化影响儿童的生长发展。要以社区教育、成人教育或家长会的形式,帮助家长树立正确的教育观念,向其宣传先进的教育理念,传播科学的教育方法,最大限度地争取家长配合,发挥家庭教育作用。

二、更新决策人物旨向

社会对劳动力的选用标准逐渐提高,对教育水平的要求也日趋严格。受"突发危机"影响,原本的教育观念、教育内容、教育方式、教育管理等均面临极大挑战。工欲善其事,必先利其器,选用合适的方式手段辅助教育教学工作,对于事半功倍达到教育现代化目标至关重要。充分发挥信息化作用,对提高教学效率、增强教学效果大有裨益。为加强教育国际化建设,要在引进资源促进中外合作办学的同时,继续大力鼓励发展留学生教育,广设海外华文学校,一方面对内吸纳国外先进经验,另一方面对外传播我国历久弥新的中华文化。

---

① 孙科技.教育政策执行碎片化的整体性治理研究[D].上海:华东师范大学,2018.

（一）拓宽决策人物信息化视角

1.搭建网络平台

信息化已融入各个领域的生产应用中,便利公众生活。① 为推动教育信息化工作进程,浙江省采取系列行动,包括建立省教科网、市县教育网、校园网,向社会公开汇报工作进展,迎接各界人士监督检查。创建资源库,丰富课堂教学形式,助力教师专业成长。在建设与推进的同时也出现一些问题,诸如校园共享网络使用范围受限,网络信息平台消息更新滞后,校园服务后台运行顿停等使用障碍,严重影响用户体验和办事效率。以及教学资源库结构零散分类不清,各个层级教学资源存在交叉重复现象,造成资源浪费且延长使用者甄别选择的时间。还有历史沿革带来的路径依赖副作用的阻碍,拖慢政策改革进度。由此看来,虽然浙江省教育信息化建设已初具规模并投入生产和使用,但省政府的决策任务仍要拓宽信息化研究视角,出台政策继续完善网络平台的建设与维护,②要求各级各类单位紧密配合整改。基础设施是开展信息化工作的前提保障,有助于网络平台的建设与使用。

对于信息化设备配置,要以需求为宗旨。③ 在配备信息化办公用品时,要保障数量的需求,严格按照人数或岗位需求把控,避免资源浪费或短缺的现象出现;也要满足质量的需求,严格规定财务条款,对购入设备的规格、配件进行详细说明,规定单价上限,避免奢靡之风横行;还要符合使用的需求,采用问题上报和督导检查交叉的监管机制,及时翻修置换老旧的设备。

对于服务平台建设,要以便捷为宗旨。建设并完善网上综合服务平台,范围上尽可能全面涵盖各层次需求,服务于学生网上选课、网上评教活动的有序开展,教师填写申报、提交资料工作的正常进行,以及行政岗位工作者整理统计、上传下达任务的逐步推进。效率上尽可能缩短办事周期时限,发挥综合事务业务职能,实现"最多跑一次"目标,助力无纸化办公,节约能源,切实为受众提供周到服务,惠及每一位学生和老师。

① Urban W J, Wayner J L. American Education：A History[M]. Mc Graw-Hill Companies,2004.

② Bates A W T. *Technology,E-learning and Distance Education*[M]. Routledge, 2005:24.

③ 李冰冰.信息化推动区域教育现代化研究[D].徐州:江苏师范大学,2017.

对于教育资源库建设,要以融通为宗旨。浙江省各级各类教育积极响应上级领导部门号召,大力推进资源库建设,目前已初见成效,但该项目的推进呈现各级各类教育各自为战的现象,同级单位之间没有沟通商议,上下级部门之间没有汇报统筹,交叉学科之间没有交流共享,这造成资源的重复与浪费。对此,决策人物要提升信息化技术运用能力,针对已有资源库的建设情况,客观分析统筹规划,采用项目负责制科学合理分配工作,对格式分类、项目功能、参数属性等统一规范要求,方便学习者自由提取信息。

2.推动课堂教学

课堂是教育信息化设备的实施场所,能够有效表征教育信息化阶段性成果,可以直接印证教育信息化工作的可行性程度。为有效应对突发危机带来的变化,决策人物要拓宽教育信息化视角。通过教育内容的传播,提高学生信息化素养;通过教育方式的转变,加大院校信息化教学工具推广;通过管理手段的融合,扩宽信息技术的学校应用。目前,浙江省大范围配备信息化教学设备,包括多媒体教室、电子阅览室、现代化教学软件等,信息化技术已逐步融入学校教学,信息化教育的优势也逐步体现,并争取早日使这一便民惠民项目普及全省的各个角落。决策人物在制定教育政策时,要充分考虑教育现代化因素,在理论方针上加以重视。

在教育内容上,一方面,将信息技术课程作为中小学的通识教育内容,保障其全省覆盖和有效开展。另一方面,将信息技术作为高等教育的必修课程,加强理论的及时更新,以配合信息发展速度,给学生巩固练习的机会。

在教育方式上加强虚拟现实技术运用,扩大实验教学范围,增强课堂教学的互动性。例如在中小学实施仿真模拟物理、化学等科学实验,使课堂教学不受场地限制,利用3D立体化教学增强教学效率;在高等教育阶段实施仿真模拟爆破、电缆等实验,让学生在实践前切身感受实验环境的危险,体验实验的过程,为实际操作提高安全系数。

在管理手段上加强人工智能运用,决策人物制定政策文件大力支持各级各类院校有效运用人工智能技术,辅助教师开展教育管理工作,号召社会各界力量,为其提供良好的作业环境和技术支持,助力学校管理路径的改革创新。运用机器视觉技术代替人眼观察,填补教师人眼观察之不足。运用人脸识别技术和声纹识别技术,代替教师查课点名等传统监督管理方法,随时检查学生出勤比例和课堂表现,提高教育教学管理效率及加深自动化程度。

在学习方式上大力发展"互联网＋"教育，丰富原本课堂教学的单一形式，提供在线课程、远程教育等多元互动学习模式。充分利用科学技术的便利条件和灵活特征，提高学生学习兴趣，调动课堂教学积极性，为保障现代化教育的有序实施提供实践驱动力。

（二）丰富教育国际化形式

1. 助力中外合作

中外合作办学具体表现为我方提供教学场所和基本设施，外方配合提供师资技术和教育资源，形成利益共同体，共促教育水平的国际对接，实现教育国际化发展。对此，决策人物要制定配合政策大力支持，包括经费拨款的物质保障，优惠政策的绿色通道辅助，自主管理、自主办学的权利赋予，等等。中外合作办学机构在受法律保护享有法律权利的同时，也要遵守法律规定，履行法律义务。合作开展前，决策人物在兼容并包、通力支持的同时，也要制定相应政策要求中外合作教育的依法办学和规范管理，严格控制准入机制，谨慎审核外方教学质量，为后续发展排除潜在隐患。合作过程中，填补专业设置方面缺口。

2. 鼓励留学教育

留学教育为教育国际化发展开拓创新途径，助力科技信息交流和国际文化互融。热烈欢迎来华留学生选择浙江省院校就读，促进国际文化交流，吸引国际人才加入浙江省区域现代化建设。决策人物要拓宽国际化视野，要在政策制定上有所倾斜，提供丰富优质的学习条件，便捷多样的民政服务，以政策优势聚集国际优秀学子的目光。针对浙江省发展实际情况，政府部门多层级通力合作，省政府主导联合教育厅、财政厅、外事办公室、公安厅、人力资源和社会保障厅等共同制定规章政策、完善配套措施、督导政策执行，最大限度地为来华留学生提供便利。政府部门要优化来华留学生的学习生活环境，为他们在校专设相对熟悉的场所，方便交流沟通，增派有相应国家留学经历的教师辅导教学，帮助其适应异国生活。还要为人才提供广阔的发展平台和具有绝对诱惑力的引进政策，争取让来华学习的人才在结束阶段性教育后，可以留在浙江省这片沃土上并生根发芽。

3. 发展华文教育

随着我国国际影响力的增强，越来越多的人开始关注中国、喜欢中国、想要了解中国。基于此,浙江省选定 10 所学校设立为"华文教育基地",[①]并且大力投入建设汉语国际推广场所,对接海外华文教育院校,为其提供交流平台,供给文化图书,输送一线教师。[②] 除此之外,在外设立孔子学院,境内境外同步开展,助力华文教育工作的高效推进,促进教育国际化任务进程。

首先,决策人物要加强与海外华侨学校所在地区政府部门的交流合作。充分了解对应国家的教育环境、政策背景和法律体系,细致审核国际合作条款章程,时刻沟通教育工作开展进程,为海外华文教育的顺利推进提供境外政策环境保障,及时调整实施路径,有效解决矛盾问题,不断总结教训、积累经验。

其次,要规范海外华文教育活动开展,完善华文教育体系。根据不同学习基础的学生和不同学龄阶段的学生,科学调研学情,保障教学实施的规范性。根据海外华文教育学校的所在地域特点和学生学情,有针对性地编制区域教学用书,保障教学过程的针对性。结合教育教学过程中的突发危机和学生反馈信息,合理调整教学难度,多样化设置教学活动,保障教学环节的灵活性。

再次,要提升教师素质,保障华文教育教学工作的实施。海外华文教育需要中文教师和本土教师的通力合作,中方教师主要负责中文语言传播和中华文化的知识传输,本土教师负责其他基础教育工作的正常开展,双方需要及时交流、共同商讨教育活动的实施。基于现实需要,浙江省要加强海外教育教师培养,确保输送至国外参与一线教学的教师,具备娴熟的语言交流能力和坚实的文化知识储备。

三、重塑决策组织倾向

保罗·朗格朗强调教育不能仅仅局限于青少年时期传统闭塞的学校教育,应以多种形式沁润人的一生。个性化教育是尊重个体生命独特价值、发掘个体生命潜能、培养学生独立人格和独特个性,促进个体和谐发展的教育。[③]《国家中长期教育改革和发展规划纲要(2010—2020 年)》指出学生个性化发展的重要性。时代革新和科技进步对人才的选用提出新条件,教育在

---

① 中国教育年鉴编辑部.中国教育年鉴(2007)[M].北京:人民教育出版社,2007:524.

② 刘希平.千秋大业教育为基:浙江教育 60 年[M].杭州:浙江人民出版社,2009:263.

③ 刘献君.高等学校个性化教育初探[M].武汉:华中科技大学出版社,2012:4.

社会环境和个人追求的双重压力下面临新的"突发危机",教育终身化和个性化作为现阶段浙江省主要发展目标,被广泛关注。

(一)树立教育终身化发展理念

教育政策是教育教学工作开展的基础保障,为教学活动的顺利实施规范秩序。优化终身教育,弥补不同受众的教育缺失,有助于加强"突发危机"公关工作的推进。浙江省在该方面大胆尝试,2017 年 5 月,创设终身教育学分银行分中心,以此为试点探索终身教育发展之路。探索过程中,决策组织制定的现代化政策要向终身教育倾斜,归纳整理为在教育改革项目的实施中,从培养体制、办学体制、管理体制和保障机制四方面逐一落实优化终身教育,以此调动社会各界协同配合的积极性,共同助力教育现代目标实现。

其一,优化教育办学体制。决策组织在程序性执行政策中,加大宣传力度和执行力度,以用优惠政策吸引区域内行业、企业积极配合的方式,推动产教融合校企合作工作落实。辅助社区教育和老年教育办学,提供多样化教育形式供学习者自主选择,助力学习型社会的构建。鼓励民办学校发展,决策组织配合优化审批流程,为民办教育打通绿色通道,发动社会力量积极投入省域教育事业发展,减缓教育经费投入压力。加强教育园区建设,园区内各级各类教育互通有无,合作创新,协同发展,资源共享。

其二,优化教育管理体制。如今,浙江省终身教育体制已具备自我建设发展能力,决策组织在完善管、教、评分离的基础上,全面配合辅助发展,发挥监督管理功能,督促政策的落实推进和项目的有序开展。成立专门监督评价工作小组,制定量化评价标准,规范教育终身化进程。与此同时,还要继续坚持简政放权原则,赋予省内各级各类院校更多自主自治权利,简化烦冗复杂的逐级上报环节,提高问题解决效率。

其三,优化教育保障机制。在教育经费方面,严格按照上级部门政策规定,按时下拨教育经费,保障财政拨款充足,为教育终身化发展提供经济基础保障。扩充免费师范生招生力度,增加师范学生生活补助,为省域教育终身化发展积淀储备人才,并使其能够全身心投入教育教学工作中。在教学设备方面,实现资源共享。

(二)强化决策组织个性化偏好

随着国家教育改革项目的深化落实和大力推进,教育现代化"突发危机"

带来的政策变迁,要求学校个性化发展,课堂个性化教学,学生个性化培养。决策组织开展工作倾向于教育个性化发展,不仅要求学校积极配合做好基础保障工作,教师不断创新教育方式优化教育活动实施,也要求学生增强自立能力、自我认知和自律意识,调动自身学习主动性。

其一,主动学习,增强自立能力。孔子的"不愤不启,不悱不发"和苏格拉底的启发式教学法,均强调学生本身才是学习行为的主体。老师只在学生深入研究学习后,进行指导和点拨,帮助学生梳理学习的问题以突破瓶颈。教育现代化"突发危机"作用下,追求个性化发展的今天更强化了这一点。学生要通过同化和顺应过程,积极主动改变自身已有图式以适应外界刺激,或将外部刺激融入自身图式之中。还要改变原本被动接受、死记硬背的填鸭式学习状态,打破教师于讲台自导自演地讲授、学生埋头苦读做笔记的传统学习模式。现代化时期,学生要主动学习主动思考,老师要侧重创新学习情境,争取师生平等交流。

其二,勇于表达,增强自我认知。传统教育模式下培养出的学生大多乖巧听话,两耳不闻窗外事,一心只读圣贤书。学习过程中,老师和家长大多压抑学生活泼好动的天性,禁锢其天马行空的思想,统一要求规范管理,批量复制粘贴每一个学生。但这种方式培养出的劳动力与社会需要的有所差异,现如今用人单位要求员工具有发散思维、创新精神和竞争意识,能为企业发展创造更多利益。面对如此供需不匹配的情况,教育现代化要求学生以个人为单位,勇于表达、展现自我。学习过程中,针对自身发展方向,充分利用互联网的方便快捷,在海量信息中主动查找学习资料,秉承自己对自己负责的态度,主动向教师提问。还要加强与同学之间的交流,自发寻找学习伙伴,自主结对,共同监督,共同成长。

其三,摒除惰性,增强自律意识。现代化时期,单一短暂的学校教育已经不能满足社会对人的发展要求,终身学习是自我完善的新趋势。终身学习体系下,没有家长的陪伴和老师的监督,学生要凭借自己的毅力自我监督、自我约束。其中,最大的障碍来自个人的惰性。学生要清晰地认识到自己身上担负的不仅仅是个人成长发展的责任,还有社会责任。因此,做事不可拖沓散漫,不能轻易放纵自己,满足现状、贪图安乐,要常常自我反省,积极进取、勇于奋斗。要意识到学习是成长成才的重要途径,自我规范、自我约束是助力目标实现的有力保障。

第二节 标准创新：教育现代化指标建构

一、以社会发展为背景，推动教育现代化整体发展

当今时代，社会场域与教育场域均呈现规模日益庞大、涵括迅速丰富、变化愈发频繁的特征。教育现代化作为社会系统的组成部分，势必是依靠一定的社会条件而存在和发展的，同时教育也具有相对独立性，能够在一定程度上影响社会发展，二者相互依赖，相互促进。这也就决定了我国教育现代化的推进思路，即与经济发展相适应、与社会进步相协调，满足社会场域对教育场域的客观要求。《中国教育现代化2035》提出了到2035年总体实现教育现代化，迈入教育强国行列，推动我国成为学习大国、人力资源强国和人才强国的宏伟目标。[1] 因此，各地区首先要把推进教育现代化放到《中国教育现代化2035》战略下进行科学规划，发展目标应与国家总体战略目标保持一致，也要力争在2035年前完成从部分发达地区率先基本实现现代化、基本实现现代化到总体实现现代化的转变，主动服务国家战略目标，提高教育服务社会的能力。其次，各地都应从本区域政治、经济、社会发展的实际情况出发，采取多样化的发展策略和路径，比如"教育强省""科教兴省""技术创新"等发展战略，分区域推进各地教育现代化水平不断提高。最后，各地都要突出在现有社会大背景下教育现代化自身的发展规律，充分考虑社会所能提供的条件，调动一切有利因素，分阶段推进国家教育发展水平整体提升。总之，不论是在基本实现教育现代化阶段，还是在总体实现教育现代化阶段，各地都要以社会场域为背景和坐标，从而精准定位和科学规划本区域教育现代化的推进路径。

二、以 CIPP 模式为框架，建构教育现代化指标体系

指标体系建构的目的在于监测了解教育现代化水平的变化情况和发展方位，指标越全面细致，对教育现代化战略的指导性就越强。鉴于我国各省

---

① 刘昌亚.加快推进教育现代化 开启建设教育强国新征程——《中国教育现代化2035》解读[J].教育研究,2019,40(11):4—16.

域的复杂性和差异性,虽然很难量化和涵盖教育现代化的全貌,但必须加快推进指标体系向精细化和结构化转型,尽可能更多地反映教育现代化特征和推进进程。为此,本部分从教育学对教育活动的质的规定性出发,围绕教育的基本要素,按照定量指标与定性指标相结合的原则,整理并总结出一套评价教育现代化水平的指标框架,形成一个由核心的价值层与逐级的现象层以及最外层的标准层构成的"树结构",从而发挥指标体系对教育现代化实践的引领作用。

一级指标是价值层,是教育现代化的发展取向,主要从定性的角度来廓定,如开放发展、公平发展、协调发展、优质发展、终身发展、治理现代化、创新性发展、多样性发展,同时还需要结合社会主流价值和需求以确定评估主题。尽管各国各地区教育现代化的建设进程各异,但其核心价值却有着极大的相似性。从我国教育改革发展的战略目标和世界发达国家教育发展的趋势看,教育现代化在健全的教育投入与保障、高程度的教育普及、满意的教育公平、完善的教育制度、高水平的教育质量、突出的教育贡献这 6 个核心价值上达成充分共识。

二级指标是现象层,是价值层的展开。[①] 如果说价值层比较抽象的话,那么现象层则更为具体,便于监测。二级指标应以 CIPP 模式为理论模型,根据各地区教育改革发展中的重点和热点问题来确定组织评估主题,并要反映政府政策的优先性和可行性。结合前面对江苏省、浙江省指标体系的比较分析,我们认为以下 13 项二级指标可以作为参照:教育保障(财政投入水平、师资配置水平、条件及信息化水平),教育公平(机会均等性、发展均衡度),教育普及(各级教育入学率、继续教育入学率)、教育制度(布局合理度、对外开放度)、教育质量(学生综合素养水平、学校办学水平)、教育贡献(服务与贡献、教育满意度)。应该说,在教育现代化的不同阶段,评估主题会随着教育现象发生相应的变化。随着教育现代化水平的不断提高,指标的评价主题也将从关注教育现代化的外部发展如学校的设备条件、师资配置水平等逐渐转向关注教育现代化的内部发展如教育质量、教育过程和教育贡献等,从而推动教育现代化高水平发展。

---

① 冯大生.区域教育现代化的发展特征及建设路径——以江苏省为例[J].教育研究,2018,39(4):150-154.

三级指标(监测点)是标准层,是对现象层的量化或类化。三级指标应选取与主题层相关的若干具体指标,一般以可操作性强的定量指标为主,同时结合一定的定性指标。指标研制者要注意借鉴和选择国际组织通用的监测指标,也要尽可能选择在教育领域和社会领域认可度较高、通俗常用的监测指标,增强指标体系的权威性和社会基础(见表 4-1)。[①]

表 4-1　教育现代化指标体系建构的理论框架

框架	目标任务	具体指标参考
一级指标	价值层	投入:健全的教育保障 过程:高程度的教育普及 　　　满意的教育公平 　　　完善的教育制度 产出:高水平的教育质量 　　　突出的教育贡献
二级指标	现象层	投入:财政投入水平、师资配置水平、条件及信息化水平 过程:各级教育入学率、继续教育入学率 　　　机会均等性、布局合理度 　　　发展均衡度、对外开放度 产出:学生综合素质水平、学校办学水平 　　　服务与贡献、教育满意度
三级指标	标准层	定量指标:具有可测量性、可比性和现实可行性 定性指标:按照等级划分进行质性描述

三、以省域发展为定位,推动教育现代化均衡发展

对于浙江省教育现代化来说,基本均衡不是最终目标,不论是教育基础较好的地区,还是教育基础较差的地区,都应该以实现教育优质均衡发展为长远目标。由于浙江省域内部的经济发展水平差距较大,教育领域的现代化建设也会受到影响,也就是说,浙江各地不可能在同一时间和同一程度上达到指标的全部要求,这不符合目前各地的实际发展状况。未来,要实现 2035 年的宏伟目标,浙江应树立省内优质均衡发展的教育理念,保证省内各级各类教育整体实现提升和进步。江苏在 2013 年就研制出台了一套面向省域层面的教育现代化评估体系,2016 年又分别印发了面向县域层面和学校层面的

---

① 高文杰.职业教育现代化标准的认知与开发理路[J].中国职业技术教育,2017(21):11—16.

两套指标体系,倡导对各级各类教育分类实施评价。而浙江省目前的指标体系仅是以县(市、区)为监测对象,缺少对于高等教育领域现代化建设的指标监测,一定程度上导致了省内高等教育结构的不平衡。这就要求政府和指标体系制定者要改变以往以县(市、区)、乡为监测对象的观念,站在全省教育现代化的角度,把全省各级各类教育的全面、协调、均衡发展作为目标进行整体性评判,这也是浙江在未来教育现代化发展以及指标体系建构中的定位和方向。

第五章　教育现代化专题研究

第一节　幼儿教育现代化

一、新型人口政策下幼儿教育发展策略[①]

2011年11月,我国启动实施"双独二孩"政策,夫妻双方均为独生子女的可以孕育第二个孩子;2013年12月,全面实施"单独二孩"政策,夫妻一方是独生子女的可以孕育第二个孩子;2016年1月1日,逐步实施"全面二孩"政策,所有夫妇,无论城乡、区域、民族,都可以生育两个孩子。"全面二孩"政策实施后,有研究者认为会出现生育小高潮,"十三五"期间每年新增出生人口最高有500万,峰值年份总和生育率在1.9～2.0;[②]国家卫计委预测,近期最高年份的出生人口将超过2000万。[③] 虽然专家、学者对人口增长具体数量估测不尽一致,但对整体增长趋势的判断大体相同。"全面二孩"人口政策将对教育供给侧结构性改革带来长远而深刻的影响,特别是对幼儿教育。

(一)幼儿教育发展图景

幼儿教育是针对3～6岁儿童开展的教育,该阶段幼儿精力旺盛、求知欲

---

① 胡斌武,高欢,姚佳.新型人口政策下幼儿教育发展策略探究[J].教育理论与实践,2018(2):13－15.

② 石智雷.普遍二孩政策的社会影响与未来政策完善[J].人口与计划生育论坛,2016(3):21－23.

③ 国家卫生和计划生育委员会.国家卫生计生委副主任王培安就实施全面两孩政策答记者问[J].人口与计划生育,2015(11):1－5.

强、善于学习模仿,是大脑发育的黄金阶段,也是进行启蒙教育和养成教育的绝佳时机。通过对 2010—2015 年《全国教育事业发展统计公报》进行分析,发现幼儿教育发展状况如下。

1.幼儿园数、在园幼儿数逐年扩增

2010 年,全国共有幼儿园 15.04 万所,在园幼儿数 2976.67 万人,其中,民办幼儿园 10.23 万所,约占 68.02％,在园幼儿数 1399.47 万人,约占 47.01％。"双独二孩"政策和"单独二孩"政策实施后,幼儿园数、在园幼儿数逐年增加。2015 年,全国幼儿园数 22.37 万所,在园幼儿数 4264.83 万人,其中,民办幼儿园 14.64 万所,约占 65.44％,在园幼儿数 2302.44 万人,约占 53.99％(见图 5-1)。

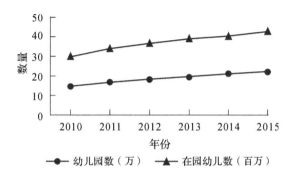

图 5-1　2010—2015 年幼儿园数、在园幼儿数逐年扩增

2.毛入园率提前达标

幼儿教育毛入园率指幼儿教育阶段不分年龄的在园学生数占国家规定的学龄学生数的百分比,它是衡量幼儿教育相对规模和教育机会的重要指标,也是反映幼儿教育机会、普及状况最直接的指标。2010 年,我国学前教育毛入园率为 56.6％,此后,呈持续增长趋势,至 2015 年,学前三年毛入园率达到 75％(见图 5-2)。《国家中长期教育改革和发展规划纲要(2010—2020 年)》指出"到 2020 年全面普及学前一年教育,基本普及学前两年教育,有条件的地区普及学前三年教育","教育事业发展主目标要求学前三年毛入园率至 2015 年达 60％,2020 年达 70％;学前一年毛入园率 2015 年达 85％,2020 年达 95％"。2014 年,教育部、国家发展改革委、财政部发布《关于实施第二期学前教育三年行动计划的意见》,提出到 2016 年全国学前三年毛入园率要达到 75％左右。在"单独二孩"和"双独二孩"人口政策影响下,截至 2015 年,《纲

要》实施时间过半,我国学前三年毛入园率目标已超额完成,但学前一年毛入园率离国家规划任务还相距甚远。

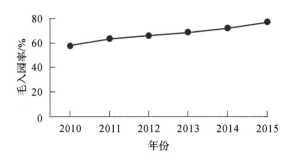

图 5-2　2010—2015 年幼儿园毛入园率逐年提升

3.幼儿园园长和教师数量稳步增长

2010 年,我国幼儿园园长和教师 130.53 万人。2013 年,教育部发布的《幼儿园教职工配备标准(暂行)》,规定"全日制幼儿园每班 30 人,每班配备 2 名专任教师和 1 名保育员,或配备 3 名专任教师;半日制幼儿园每班配备 2 名专任教师,有条件的可配备 1 名保育员。寄宿制幼儿园至少应在全日制幼儿园基础上每班增配 1 名专任教师和 1 名保育员。单班学前教育机构,如农村学前教育教学点、幼儿班等,一般应配备 2 名专任教师,有条件的可配备 1 名保育员"。随着幼儿园数的扩充、幼儿人数的增加,幼儿教育工作者的需求量也急剧增大,2015 年,幼儿园园长和教师达 230.31 万人(见图 5-3),平均每年增长 19.96 万人。

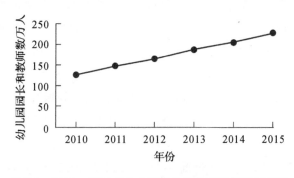

图 5-3　2010—2015 年幼儿园园长和教师数量逐年增长

（二）新型人口政策下幼儿教育发展面临的挑战

1.幼儿园规模建设任务艰巨

由于新型人口政策于 2016 年 1 月 1 日起正式落地实施，考虑到一对夫妻从备孕、受孕、十月怀胎至幼儿出生，需要一定的时间周期，因此"全面二孩"政策的初期人口增长将在 2017 年开始显现。2016 年 3 月 1 日起实施的《幼儿园工作规程》规定"幼儿园适龄幼儿一般为 3 周岁至 6 周岁"，2017 年出生的孩子将在 2020 年 9 月进入幼儿园学习，这就意味着幼儿园将在 2020 年迎来"全面二孩"政策的第一批孩子入园，2023 年会有新增三倍数量的幼儿入园。我国现有幼儿园的数量、规模还不够充足，硬件设施配备还不够完善，面对"全面二孩"政策下的婴儿潮以及毛入园率的要求，幼儿教育面临巨大压力，扩建幼儿园规模及扩充幼儿园数量势在必行。

2.农村幼儿教育发展任务艰巨

幼儿教育以公益性、公平性和非营利性等为根本特征，目的是让所有适龄儿童特别是让弱势群体都能享有平等受教育权利，由教育公平促进社会公平。亚里士多德曾说"平等地对待平等的，不平等地对待不平等的"，如果两个人是一样的，我们就一样对待他们，而如果两个人不一样，我们就需要以不一样的方式对待他们。[①] 在各级各类教育中，幼儿教育由于起点低、底子薄，处于薄弱环节，"入园难、入园贵"现象在农村尤其是连片特困地区更为严重。在新型人口政策背景下，农村幼儿教育必然会面临更大的挑战，农村幼儿教育发展任重道远。

3.幼儿教师培养任务艰巨

随着幼儿园数的扩充、入园幼儿的增多，势必要求有更多数量的幼儿教师。根据教育部《幼儿园教职工配备标准（暂行）》，全日制幼儿园每班 30 人，班师比一般为 1：3。2015 年，我国在园幼儿数 4264.83 万人，平均分为 142.2 万个班。幼儿园园长和教师 230.31 万人，平均班师比为 1：0.6，离班师比配备标准相距甚远。或者按照《幼儿园教职工配备标准（暂行）》，142.2 万个班，理论上应该配备 426.6 万教职工，目前幼儿园教职工人数尚有一倍的

---

① 杨晓萍,李敏.公平与质量视角下的学前教育发展——访长江学者讲座教授李子建[J].学前教育研究,2015(6):3－8.

增长空间。幼儿教师缺乏,不仅是数量与规模问题,还存在结构与素质问题,近年来,幼儿教师产生职业倦怠甚至虐童违法行为就是例证,所以,严格要求幼儿教师资质,提升教师素质,造就一支师德高尚、业务精湛、结构合理、充满活力的高素质专业化幼儿教师队伍的任务艰巨。

(三)新型人口政策下幼儿教育的应对策略

1.加快幼儿园建设是基础

大力建设公益性、普惠性幼儿园。财政部《关于加大财政投入支持学前教育发展的通知》指出,政府财政部门支持学前教育发展的基本原则是政府主导,社会参与,建立起政府部门支持、社会人士参与的合作共创式幼儿教育体系。应对"全面二孩"政策下的"婴儿潮",社会及各级政府要充分利用地域优势,整合地方资源,扩大公益性、普惠性幼儿园规模;同时制定有效措施,在新建园舍、扩建原有幼儿园规模的同时,也要鼓励大量优质品牌的幼儿园或早教机构建设公益性、普惠性幼儿园,引进其先进的发展理念,借鉴其已有的发展经验,发挥其有效的品牌效应。

大力发展民办幼儿园。积极发动社会力量投资幼儿园建设,多渠道筹措幼儿教育资金。地方部门应组织专家、学者科学分析和确定当地幼儿园整体的发展水平、普通民众的受教育需求以及公办与民办幼儿园各自所占的比例,在原有幼儿教育结构基础上,大力发展民办幼儿园;也可以通过采取适量减免税收、奖励补偿幼儿园、平调幼儿教师互动学习等多种方式,引导和支持民办幼儿园建设并提供普惠性、低收费服务。

2.大力发展农村幼儿教育是关键

因地制宜建设生态幼儿园。利用村屯独特的自然环境优势,发展自然、淳朴的幼儿教育。例如芭学园,是一所坐落于北京市郊的幼儿园,房前屋后便是院落,该园因地制宜,其环境如家庭般温馨、自然般淳朴,没有奢华的玩具,也没有精致的装潢,孩子们以院子里的栅栏、摇椅、娃娃、碎布、沙石为基础,凭借自己的想象和创造进行集体活动。村屯幼儿园建设可以充分借鉴芭学园的办园形式。

统筹规划农村幼儿教育。将办学条件还达不到幼儿园开办标准的幼儿教育机构改建成乡镇中心幼儿园的教学点;探索民办公助、公办民营、购买学位、以强带弱或联合办园等方式,充分利用城镇化有利契机,优化农村学前教育资源①；在适龄幼儿较少的村屯，鼓励积极发展家庭作坊式幼儿园、家庭辅导站、大篷车流动园、游戏小组、亲子活动中心等非正规的幼儿教育形式；向农村低收入家庭的幼儿提供入园补助，为促进幼儿教育公平，普及农村幼儿教育提供经济保障。

3.加强师资队伍建设是根本

扩充教师数量，提高师幼比例。一方面，要健全公办幼儿园的教职工编制核定和补充制度，使幼儿园教职工的社会地位得到相应提高，福利待遇得到应有保障，合法权益得到有效保护，使幼儿教师能感受到国家的重视、社会的认可、家长的支持及儿童的尊重与热爱。另一方面，要积极面向广大师范类院校和综合型院校的毕业生和在校生招聘选拔人才，通过招考、培训使其成为合格的幼儿教师；同时还要拓宽招纳途径，面向志愿参与幼儿教育工作的人群招考，针对其已有的专业基础和工作经验，对其进行专业的岗前培训。

改善队伍结构，平衡性别比例。由于社会认同度低、工作环境压力大以及家长的不信任等，我国幼儿园男女教师比例严重失衡。男性所具有的独立、自主、果断、刚毅等优秀品质对幼儿成长有很大影响。因此首先应改革完善师范院校招生政策，鼓励并吸引更多的男生选择幼儿教育专业，从生源上改变幼儿教育专业男女学生比例失调问题；同时，幼儿园需要招聘更多的男性幼儿教师，使幼儿正确地认识男性与女性的性别特点和各自优势，在对比中形成对不同性别的完整认知，构建相应图式，从而促进幼儿身心全面发展。

严格资格标准，提升队伍素质。幼儿教育是幼儿教师在确保儿童身体苗壮成长的基础上，帮助其养成良好生活习惯，促进其大脑健康发育，培养其个性全面发展的启蒙教育。幼儿教师的首要任务是保护幼儿的生命和促进幼儿的健康，教育部《关于实施卓越教师培养计划的意见》提出要"构建厚基础、强能力、重融合的培养体系，培养一批热爱学前教育事业、综合素质全面、保教能力突出的卓越幼儿园教师"。这就要求幼儿园教师队伍建设提高新增教师准入门槛，以聘用专科及以上学历、科班出身的幼儿教师为主；培训已有教师的专业能力，提高在岗教师的保育教育水平，定期、不定期举办参观学习活动，扩大省培、市培、县培覆盖范围，提升幼儿教师总体水平；加大在职教师交

---

① 严仲连，盖笑松，柳海民，等.农村学前教育合理发展研究[J].教育理论与实践，2013(26)：25—27.

流力度,定期、不定期邀请幼儿教育专家、知名优秀幼儿教师亲临指导,交流先进管理经验和教学理念。

教育永远是合力的结果,家庭是幼儿的第一课堂,父母是幼儿的第一任老师,也是居首要位置的教师,家长要为幼儿提供健康、丰富的生活和活动环境,培养幼儿健康体魄、良好生活习惯和品德行为,让他们在快乐的童年生活中获得有益于身心发展的经验。幼儿园教育和家庭教育水乳交融,正如苏霍姆林斯基所说:"儿童只有这样才能实现和谐、全面的发展:两个教育者学校和家庭,不仅要一致行动,向儿童提出同样的要求,而且要志同道合,抱着一致的信念,始终从同样的原则出发! 无论从教育的目的上,手段上还是过程上,都不要发生分歧。"① 所以,新型人口政策不仅给幼儿教育创新提出了挑战,也给社区教育、家庭教育的创新提出了挑战和机会。

二、幼儿园田园综合活动课程设计——以台州市 X、H 幼儿园为例

在教育现代化进程中,国内外对幼儿园如何挖掘自然资源、人文资源以嵌入幼儿园活动的研究成果已相当丰富。浙江省台州市路桥区学前教育在历经第一轮、第二轮"三年行动计划"实施后,在办园硬件、师资成长等大幅改善的基础上,幼儿园也在保教业务、课程领域等有所突破与发展,提升办园内涵,推动学前教育事业的长足发展。其中,农村幼儿园田园综合活动课程的设计与实践,就是一个重要的举措。

在《台州市发展学前教育第二轮三年行动计划》的阐述中,提到"完善学前教育统筹规划。各县(市、区)政府要完善学前教育专项规划,把高标准、高质量普及学前三年教育纳入当地经济社会发展规划和城镇、社会主义新农村建设规划,统筹规划和建设幼儿园,科学配置学前教育资源,集中力量新建、改建、扩建一批幼儿园"。② 幼儿园的质量提升是学前教育改革和发展的核心任务,而内涵发展是质量提升的基本途径和必然选择。农村幼儿园在办学资源上较之城区幼儿园短缺,但农村幼儿园拥有得天独厚的农村资源,幼儿园应将办园视角扩大至广阔的农村,享受农村独特的资源,既可补齐自身短板

① [苏]瓦·阿·苏霍姆林斯基.给教师的建议[M].杜殿坤,编译.北京:教育科学出版社,1984:397.

② 台州市人民政府办公室.关于印发台州市发展学前教育第二轮三年行动计划的通知.台政办发〔2015〕50 号.

又可开发农村特有的个性化田园课程。如何因地制宜,构建适合现代农村幼儿的园本课程,彰显现代田园特色,已成为农村幼教人亟待研究的问题。

（一）幼儿田园综合活动课程内涵与价值

1.幼儿田园综合活动课程的内涵

幼儿田园综合活动课程是农村幼儿素质教育的一个切入点,也是农村幼儿园教育教学的有机组成部分,是对现行幼儿园五大领域主题活动教育的补充,更是和幼儿一日生活活动紧密结合在一起的。它是根据幼儿的身心发展需要,顺应各种田园教育要求之间的相互联系的规律,以素质教育理念开发符合幼儿特点的具有当地农村特色的教育内容,合理选择教育方法,科学组织教育过程,培养幼儿具有良好综合素质的教育。[①]

（1）幼儿田园综合活动课程是培养幼儿良好综合素质的基本切入口

幼儿田园综合活动教育是幼儿全面素质的重要组成部分。幼儿田园综合活动课程,就是以素质教育为理念,以《幼儿园教育指导纲要（试行）》为行动指导,秉承"以幼儿发展为本""为幼儿一生的发展打好基础"的终身发展理念,面向全体幼儿,促进幼儿的全面发展。"教什么""怎么教"是农村幼儿田园综合活动教育必须解决的核心问题。幼儿田园综合活动课程在目标上顺应幼儿的天性,让孩子在亲近自然、在探索自然的过程中得到本真发展,并播撒下爱和智慧的种子,凸显情感、兴趣、态度、个性方面的价值取向;[②]在内容上,筛选符合儿童年龄特点和心理特征的具有正面引导力的优秀活动素材作为幼儿田园综合活动的教育内容;在组织策略上,依据幼儿的学习特点,重视开发活动的丰富性、趣味性、层次性,重视发挥儿童主动性、积极性和创造性,重视活动素材与幼儿的互动性。

（2）幼儿田园综合活动课程是培育幼儿乡土情怀的重要途径

幼儿教育从本质意义上讲就是着眼于未来的奠基性教育。大至民族精神,小至乡土情怀,都是育人的根本追求,农村幼儿教育在走向现代教育的同时,必须结合乡土教育,只有这样才能培养出具有文化之"根"的现代人。让儿童在参与活动中,感受乡土文化的丰富和美好,体验并认同这种乡土情怀,

---

①　赵玉兰,蔺江莉,等.走进民间艺术世界——幼儿民间艺术教育研究[M].南京:南京师范大学出版社,2005:45－56.

②　朱激文.探索田园,乐在梅园[J].学前教育,2014(5):42－44.

培育乡土情怀、家国情感以及民族精神。

(3)幼儿田园综合活动课程是园本特色课程

幼儿的发展是整体的。幼儿田园综合活动课程致力于优秀的地方传统文化和优质的乡土资源传承与开发,它必须服从于幼儿全面教育的目标原则和基本要求,是农村幼儿园整体教育课程的组成部分。该课程关注的是活动目标的融合、活动内容的整合、活动形式的优化以及活动资源的立体化。

2.幼儿田园综合活动课程的特性

(1)文化性

文化作为课程实施的精神财富,凝练、传承、发展文化是教育的重要本职。幼儿田园综合活动课程必须关注活动的文化视角,选择适应幼儿、能使幼儿感知认可的乡土资源,充分调动幼儿的学习积极性,从而使其萌发文化情感,播种文化种子,吸引幼儿从小关注身边的文化现象。

(2)开放性

第一,课程主题,开放生成。田园综合活动课程的主题源于幼儿生活,具有开放性、生成性。但课程的主题需要教师分析其潜在价值,思考其潜在方案,确定适宜的主题目标。在主题活动的开展过程中,主题方向随着幼儿发展水平、兴趣反应以及教师思考探索,可作适当调整。第二,课程内容,开放有类。根据课程建构的"田园认知""田园艺术""田园游戏""田园实践"4个类别,在内容创设上遵循开放有类原则,教师与幼儿围绕共同感兴趣的话题,开展探究型活动、体验型活动、表现型活动、运动型活动,从而自我建构概念,自我内化品质,自我表现创意。第三,课程实施,开放有序。田园综合活动课程融合多元学习方式和途径,关注幼儿的经验与需求,在策略上尊重幼儿天性与发展规律,以自然育灵性。① 第四,课程评价,开放多元。田园综合活动课程侧重活动过程化、情境化、经验化,课程目标的设置具有整合性、前瞻性,切实关注幼儿的整体、协调及可持续性发展,特别是关注儿童目前的身心愉快及生活幸福。因此,在课程评价上,必须承认和尊重幼儿的个体差异及过程性发展,特别注重采取多样化的评价标准、评价方式及评价主体,肯定、鼓励、支持、接纳每位幼儿的个性化表现和发展状态,力求以表现性评价让不同发

---

① 王冬梅.回归自然育灵性[J].学前教育,2014(5):39—41.

展水平的幼儿都能从积极的评价过程中获得成功的体验与满足。

（3）生活性

幼儿田园综合活动课程具有浓厚的生活气息。幼儿教育是一个人的启蒙教育,幼儿的身心发展特点决定了幼儿生活和幼儿教育的内容,以及幼儿学习的途径。幼儿田园综合活动就是架构在幼儿的生活经验之上的,以幼儿的兴趣为出发点,将农村有童趣、有野趣、有乐趣的生活化素材作为幼儿活动开展的选择内容,同时将活动根植于幼儿生活实际,使活动的生活质感显著提升。

（4）游戏性

幼儿的学习过程就是游戏的过程。幼儿田园综合活动课程就是将乡土资源与幼儿生活、游戏紧密结合,采用集体、个别、小组等活动形式,关注过程的游戏性、操作性及实践性。在各种好玩有趣的游戏活动中,引导幼儿进行积累、思考、归纳,使儿童能进一步丰富和拓展经验,获得知识、发展能力、提升素养,从而全面健康和谐发展。

3.幼儿田园综合活动课程价值

（1）幼儿田园综合活动课程尊重幼儿天性

对于幼儿发展来说,良好的教育是必不可少的。将田园综合活动课程引入幼儿教育领域,是对幼儿素质教育的丰富和拓展,也是对当下农村幼儿园日常教育的补充与延伸。游戏、好奇、模仿,是幼儿自然天性中最重要的3个方面,游戏是幼儿的特定需求,好奇是幼儿的学习动力,模仿是幼儿的成长方式,幼儿田园综合活动课程尊重幼儿天性,形成儿童各自的成长路径。

（2）幼儿田园综合活动课程促进幼儿发展

田园综合活动课程,是遵循幼儿身心发展的自然规律,探索幼儿园围墙内外的课程资源,拓展幼儿活动时空,提炼活动的童趣、野趣、农趣,尝试让幼儿在顺应天性、回归自然的良好活动情境中,体验活动的成功,感悟游戏的愉悦,从而感受生活的快乐、成长的幸福。开放生成、自主自由的各类主题活动,在最大程度上实现了教育的民主与平等,实现了教育的生活本真、自然本源。一切为了幼儿,高度尊重幼儿,全面依靠幼儿。

(3)幼儿田园综合活动课程助推园本课程实践探索

在5年多的实践中,X、H幼儿园不断总结经验,充分发挥课程开发的主导作用,师生一起,融入课程情境,体验了农村特有的别样童年,同时实践研究对园本课程的开发与进步具有一定的实践价值。特别是在活动内容、模式、评价及教师个人专业发展等方面,略见成效。在活动内容上,实现了模块延伸;在活动模式上,创新了主题拓展;在活动评价上,构建了多元化评价;在教师发展上,促进了专业化成长。

(二)幼儿田园综合活动课程开发现状

1.幼儿园开发与利用课程资源的情况

关于幼儿园开发与利用课程资源的情况,对路桥区内12所农村幼儿园,其中7所公办幼儿园、5所民办幼儿园的130位老师进行问卷调查,对12位农村幼儿园园长进行访谈,同时也对部分幼儿家长进行访谈,初步了解了幼儿园开发与利用课程资源的实施现状(见表5-1、表5-2、表5-3),为进一步推进田园综合活动课程的开发提供一定的参考资料。

表 5-1　被调查对象基本情况表

内容	教龄			职称			学历			
—	0～5 年	6～14 年	15 年及以上	幼教高级	幼教一级	幼教二级	未定级	本科及以上	大专	中专及以下
人数(人)	43	59	28	21	33	32	44	46	63	21

表 5-2　田园综合活动课程资源融入幼儿园的价值预估

内容	对儿童的发展价值(N＝429)					对幼儿园的发展价值(N＝416)					
—	身体素质	智慧潜能	个性品质	文化认同	其他	丰富教学内容	促进教师专业成长	弘扬传统乡土文化	增强家园社区交流	勤俭办园	其他
人数(人)	89	125	76	130	9	84	63	130	130	4	5
比例(%)	20.7	29.1	17.7	30.3	2	20.1	15.1	31.2	31.2	0.9	1.2

表 5-3 对田园综合活动课程资源融入幼儿园的期待

内容	非常期待	一般	无所谓	不支持
人数(人)	69	36	20	5
比例(%)	53	27.6	15.3	3.8

对田园综合活动课程资源开发利用的价值预估做了一些统计(见表 5-4、表 5-5),可以看出,幼儿园一线教师对田园资源的教育价值认识还是比较准确的,他们认为其对幼儿发展的最大价值在于培植乡土文化的认同与归属感及促进儿童身心健康发展,对幼儿园的最大价值在于弘扬传统乡土文化,增进家园、幼儿园和社区的交流。对田园综合活动课程资源融入幼儿园现行课程的期待问题进行调查,数据显示,有一半以上的教师认为农村幼儿园的课程应该融入田园活动资源,也热心期待能对幼儿园的课程发展特别是园本特色课程的发展起到一定的推动效益。

由表 5-4 的数据可见,幼儿园园长支持推进田园活动资源的融入,幼儿对田园活动资源的喜爱程度相当高,没有儿童不喜欢,这表明幼儿园行政层面是非常支持推进工作的,幼儿园的儿童也是非常喜欢此类课程活动的。再比对表 5-5,我们发现田园活动资源的开发利用率并不高,甚至还是相当低的,这和领导的重视支持及儿童的喜欢程度形成较为鲜明的对比,从中看出,区内这些农村幼儿园在田园活动资源的开发与利用上,还是显得较为薄弱的。

表 5-4 幼儿园园长及幼儿对田园综合活动课程资源的态度

内容	园长态度			幼儿态度(教师提供)		
一	非常支持	基本支持	不支持	非常喜欢	一般	不喜欢
人数(人)	10	2	0	118	12	0
比例(%)	83.3	16.7	0	90.7	9.2	0

表 5-5 幼儿园开发利用田园综合活动资源的基本情况

内容	在幼儿园现行课程中的比例				开发利用现状		
一	很大	很小	不确定	没体现	广泛运用	偶尔	不运用
人数(人)	5	87	24	14	4	119	7
比例(%)	3.8	66.9	18.4	10.7	3	91.5	5.3

农村各家幼儿园都有开展科学探究型的田园认知活动、运动娱乐型的田园游戏活动、艺术表现型的田园艺术、劳动体验型的田园实践活动。开展的活动,内容较为丰富,形式较为多样(见表 5-6)。

表 5-6 幼儿园已开发利用的田园综合活动资源的内容($N＝371$)

内容	田园认知	田园游戏	田园艺术	田园实践
人数(人)	66	130	130	45
比例(%)	17.8	35	35	12.1

幼儿园教师在开展田园综合活动时所采用的教学方式以集体教学和区域活动为主,其中也有不少教师和幼儿一起进行主题探究式学习,从而使田园综合活动的价值更加显著(见表 5-7)。

表 5-7 幼儿园在开展田园综合活动所采用的教学方式($N＝426$)

内容	集体教学	区域活动	主题探究	生活学习	家园互助
人数(人)	130	130	57	73	36
比例(%)	30.5	30.5	13.3	17.1	8.4

大部分教师认为在开发利用田园综合活动课程资源时,很大程度上受教师自身对活动内容的偏好、原有的教学经验以及教学反思的影响,活动内容的本身对资源利用影响较小。在各种外部因素影响中,一线教师普遍希望园领导、同行、教育行政、家长都能支持课程的实施,同时也希望幼儿园或教育行政部门能多给一些有关课程开发与研究的交流研讨学习机会以及一定的外界保障机制(见表 5-8)。

表 5-8 影响教师开发利用田园综合活动课程资源的因素

内容	内部因素($N＝341$)				外部因素($N＝469$)			
—	活动内容	教师偏好	教学经验	教学反思	园长重视	外界评价	学习交流	家长支持
人数(人)	44	124	102	71	130	88	130	121
比例(%)	12.9	36.3	29.9	20.8	27.7	18.7	27.7	25.7

参与调查的老师普遍认为田园综合活动课程资源融入幼儿园课程的最大困难是教师自身对乡土资源缺乏了解与解读,目前大部分 80 后、90 后的教

师来自城区,对农村生活以及农村文化了解甚少,因而在乡土资源的开发与利用上显得捉襟见肘(见表5-9)。另外现行教材容量较大,教学安排紧凑,教师担忧完成不了教学进度,会引起一些农村幼儿家长的质疑,导致家长不支持等因素。

表5-9 开发利用田园综合活动课程资源在幼儿园课程运用中的困难因素($N=332$)

内容	田园活动资源与现行课程内容不交融	教师自身对乡土资源缺乏了解与解读	现行课程内容教不完,家长不支持	其他
人数(人)	54	126	119	33
比例(%)	16.2	37.9	35.8	9.9

2.幼儿教师开发利用课程资源情况

(1)教师对课程资源开发高期待低行动

一方面,幼儿园教师对田园课程资源融入幼儿园有着相当高的期待,认为这对幼儿身心健康发展和幼儿园办园实力发展有着重要的价值,期待能整合优质资源,发挥资源的价值最大化。另一方面,教师在实际开发行动上,产出较低,参与的主动性不强,大部分还是自上而下的行政推动,缺乏资源开发与利用的行动力。教师普遍认为,课程的开发与创新是幼儿园行政领导与业务主管和业务骨干老师的事情,他们只要负责做好手头当下的本职工作即可。

(2)教师课程资源开发能力不足

农村幼儿园的办园整体水平偏低,关键的一大因素是教师综合素质偏低,在编教师的比例非常低,这几年新招聘的在编教师一部分刚从高校毕业,缺乏工作经验与教学科研能力,大部分是原本在各个幼儿园代课代职的老师,虽有一定的教学经验,但没有经过系统的培训,更缺乏开发课程的意识。主要表现为对课程资源、对田园文化课程资源的价值理解不透彻,无法主动去探索利用田园文化中丰富的课程资源。开发田园文化课程资源需要老师具有专业的知识能力和多元的知识结构,不仅要求老师掌握一定的教育教学理论、课程理论,还要老师具有一定的田园实践能力。调查表明,绝大部分幼儿园老师缺乏对课程资源,特别是对当地田园课程资源的了解。教师作为开发田园课程的主体,对当地田园课程资源不了解,也就不能熟练地对儿童进行田园文化的教育,在开发田园课程的时候就会显得力不从心。

（3）教师缺少课程开发的专业指导

目前，幼儿园教师参加业务培训的主要内容是一日保教的常规技能和教学活动的观摩学习，很少有涉及课程开发领域的培训，即使有这样的培训，也仅仅是园长或保教主任参与，一线普通教师培训机会较少。因而，教师职后培训内容的针对性与深广度欠缺，对课程开发的理论研究甚少，很难在教学实践中有所运用。并且，幼儿园的园本教研活动，也大多围绕集体备课而展开，极少涉及开展课程资源开发与利用专题研讨，幼儿园形成不了点面结合推行的良好形势。同时，教师自身的课程资源意识非常淡薄，无法在教学中创造性地利用与开发多种课程资源。从访谈中也得知，大部分教师缺乏课程资源开发的意识，对园外课程资源开发重视不够，忽视当地富有特色的乡土资源和园外人力资源的开发。尤其忽视家长资源的参与价值，有些亲子活动或家长开放日活动，家长只是"被活动"，没有真正体会到活动的教育价值与意义。

（三）幼儿田园综合活动课程开发技术

1.幼儿田园综合活动课程的设计

（1）课程目标

根据《幼儿园教育指导纲要（试行）》《〈3—6岁儿童学习与发展指南〉解读》的规定与要求，以及根据不同年龄段幼儿的发展特点，形成田园综合活动课程的目标体系，关注目标的发展性、均衡性、连续性以及整体性，以促进幼儿在不同水平上的发展。同时关注幼儿的情感、态度、价值观的培养，关注幼儿个性的发展，使目标细化成各年段目标，以保证幼儿园田园综合活动课程总目标的落实。[①]

总体目标。通过实施幼儿园田园综合活动课程，使幼儿在自己生活环境与参与体验中，能在成人的有效合理学习支架下，充分利用乡土资源，亲身经历富有农村特色的各项活动，唤醒幼儿已有的学习与生活经验，激发兴趣，发展能力。

三维目标。一是认知学习：帮助幼儿了解常见动植物的生长规律及生活

---

① 李季湄，冯晓霞.3—6岁儿童学习与发展指南解读[M].北京：人民教育出版社，2013：26—53.

习性;帮助幼儿了解农村有特色的传统文化习俗与风土人情;帮助幼儿获取人类与环境、人类与自然和谐相处的常识与经验。二是能力发展:培养幼儿运用观察、测量、实验、比较、分类、表达、创造等操作,初步获取解决问题的能力与经验;帮助幼儿形成良好的动手操作技能及活动材料的运用支配能力;帮助幼儿熟悉和了解活动中的相关内容,不断积累生活知识与经验,善于用合适的语言表达与交流;帮助幼儿初步感受环境、生活和艺术的美,从而能表达美、创造美。三是情感态度:帮助幼儿增强对社会生活环境的认识,走进田园,亲近自然,关心生活环境,激发爱家乡、爱祖国的情感;帮助幼儿启蒙生命意识与成长意识;培养幼儿热爱生活、热爱自然、热爱生命的情感,积极主动参与各种探究与实践活动;帮助幼儿在活动中,培养快乐、阳光、自信、合作意识。

阶段目标。不同阶段的幼儿能力发展水平不同,因而对幼儿园田园综合活动课程的目标进行小班、中班、大班三阶段的细化(见表 5-10、表 5-11、表 5-12、表 5-13)。

表 5-10 幼儿田园认知活动目标

总目标		1. 亲近自然,喜欢开展田园认知活动; 2. 具有初步的田园探究能力,能运用一定的方法进行田园探究活动; 3. 能在探究中学会认识周围事物和现象,初步了解人与自然的密切关系,萌发保护环境的意识。
阶段目标	小班	1. 喜欢接触自然,对周围事物感兴趣,愿意参加田园探究活动; 2. 学习用多种感官感知生活中的事物和现象,能用语言、动作等表达认知探究过程; 3. 对动植物感兴趣,初步了解动物与人们生活的关系。
	中班	1. 喜欢接触新事物,爱问问题,能积极参加探究操作活动; 2. 能用多种感官探究问题,能用语言、图画或其他符号等表达和交流自己的发现; 3. 能对事物或现象进行观察比较和大胆猜测,并能通过简单调查收集信息,感知和发现动植物的生长变化和条件,能爱护周围环境。
	大班	1. 能积极主动参与田园认知活动,对探究充满好奇心和求知欲; 2. 具有初步的探究能力,能通过观察、记录、比较与分析,发现和描述事物的特征与变化,能大胆猜测并用一定方法验证; 3. 在探究中能认识周围事物与现象,初步了解生活与环境的密切关系,爱护动植物,知道尊重和珍惜生命,有初步的环保意识。

表 5-11　幼儿田园艺术活动目标

总目标		1. 喜欢自然界和田园生活中美的事物； 2. 喜欢进行田园艺术表现和创作活动，并能通过自己喜欢的方式进行表达与交流； 3. 能在田园艺术中，学会感受美和欣赏美，培养表现美和创造美的兴趣与能力。
阶段目标	小班	1. 喜欢自然界与生活中美的事物，并对此感兴趣； 2. 愿意参加田园艺术活动，能用简单的线条和色彩表达自己想表达的人或事物； 3. 能体会到田园艺术活动的快乐，能乐在其中。
	中班	1. 喜爱并能初步感受环境、生活中的美，能关注事物的色彩、形态等特征； 2. 喜欢参加田园艺术活动，并能积极地表现自己的情感和体验； 3. 能经常用绘画、手工、泥塑、动作等自己喜欢的方式进行田园艺术表现。
	大班	1. 喜爱周围环境和生活中的美，乐于收集美的事物或向人介绍所发现的美的事物； 2. 积极主动参加田园艺术活动，能大胆地表现自己的情感和体验，具有一定的审美能力； 3. 能用多种方式进行田园艺术的表现与创作，并愿意和别人分享、交流自己对美的事物或艺术作品的美感体验。

表 5-12　幼儿田园游戏活动目标

总目标		1. 喜欢参加各项有趣好玩的田园游戏； 2. 能在游戏中培养一定的游戏和运动能力，能和同伴一起开展各项田园游戏，能学会整理收拾游戏材料； 3. 能在田园游戏中，学会保护自己和同伴，能注意避免游戏中的危险和意外伤害。
阶段目标	小班	1. 喜欢摆弄田园游戏的材料，愿意参加游戏活动； 2. 尝试用简单的田园器械或简单的地方童谣，和同伴开展身体运动型的游戏； 3. 能体会到田园游戏的快乐，能在提醒下注意游戏的安全，不做危险的事情。
	中班	1. 乐意参加各项田园游戏活动，态度积极，动作表现协调； 2. 会使用多种田园游戏材料或器械进行锻炼身体，学习有秩序地收拾游戏材料。 3. 逐步建立自我保护的观念，注意避免游戏中的危险和意外伤害。
	大班	1. 能在各项田园游戏中表现积极主动与愉快，动作反应灵敏； 2. 能独立地、创造性地使用各类游戏材料，养成良好的整理习惯； 3. 逐步形成自我保护和安全意识，知道一些避免游戏危险和意外伤害的方法，能主动遵守必要的游戏规则。

表 5-13　幼儿田园实践活动目标

总目标		1.喜欢参加田园实践活动,乐于了解乡土风情; 2.能学习使用田园实践活动的工具,逐渐学会总结活动经验,并能以自己喜欢的方式与同伴交流分享; 3.能在田园实践活动中,感受劳动的快乐,体会生活的美好,培养爱劳动、爱生活、爱家乡的情感。
阶段目标	小班	1.乐意参加田园实践活动,对当地民俗民风特点感兴趣; 2.能用简单的工具参与田园实践活动,学习做自己力所能及的事; 3.初步有喜欢参与劳动、喜欢生活的感情。
	中班	1.喜欢参加田园实践活动,并能关注民俗传统的特点,产生了解的兴趣与好奇; 2.能主动使用田园实践活动的工具与器具,喜欢做自己能做的事,情绪愉悦; 3.积极参加劳动,了解工具使用的安全方法,初步培养爱劳动、爱生活、爱家乡的感情。
	大班	1.主动积极参加田园实践活动,主动收集民俗传统的特点,积累生活经验; 2.能正确使用田园实践活动的工具,能和同伴、师长分享交流活动的体验与经验; 3.培养劳动意识,有热爱劳动、热爱生活、热爱家乡的意识。

（2）课程内容

幼儿园的一日活动主要涵盖健康、科学、社会、语言、艺术五大领域,各领域既有独立又有融合,X 幼儿园和 H 幼儿园结合当地农村乡土资源的多样性、开放性的特点,以及关注幼儿发展的特点,以田园认知、田园艺术、田园游戏、田园实践 4 个类别,构建适宜幼儿发展的田园综合活动课程内容（见图 5-4）。

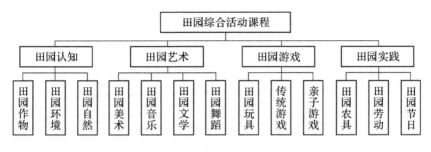

图 5-4　田园综合活动课程主要内容

①田园认知活动。主要从田园作物、田园环境、田园自然三方面构建（见

图 5-5）。

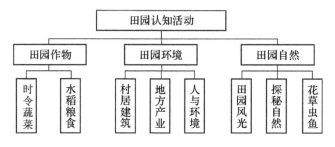

图 5-5　田园认知活动的主要内容

②田园艺术活动。主要由田园美术、田园音乐、田园舞蹈、田园文学四方面构成（见图 5-6）。

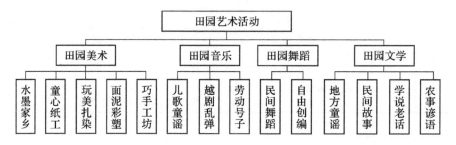

图 5-6　田园艺术活动的主要内容

③田园游戏活动。幼儿园将田园玩具、传统游戏、亲子游戏作为田园游戏活动的主要内容（见图 5-7）。

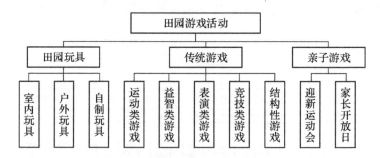

图 5-7　田园游戏活动的主要内容

④田园实践活动。田园实践活动主要依托农具、劳动及节日的各项活动而开展（见图 5-8）。

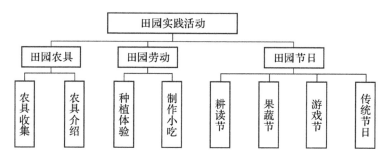

图 5-8 田园实践活动的主要内容

（3）活动设计

幼儿田园综合活动课程的活动设计，在目标设计上关注全面性、层次性与人文性；在内容设计上关注活动的生活性、适宜性与趣味性；在组织形式设计上关注活动的游戏性、情境性与自主性；在材料设计上考虑开放性、丰富性与安全性；在评价视角设计上关注幼儿的发展性、差异性与过程性（见图 5-9）。田园资源种类繁多，教师在选择与确定具体的活动内容时，可以以培育乡土情怀为主线，从幼儿园办园园情、幼儿兴趣能力以及教师经验、资源特点等方面，注重不同幼儿生活经验与能力差异的内容，满足幼儿的不同学习需求与发展需要，利于幼儿积极参与，获取相关核心经验。就如虞永平教授曾说的，幼儿园课程是一件正在发生着的事，幼儿园课程的设计就是创造

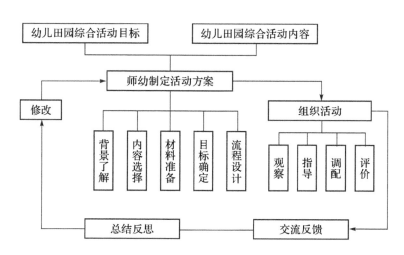

图 5-9 田园综合活动设计导图

条件,让幼儿做适宜的事,或者让适宜的事在幼儿身上发生。①

2. 幼儿田园综合活动课程的实施

(1)资源利用

①遵循幼儿生活经验,活动资源低结构高开放。南官河、晴川河、文昌阁、五凤楼、耕读堂、花田集市……雅韵恬淡的田园资源构成一幅幅曼妙的田园画面,这些有价值的田园资源作为农村幼儿园课程开发的物质支柱,充分挖掘资源的有效利用价值,进行创造性的整合,渗透进幼儿生活、学习、游戏各个活动中。在开发与利用中,教师要综合考虑时代和社会对幼儿成长、发展的期望和要求,遵循生活原则,遵循"搜集—筛选—改造—再造"原则,让课程资源低结构高开放,让农村幼儿园的教育活动有一个广阔的幼儿生活背景,拓展课程的外延,丰富课程的内涵,提高幼儿活动的趣味性、本土性,从而使幼儿真切感受田园资源的教育魅力。② 在这样的课程中,教师真正成为幼儿的"玩伴",成为与幼儿一起探究田园奥秘的合作者、开发田园课程的创造者和幼儿智慧的启迪者。

学龄前幼儿接受的教育,不是以掌握多少知识为目的的,而是为了让孩子们在游戏中学会认识自己、学会学习、学会生活、学会交往,从而积累丰富的经验。陈鹤琴先生认为:"大自然大社会是一本活教材,是我们的活教师。"③大自然、大社会不仅可以让幼儿开阔视野、丰厚经验、发展能力,更能培养孩子求真求美的人生态度。比如在"田园认知"层面的资源利用上,师幼关注的是以知识探究型为主的活动课程,如"田螺是怎么走路的","蜗牛为什么总背着一座小房子","为什么叶子成对地生长","为什么芋头叶子上的小水珠在快乐跳舞","为什么稻子熟了就低下了头呢","为什么小虫子吃青菜叶子",等等。在"田园实践"层面的资源利用上,按年龄段和操作难易程度,分季节分层次分类别作田园观察、记录和种植、收成等。比如让幼儿一起参与种植小青菜、豌豆、土豆、葱、大蒜、玉米、黄瓜等农作物,让幼儿用自己的方

---

① 唐淑,孔起英.幼儿园课程基本理论和整体改革[M].南京:南京师范大学出版社,2010:123.

② 黄秀云.乡土文化融入幼儿一日生活中的实践探究[J].内蒙古教育,2016(2):32—33.

③ 陈鹤琴.陈鹤琴教育箴言[M].上海:华东师范大学出版社,2013:229.

式记录它们的生长过程及护理方式,等作物成熟时,一起收获果实,并让厨房制作可口的菜品让孩子们品尝劳动成果。在"田园艺术"层面上,则重点关注幼儿创造力的激发,培养幼儿一定的动手能力和艺术创意,让他们体会动手乐,享受艺术美。比如"果蔬创意大比拼""玩转小面团""竹篓创意画"等。在田园资源的选择上,尽可能渗透五大领域的活动目标。比如 X 幼儿园的师幼共同创设的"田园家禽——鹅"主题活动,老师们领着孩子们走进农户饲养区,观察鹅的形态,倾听鹅的鸣叫,记录鹅的生活习性,研究鹅蛋……现场考察结束后,幼儿在区域活动中开展了一系列活动。在美工区,"画鹅""鹅蛋创意画""大脚鹅创意手工制作";在科学区,查找有关从鹅蛋孵化到鹅的图片、做"会游泳的鹅蛋宝宝"科学实验等;在语言区,说说鹅的故事、背背鹅的儿歌;在生活区,孩子们在"农家菜馆"厨房活动中,演绎着鹅蛋的蒸、煮、炒、煎等多种制作方法;在表演区,孩子们模拟鹅的神态,自编自演鹅的故事;在"花田小镇"大型建构活动区,孩子们模拟搭建养鹅场、鹅棚、池塘等,畅玩养鹅游戏;在户外活动区,孩子们穿着自己制作的"大脚鞋",开展"大脚向前冲"的大脚鹅赛跑游戏;在点心环节,孩子们品尝水煮鹅蛋的美味。在这样的自然、生活化的活动情境中,孩子们在参与中发展,在体验中成长,在成长中幸福。

②关照幼儿活动生成,畅玩田园少高控多自主。集体活动,生成精彩。在集体活动中,以教师为主导,幼儿为主体,通过创设有意思的情景,引导幼儿主动探索。比如 X 幼儿园的幼儿在农庄生态公园郊游后,老师们及时帮助幼儿整理经验,提升认识,开展"小葵花郊游"的系列活动,让幼儿通过童话的形式讲述公园景色的语言活动,让幼儿用画笔演绎"美丽家乡,美丽葵花"的美术活动,让幼儿用纸箱、木条、竹子、干草、麻绳等搭建"农家院落"的美工操作活动。这样将集体活动与参观、欣赏、游戏等活动结合,丰富了活动内容,生成了无数精彩。游戏活动,体验创意。不管是户外游戏还是室内的区域游戏,老师们提供的游戏材料具有多元价值,从而让幼儿体会到无限的创意。比如在 X 幼儿园田园风区域游戏——"花田小镇"建构性大型综合活动中,孩子们对区域内投放的鸡鸭牛羊、青菜萝卜、葫芦葡萄等玩具模型特别感兴趣,在丰富有趣的游戏情景中,孩子们自主选择材料与玩伴,开展"花田农苑""农场饲养""果蔬耕种""田园休闲"等主题活动。孩子们搭建了很多建筑风格迥异的农家院落,孩子们在"鸡鸭成群""哞哞牧场""萌犬舍"的饲养游戏中,体

验合作的快乐情绪;在"阳光驿站"田园耕种活动区域内,孩子们相互合作,用报纸筒、线筒芯、PVC水管、海绵地垫等搭起了立体的"葡萄沟",建起了"葫芦兄弟"之家,孩子们在绿藤蔓间挂上葡萄与葫芦;在"花田茶庄"构建中,孩子们巧妙利用麻绳、树桩、纸箱、竹筛等材料,搭建富有田园特色的"茶吧"。除此,在民间传统文化对接幼儿园活动的推进中,X幼儿园开展了以"指尖上的创意,舌尖上的美食"为大主题的活动下的多个民间美食体验小活动,如:在元宵,孩子们和保教老师一起比拼"汤圆甜羹过元宵"活动;在清明,孩子们开展"创意青团"面点活动;在端午,孩子们在厨房阿姨及村里奶奶的指导下,开展"飘香粽子"的包粽子活动;在中秋,孩子们玩"巧手月饼,花好月圆"的月饼DIY;在冬至,孩子们揉揉"冬至圆",滚滚黄豆粉。在游戏活动中,孩子们自己设计、制作等,感受快乐,分享经验。

田园综合活动课程的资源在田园实践、亲子活动、环境渗透等方面也充分利用与整合,为农村幼儿园的孩子架构想玩、乐玩、有意思玩的田园乐园,让他们带着好奇心与创造力,走出活动室,走向广袤的田野,走进大自然的怀抱,获得更大的成长自由与幸福。幼儿园课程的生活化、活动化、游戏化,为孩子们的童年生命点缀了斑斓色彩,孩子们得到的不仅是生命的一缕春风,更是生命的整个春天。田园是物质的,更是精神的。

(2)组织形式

①特制性幼儿田园综合活动

田园主题教学活动。好的富有特色的乡土主题,能和幼儿的兴趣、经验等有机融合,在田园主题教学活动中,幼儿园要发挥教师、幼儿、家长及其他活动参与者的聪明才智,生成能集中体现当地乡土风情魅力价值的主题活动。如X幼儿园的"田园家禽——鹅"的主题活动,就融合幼儿发展的五大领域目标,开展有趣有意思的教学活动(见表5-14)。田园综合活动的课程的主题教学活动,活动切口小,活动价值大,激发了幼儿对田园主题活动的兴趣与热爱,同时也使幼儿产生了对家乡资源的热爱与向往。比如H幼儿园开展的"魅力家乡话"主题活动,其中开设的"收集你知道的日常家乡话""台州老话""台州童谣""路桥三句半""台州乱弹""说说家乡话""童谣游戏"等,广泛涉及语言、社会、科学、健康、艺术等各个领域。

表 5-14　X 幼儿园"田园家禽——鹅"的主题活动

活动名称		涉及的主要领域				
		健康	语言	社会	科学	艺术
1	认识鹅	—	√	√	√	√
2	鹅蛋游泳季	—	√	√	√	—
3	创意鹅画	—	—	—	—	√
4	经典诗文	—	√	√	—	—
5	大脚向前冲	√	—	—	—	√
6	农家厨房	—	√	√	—	—
7	天鹅舞	√	—	√	—	√

　　田园系列项目活动。和田园主题教学活动相比,田园系列项目活动,在组织和实施上更侧重于关注与培养幼儿纵向发展水平和活动组织的纵向内容程序,在项目选择上以田园美术活动为主,系列活动下设子项目活动。比如 X 幼儿园大、中班开展的"水墨家乡"系列活动,从引导幼儿了解水墨画的风格特点开始,逐步引导幼儿欣赏水墨画名作,再认识笔、墨、纸等常用作画工具与材料,探索其他作画的简易工具和作画方式,学习创作过程,最后尝试自己创作一幅幼儿眼中的"水墨家乡"画作,并开展作品展示与欣赏的相应活动。再如"童心纸工"活动中的"美妙折纸","巧手工坊"活动中的"奇妙的绳结","玩美扎染"活动中的"美丽印染"等,都可以在各个不同年龄段中开展一系列相关活动。

　　田园区角游戏活动。幼儿园的区角活动形式多样,轻松自由,可以投放富有当地文化特色的材料。区角活动可以是班级内的小区角游戏活动、专用活动室游戏活动,也可以是打通全园的混龄式大区角游戏活动。如 X 幼儿园的"梅园小筑"区角游戏活动,分为美工区的"梅艺坊"、阅读区的"梅韵舍"、建构区的"梅园居"、生活区的"梅香阁"、表演区的"小筑戏台"等,幼儿在各个区角活动中,开心自主地交流互动。

　　田园节日体验活动。田园节日有着厚重的地方文化积淀,合理选择科学组织节日活动,对幼儿培育家国情怀和了解民俗民风有着重要意义。农村幼儿园的田园节日体验活动主要分为传统节日活动和园本节日活动。传统节日活动,承载着民族的文化意蕴,挖掘这些节日的教育价值和活动价值,充实到幼儿园的教育教学活动中来,丰富幼儿园的教学活动内容。除了传统节日的体验活动,幼儿园还创设了有特色的园本节日活动,如田园体育节、田园果蔬节、田园耕读节、田园艺术节、田园游戏节等,让孩子们参与活动设计与筹备,如活动方案的设想、场地的布置、活动道具的准备等。

②渗透性幼儿田园综合活动

环境文化的渗透。环境是重要的教育资源,农村田园教育资源丰富,要充分唤起幼儿的环境主人翁意识,创设支持性的幼儿活动环境,有效支持并促进幼儿的主动发展。在田园综合活动推进过程中,教师非常关注支持性活动环境的创设,充分发掘、利用环境的教育价值。在主题环境创设过程中,依据当前主题活动目标和幼儿的兴趣点,围绕主题活动实施进程,师幼共同经营、创设主题环境。从材料选择、内容呈现、布局搭配到保持更换等环节,充分尊重、听取幼儿的想法和意见,鼓励幼儿将自己探索发现、创作作品等活动资料用自己喜欢的方式表现出来,布置形成开放、生动的主题环境。① 例如在"童心童画"涂鸦活动中,教师和幼儿共同商讨哪些材料可作为涂鸦活动的基础性材料,用什么方式将自己的作品展示出来。通过师幼间的合作构建、交流互动,幼儿总结了砖瓦类、布料类、竹制品类、植物茎叶类、废旧用品类等基础性材料,讨论的呈现方式有悬挂类、张贴类、摆放类、解说类等。当教师与幼儿之间、幼儿与材料之间、活动与环境之间、幼儿与课程之间有了交相互动,这时候,良好的活动环境建构过程成为促进幼儿主动发展的教育过程,最大限度彰显环境的教育价值。教师的重要职责就是担当好幼儿学习的合作伙伴,关注幼儿的探究与表现,支持幼儿课程活动行为。

常规教学的渗透。田园综合活动是幼儿园日常教学活动的一部分,在其他日常教学活动时,可以有选择地使田园综合活动的内容渗透其中,如在幼儿园完整儿童活动课程的主题教学活动中渗透关联活动。有些田园活动可以在一项活动中渗透,也可以在多项活动中渗透,比如台州童谣活动,可以在语言集体教学中渗透,也可以在室内外的游戏活动中渗透。

自主游戏的渗透。幼儿在园除了开展专门性区角活动之外,每天至少有

---

① 虞永平.著名特级教师教学思想录幼特教卷[M].南京:江苏教育出版社,2012:101—102.

不少于一小时的自主游戏时间,在自主游戏中,幼儿个体或幼儿小组成员根据自己的兴趣爱好、能力层次,开展自由自主的游戏活动。《幼儿园教育指导纲要(试行)》非常重视自主、安全、愉快、宽松活动氛围的营造,要求要"建立良好的师生、同伴关系,让幼儿在集体活动中感到温暖,心情愉快,形成安全感、依赖感","为幼儿的探索活动创造宽松的环境……"充分尊重幼儿,充分相信幼儿,给幼儿以信心和支持,让幼儿始终处于一种自由自在、积极主动的活动状态,充分释放、表现和发展自己。此时,田园综合活动的一些内容被幼儿自主引入游戏,在自主愉快的游戏情境中,幼儿用自己喜欢的方式参与田园游戏,充分感受田园活动的有趣、童趣、乐趣与野趣。比如在"花田后厨"的自主游戏中,孩子们把"厨房"场景搬到了田野和菜园中,在户外一块空地,即可支起一口锅,捡一些石子、泥土、树叶、树枝、野草就是后厨活动了。孩子们的想象力与创造力也在自主游戏中尽情释放。

过渡环节的渗透。幼儿一日活动皆课程,一日活动皆教育。在有序的一日活动环节中,一些过渡环节也是渗透田园综合活动的绝好途径。比如餐前的准备环节,孩子们可以玩一玩田园童谣游戏或手指游戏、聆听田园音乐或田园故事等;餐后的散步环节,孩子们可以在幼儿园的角角落落或田间小路,感受田园风光、探知田园奥秘等。如 X 幼儿园的"我与春天有个约会""寻找秋天"等田园活动,就是充分利用餐后的散步时段,进行挖野菜、采野花、找田螺、识水稻、捉泥鳅、走田埂等非常具有野趣的活动。

(3)教学方法

教学方法是组织实施教学活动的重要因素之一,方法的恰当适宜与否,直接影响着教学目标的达成和教学效益的呈现。幼儿田园综合活动课程应结合活动的具体达成目标,和幼儿实际的发展水平,选择科学恰当的教学方法组织开展各项活动。在实际教学组织过程中,需将不同的教学方法进行整合互补创新使用,以期更好地发挥活动的教育价值。本书在调查整理幼儿园田园活动教学方法的基础上,梳理了四种典型的田园综合活动课程的教学方法。

①"探究操作式"教学法。德国著名的民主教育家第斯多惠曾说过,"教学艺术不在于传授本领,而在于激励、唤醒、鼓舞"。在幼儿田园综合活动中,教师的主导作用就体现在激励、唤醒、鼓舞幼儿,最大限度地发挥幼儿的主体作用,优化师生关系上。在整个活动过程中,教师应给幼儿进行阅读、讨论、

质疑、交流、探索等活动的充裕机会，只有真正获得了机会，幼儿的活动才会是主动建构知识的过程。凡是幼儿自己能操作、能学习、能领悟的，都尽可能由幼儿自己去解决，教师着重在关键之处加以点拨，留足时空给幼儿学会获取知识、思考问题和应用知识的能力。需要指出的是，在田园活动中，幼儿主体作用的发挥，不是教师的全盘退隐，而是需要教师更好地放下高控的权力，发挥主导作用。"儿童一系列的发展与学习过程不是自然而然的，而是需要成人的必要帮助(的)。"①教师在仔细观察、认真倾听的基础上对不同能力的幼儿给予及时、恰当的引导，为他们的探索性学习提供适宜的支架。幼儿通过活动的线索与材料，进行自主探究、合作探究、操作练习，从而提高分析问题、解决问题的能力，培养良好的探究意识与实践能力。

②"讲授启发式"教学法。孔子云："不愤不启，不悱不发。"(《论语·述而》)，这是最早提出的启发式教学法。幼儿田园综合活动课程的教学活动，离不开教师的讲授与启发，特别在幼儿面临陌生活动材料与活动情境时，教师就要对材料的用途、使用注意、安全提醒以及情境关联呈现讲授，便于幼儿储备一定的活动经验，从而在不断实践的过程中，帮助幼儿验证与积累自身经验，提升实践能力。在使用"讲授启发式"教学法时，教师要关照幼儿的主体作用，关注幼儿的主动接受情况，同时，教师要抓住恰当的教育时机，捕捉恰当的活动生成点，在幼儿有疑不解、惑而求解的时刻，给予幼儿技术上、知识上的支架帮助，而不是不分时机、不分内容地倾盘而授。讲授启发式的教学，还要对幼儿学习方法进行梳理，授之以渔而不是授之以鱼。当然，在师幼互动的全过程中，教师还要以宽容的理智、悦纳的态度接受幼儿试错纠错，保护幼儿乐于探究操作的希望的种子。

③"游戏体验式"教学法。学习兴趣是幼儿完成学习任务的必要条件，游戏则是保持幼儿学习兴趣的活水源头。幼儿园教育工作的基本原则，就是以游戏为基本活动，教育的价值寓在游戏活动之中，游戏成为幼儿学习的基本方式，同时也是幼儿的主要生活内容。游戏是人类的天性，儿童在游戏活动中益智健体。田园综合活动课程的不少内容就在幼儿游戏体验中实现教育价值，如区角游戏、田园体育游戏、田园童谣游戏等，无不在游戏的情境中，引

---

① [英]希拉·里德尔-利奇.儿童行为管理[M].刘晶波，译.南京：南京师范大学出版社，2009：3.

导或倡导幼儿自主利用游戏材料,有计划有组织地开展,发展幼儿游戏架构力、身心健康发展力。

④"渗透暗示式"教学法。渗透暗示教学法是教师运用幼儿心理学、生理学等有关知识和规律,精巧设计活动环境或情境,通过暗示、渗透、联想、想象等方式,巧妙利用幼儿无意识的心理活动,开发幼儿潜在能力,保证幼儿在轻松愉快的情境与教育环境中,得到愉悦的学习体验。比如在田园传统节日教学活动中,教师除了开展特制性的教学活动之外,还可以将传统节日与幼儿的室内游戏、一日生活活动等结合起来。环境是一种隐性的教育资源,在教育过程中,对幼儿的身心发展、个性品质形成具有潜移默化的作用,因此,田园综合活动课程的实施,要充分利用幼儿园园内外环境的教育功能,使每一面墙会说话,使每一个角落寓教育,使每一件材料有价值。"幼儿园教师应具有环境创设与利用能力,为幼儿创设丰富适宜的环境,支持、引发和促进幼儿与环境的互动。"[①]比如在田园主题教学活动期间,师生就要合理选择环境布置的材料,创设应景环境,环境在活动前期有很强的活动暗示作用,在活动中期有重要的活动渗透作用,在活动后期或活动告一段落时,有充分的活动成果的教育引领作用。值得一提的是,在环境创设过程中,教师决不能越俎代庖,一定要让幼儿亲身参与环境的装饰与设计,只有这样,环境的隐性渗透暗示价值才能烙印在幼儿的内心。总之,应创设和利用各类有价值的环境,让幼儿在与环境的互动中,感受田园活动的趣味与意味。

(四)幼儿田园综合活动课程实施评价

评价是教育活动的重要组成部分,评价的实施也是有目的有计划的,它是对教育活动的反馈,也为教育活动效果的优劣提供有价值的研判依据。田园综合活动课程的评价,应以幼儿的成长与发展为核心,审视课程目标,课程内容,教师教学的科学性、合理性、适宜性、有效性等,并关注教师在课程实施中的专业发展状态,具有开放性。

1.课程实施维度

在课程实施维度上的评价主要包括对课程目标、课程内容、课程组织的

---

① 教育部教师工作司.幼儿园教师专业标准解读[M].北京:北京师范大学出版社,2013:105.

评价。对课程目标,主要关注目标的预设是否符合幼儿年龄特点与发展水平;目标是否明确清楚,能否落实;三维目标是否有机融合;目标的预期效果是否达成;预设的目标是否对幼儿的发展有一定的指向作用。对课程内容,主要关注的是内容选择是否适宜,是否利于幼儿发展;内容与目标是否具有一致性;内容是否来自幼儿生活及落实情况等;内容是否具有层次性与开放性。对课程组织,主要看课程组织是否恰当、安全,是否符合幼儿身心发展与能力水平的特点;组织方式与策略是否科学合理;是否关注幼儿最近发展区;教师观察是否到位;教师指导是否适时、适宜、适度;教师对具体活动的评价方法选择是否具有针对性;教师是否能主动进行反思性评价。

2.幼儿发展维度

对幼儿在田园综合活动中的评价,主要遵循以生为本的原则,以过程发展为抓手,以面向全体、尊重个性为核心,促进幼儿在活动中得到其该有的成长与进步。因而,对幼儿发展的评价主要体现在评价主体多元化,有教师评价、家长评价、幼儿自评、同伴互评等;评价方式多样化,以过程性、发展性评价为主,承认和尊重幼儿的个体差异,悦纳幼儿的独特表现,让幼儿体验成功与幸福,如 X、H 幼儿园对幼儿的评价方式有个案观察记录、幼儿成长档案、幼儿成长记录单、幼儿活动成果展示或创意展示等;评价内容立体化,主要关注幼儿的学习品质评价、游戏水平评价、情绪品质评价、交往能力评价等;评价过程动态化,幼儿能力培养与能力发展是一个动态过程,故对幼儿的评价贯穿在幼儿活动的整个过程中。①

3.教师发展维度

教师评价,主要采用指标性评价、反思性评价、活动性评价,以教师自我评价为主,以他人评价为辅,紧密结合幼儿田园综合活动的教育实践而展开。在评价活动中,幼儿园侧重于教师自我认识、自我分析、自我改进和自我教育的过程,站在教师专业发展与自身成长的立场,开展平等、开放、多元、全面的评价,从而促进教师不断实现自我职业价值。此时,幼儿园主要关注教师对田园资源开发利用能力的提升,关注教师对田园活动的设计与实施,关注教师对田园活动的反思与改进,关注教师对田园活动的教育态度与研究水平。

---

① 张仙娇.农村幼儿园田园综合活动课程的设计与实践研究——以台州市路桥区 X、H 幼儿园为例[D].杭州:浙江工业大学,2017.

教师要开展经常性的自我检查、自我评估和自我调整,形成自我评价的自觉性,明白评价本身的意义是明确进步方向,提高专业水平。教师评价时不仅要明确评价意义与目的,更重要的是要明确评价的内容,分析现状与目标的差距,分析差距产生的要素,明确下一阶段努力与调整的方向。只有知道自己需要评价什么反思什么,教师才能更加积极、主动、持续地开展参与式的评价,才能习惯反思个人在课程实施中的角色功能、教育理念、教育行为,才能构建个人的教育智慧,实现专业的长足发展。

第二节　中等教育现代化——基于中等职业教育的分析

中等职业教育作为现代职业教育体系的重要部分,在提高劳动者素质、培养培训技能型人才、促进更高质量就业、推动经济社会发展等方面处于奠基性地位。中等职业教育的持续健康发展,离不开对均衡性和效率性的审视,均衡性能透视学生享有平等的教育资源,效率性能透视教育资源的利用效率。

一、中等职业教育发展的均衡性与效率性实证分析[①]

（一）研究设计

指标选择。一般将教育投入分为人力、财力和物力三类。人力指学校全部教职工,包括专任教师和教育辅助人员（行政人员、教学辅助人员、工勤人员）;财力指学校教育经费,包括事业性经费支出和基本建设经费支出;物力指具有长期使用价值的存量资产,包括固定资产、校舍学校建筑面积、学校占地面积和一般图书数量等。教育产出一般包括毕业生数量、毕业生质量（毕业生就业率、毕业生平均工资和获得证书数量等）和科研成果（发学术论文、专著、申请专利数量等）3个方面,基于中等职业学校人才培养特点及数据的可得性,本文以中职毕业生获得职业资格证书的比例作为毕业生质量的代表性指标。在均衡性分析时,三级指标数量偏多易导致结果繁杂。本文选取专

---

①　胡斌武,叶萌,庞尧,等.中等职业教育发展的均衡性与效率性实证检验——基于省际面板数据的分析[J].教育研究,2017(3):75—82.

125

任教师数、教育经费、固定资产和毕业生数作为人力、财力、物力投入以及教育产出的代表性指标进行规模分析;用三项代表性教育投入除以在校学生数进行生均教育资源分析;将全部三级指标纳入 SDEA 模型,以期对教育效率有最全面的评价。

数据描述。以我国 31 个省、自治区和直辖市作为研究单元(以下简称 31 个省区市)。全部数据来源于《中国统计年鉴》《中国教育统计年鉴》和《中国教育经费统计年鉴》。由于《中国教育经费统计年鉴》目前仅发布到 2014 年,数据时间截至 2013 年,且教育经费在教育投入中不可或缺,因此本文选取 2004—2013 年十年数据,并对部分缺失数据插值。进出口数据按照当年汇率折算为人民币,固定资产价格和各年经费支出以 2004 年为基年,按照各地区的固定资产投资价格指数和商品零售价格指数进行折合。虽然 2005—2006 年间中等职业教育统计口径有所变化(如中等师范学校 2006 年后基本不存在),但全国层面的调整对省际教育资源差距分析不会产生实质影响,且本文收敛性分析基于横截面逐年数据测算,统计口径的变化不会降低解释力度。

(二)中等职业教育发展的区域均衡性分析

1.东中西部地区规模

以 2004 年、2007 年、2010 年和 2013 年为时间节点,统计分析东中西部中职教育专任教师数、经费支出、固定资产和毕业生数及其所占比例(见图 5-10)。

从区域规模来看,东部地区规模最大,专任教师数、毕业生数占比 40% 左右,教育经费和固定资产占比超过 50%;中部地区规模次之,专任教师数和毕业生数占比超过 30%,固定资产占比 25% 左右,教育经费略占比 20% 左右;西部地区规模最小,各项指标占比较相近,为 25% 左右。

从要素均衡性来看,东部地区经费支出和固定资产所占比例高于专任教师、毕业生所占比例,说明教育投入较多,资源配置较高;中部地区毕业生、专任教师所占比例明显高于教育经费、固定资产所占比例,说明教育投入不够,资源配置不尽合理;西部地区同样存在毕业生、专任教师所占比例高于教育经费、固定资产的现象,但整体所占比例明显偏低,说明教育投入不够,资源配置不足。

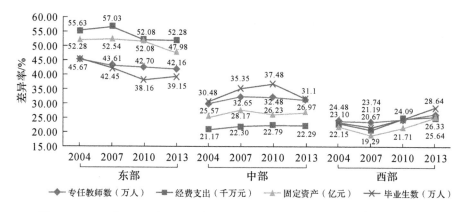

图 5-10　2004 年、2007 年、2010 年和 2013 年东中西部中等职业教育规模差异

从变化趋势来看,东部地区各项指标占比逐渐减小;中部地区毕业生和专任教师数占比回落迹象明显;西部地区各项指标占比逐渐提高,增幅明显。

总体来看,我国中等职业教育东部地区发展最好,教育资源尤其是教育经费和固定资产充足;中部地区以有限的教育资源承载了大量教育任务,教育经费匮乏问题亟待解决;西部地区中职教育规模较小,但发展较快。东西部的区域差异在逐渐缩小,但中部地区教育资源缺失现象并没有得到显著改善。

2. 生均教育资源

以生均专任教师、教育经费、固定资产统计分析东中西部生均教育资源占有情况(见图 5-11)。

生均专任教师方面,各地区基本呈"V 形"。2004—2009 年数量明显持续减少,2010 年以后持续回升。东部地区生均专任教师数始终处于最高水平,中部地区经过近几年的发展,超过全国平均水平并逐渐接近东部水平,而西部地区生均专任教师数整体水平较低,缺失情况严重。

生均教育经费方面,各地区基本呈"√形"。自 2005 年全国职业教育工作大会召开后,各地区加大对职业教育经费的投入,2006 年起持续提高。东部地区生均经费最高,西部地区次之,中部地区最低。从历时性看,中西部地区的生均经费渐渐趋近,但与东部地区的差距越来越大。

生均固定资产方面,各地区基本呈"U 形"。2004—2008 年整体处于下降

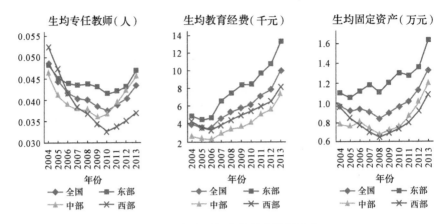

图 5-11　东中西部生均教育资源分布

趋势,后逐渐回升。东部地区生均固定资产最高,多年来持续高位提升,远超中西部地区;中西部地区生均固定资产从 2009 年开始提升,与东部地区差距逐渐缩小,但没有达到全国平均水平。

总体来看,西部地区生均专任教师数远落后于东中部地区,中西部地区生均教育经费和固定资产水平趋于相近,但与东部地区差距较大。

3. 生均教育资源收敛性

收敛性指人均收入较低的国家或地区会具有更高的增长率,最终向高收入国家或地区靠拢。收敛性引入教育研究领域后得到了广泛应用与拓展。[①] 收敛性可分为绝对收敛和条件收敛:绝对收敛指所有地区都会收敛于同一个稳态;条件收敛指在各自资源禀赋等的约束下各地区收敛于不同的稳态。本章以 Barro 和 Sala-I-Martin 提出的模型,检测全国 31 个省区市生均教育资源的绝对收敛性;以人均收入水平 *PGDP*(以人均 *GDP* 衡量)、人口密度 *DP*(以单位面积人口数量衡量)、开放程度 *OL*(以进出口的 *GDP* 占比衡量)和城镇化水平 *UR*(以城镇人口占比衡量)为控制变量,检测条件收敛性。计量模型如下:

$$\frac{1}{T}\ln\left(\frac{Y_{iT}}{Y_{it}}\right)=\beta_0+\beta_1\ln(Y_{it})+u_T \tag{1}$$

<hr />

①　孙百才.改革开放三十年来中国地区间教育发展的收敛性检验[J].清华大学教育研究,2008(6):14—18.

$$\frac{1}{T}\ln\left(\frac{Y_{iT}}{Y_{i\tau}}\right) = \beta_0 + \beta_1 \ln(Y_{i\tau}) + \beta_2 \ln(PGDP_{iT}) + \beta_3 \ln(DP_{iT})$$
$$+ \beta_4 OL_{iT} + \beta_5 UR_{iT} + u_T \qquad (2)$$

方程(1)为绝对收敛模型,τ 为基年(2004 年),T 为末年(2013 年),$i=1$,2,3 分别对应人均专任教师数、人均教育经费和人均固定资产。方程(2)为检测在控制变量影响下的条件收敛模型,参数含义与方程(1)相同。Barro 等提出的上述模型只利用了首尾年份数据,为充分利用各年数据并发挥面板数据的优越性,对 2004—2013 年数据逐年取样,即取 $T = \tau + 1$。

鉴于地理临近地区往往存在相互影响,空间滞后和空间误差都会干扰回归结果,因此,在选择计量模型之前,要先判定生均教育资源投入是否存在空间自相关。经 Moran's I 指数对生均教育资源检验结果发现:三项生均教育资源均存在显著的空间正相关(见表 5-15)。

表 5-15　生均教育资源 Moran'I 指数

年份	生均专任教师	$Pr(>|t|)$	生均教育经费	$Pr(>|t|)$	生均固定资产	$Pr(>|t|)$
2003	0.425672	0.00002891	0.181388	0.01474	0.242937	0.00739
2004	0.525758	8.235E−07	0.161555	0.04035	−0.03795	0.5202
2005	0.355103	0.0001125	0.069155	0.1766	0.248831	0.005803
2006	0.430178	0.00003581	0.037615	0.2551	0.061237	0.1475
2007	0.410212	0.00005785	0.202502	0.0117	0.190432	0.02868
2008	0.415533	0.00005616	0.237007	0.004736	0.27665	0.001968
2009	0.434021	0.00004509	0.252806	0.003401	0.33764	0.000276
2010	0.483386	5.538E−06	0.293039	0.00127	0.349848	0.000127
2011	0.471773	8.885E−06	0.280082	0.001915	0.348093	6.67E−05
2012	0.436738	0.00002668	0.277702	0.00239	0.345763	8.08E−05
2013	0.443817	0.00001669	0.242937	0.00739	0.31969	0.000281

采用空间通用模型(包含空间滞后项和空间误差项)进行面板数据回归,回归结果见表 5-16。经检验,三项生均教育资源均存在显著的绝对收敛现象。省际生均教育资源差距随时间缩小,专任教师收敛速度最快,固定资产收敛速度次之,教育经费收敛速度最慢。在加入控制变量后,生均教育经费收敛速度加快,说明各地经济社会水平的差异阻碍了教育经费均衡化进程。

具体来说,三项生均教育资源对城镇化率的回归系数均显著为正,即城镇化水平的不均衡性会拉大生均教育资源的地区差异;生均固定资产对人均 GDP水平的回归系数显著为负,即人均 GDP 的发展有助于促进生均固定资产差异的改善。

表 5-16　中职教育生均资源收敛结果

		生均专任教师	生均教育经费	生均固定资产
区域人均教育资源绝对收敛	rho	0.225117	−0.513292	0.576454
	sigma^2_v	0.012635	0.039857	0.028577
	lambda	0.49638	1.21475	−0.1324543
	$Pr(>|t|)$	1.252e−06***	7.227e−15***	0.603
	lnY	−1.1855	−0.57808	−0.9610944
	$Pr(>|t|)$	<2.2e−16***	4.593e−05***	3.06e−14***
	Hausman	0.1283	0.9819	0.8938
	model	within	within	within
区域人均教育资源条件收敛	rho	−0.322678	0.0061019	−0.146987
	sigma^2_v	0.0098483	0.0353194	0.022613
	lambda	0.907512	0.486937	0.735479
	$Pr(>|t|)$	<2.2e−16***	9.732e−08***	<2.2e−16***
	lnY	−0.799928	−1.04249	−0.816821
	$Pr(>|t|)$	8.984e−12***	3.913e−14***	3.775e−15***
	$log(PGDP)$	−0.020562	0.072416	−0.202093
	$Pr(>|t|)$	0.62523	0.4291	0.003015**
	$log(DP)$	−0.024244	0.496194	0.578469
	$Pr(>|t|)$	0.19553	0.1674	0.031050*
	OL	−0.055694	0.117339	−0.063572
	$Pr(>|t|)$	0.32433	0.491	0.61436
	UR	0.748652	3.890124	3.539863
	$Pr(>|t|)$	0.02390*	5.900e−06***	2.426e−06***
	Hausman	0.2737	0.007114	3.73E−05
	model	random	within	within

注:Signif. codes: 0 "***" 0.001 "**" 0.01 "*"。

（三）中等职业教育发展的区域效率性分析

在既定教育资源投入水平下，东中西部教育资源是否得到有效利用可通过 SDEA 模型检验。

1. SDEA 模型与指标体系构建

投入产出效率分析方法中，应用最广泛的是 Charnes et al.（1978 年）提出的非参数法即数据包络分析法（DEA）。传统 DEA 分析法是利用所有决策单元（各省）的投入和产出数据构建有效生产前沿面，利用各决策单元与有效前沿面的位置关系判定生产是否有效。DEA 模型将各决策单元划分为无效和有效两类，无效地区效率值在（0,1）之间，有效地区效率值为 1。但当决策单元数量较多时，有效地区的效率值全部都是 1，无法进一步进行比较。因此采用超效率 DEA 评价方法（SDEA），使无效单元效率值保持在（0,1）之间，有效决策单元效率值可以在 1 以上变动。

SDEA 评价法模型如下：

$$\min\left[\theta - \varepsilon\left(\sum_{j=1}^{n} s_i^- + \sum_{r=1}^{p} s_r^+\right)\right] \tag{3}$$

$$\begin{cases} \sum_{j=1,j\neq k}^{n} \lambda_j x_{ij} + s_i^- = \theta x_{ik} & (4) \\ \text{S. T. } \sum_{j=1,j\neq k}^{n} \lambda_j y_{rj} - s_r^+ = y_{rk} & (5) \\ \lambda_j \geqslant 0, s_i^- \geqslant 0, s_r^+ \geqslant 0 & (6) \end{cases}$$

其中 ε 是非阿基米德无穷小量，x_{ij}、x_{ik} 分别是决策单元和被评价单元的投入变量，y_{rj}、y_{rk} 分别是决策单元和被评价单元的产出变量，s_i^- 为松弛变量，s_r^+ 为剩余变量。

2. 东中西部效率结果统计性描述

将历年各省区市中等职业教育三级指标的各项数据代入 SDEA 模型中计算统计发现，各年有效地区数量在波动中提高，在 2004 年仅有 6 个地区 SDEA 有效，而到 2013 年上升为 24 个（见表 5-17）。按照各地多年 SDEA 结果是否有效，可以将 31 个省区市分为三类：

一类是常年 SDEA 无效的省区市。此类十年内无效次数超过 7 次，包括北京、天津、广东、江苏、湖南、四川、山西、甘肃、广西、云南、贵州、海南、吉林、辽宁、内蒙古、新疆16个省区市。其中既有北京、天津等经济发达、投入较高的地区,又有甘肃、新疆等投入相对较低的地区。相比较而言,西部地区所占比例较大。

一类是有效和无效随时间波动的省份。此类十年内无效次数在4~6次,包括安徽、河北、黑龙江、湖北、山东、陕西、浙江、重庆8个省市。根据无效年份出现的先后,可再细分为如下两类:一是较早年份属于无效地区,但近年来效率得到改善,如安徽、湖北、黑龙江、山东4个省;二是较早年份属于有效地区,但近年来效率持续低下,如陕西、重庆2个省、市。

一类是常年SDEA有效的省份。此类十年内无效次数不超过3次,包括福建、河南、江西、宁夏、青海、上海、西藏7个省区市。

表5-17　31个省区市中等职业教育投入产出有效地区数统计　单位:个

年份	2004	2005	2006	2007	2008	2009	2010	2011	2012	2013
全国	6	13	14	8	12	9	13	11	15	24
东部	2	3	5	1	5	4	4	4	6	8
中部	1	4	3	2	3	2	5	4	5	6
西部	3	6	6	5	4	3	4	3	4	10

3.效率差异分析

为找出各低效省份教育资源优化办法,将各省投入及产出数据向有效前沿面投影,计算各指标实际数据和理论效率前沿之间的相对差距。如果教育投入存在过度,投影结果为负,数据绝对值越大则过度程度越深;如果不存在过度,投影结果为0。如果教育产出存在不足,则投影结果为正,数值越大则产出匮乏程度越高;如果不存在产出不足,投影结果为0。为显示方便,所有数据均取绝对值,并将十年投影分析结果取年均平均值(如表5-18)。

总体来看,专任教师的利用情况要好于教育辅助人员。教育辅助人员过剩的地区往往伴随着事业性经费支出的低效率;固定资产使用浪费多出现在东部沿海地区,而学校占地面积过多的省区市多分布在西部地区;中部地区生源充足,毕业生数量多,但毕业生质量有待进一步提升。

表 5-18　31 个省区市中等职业教育投入产出投影均值　　　单位：%

	地区	高级	中级	初级	无职称	工勤	教辅	行政	事业	基建	固定资产	占地	图书	毕业生	证书比
多年无效地区	北京	20.2	0.3	15.7	7.8	37.7	27.7	43.8	25.5	3.2	9.1	1.2	8.7	48.6	39.4
	甘肃	5.8	25.6	44.1	28.9	47.9	35.6	33.6	4.7	0.0	2.1	25.0	18.7	23.0	33.4
	广东	4.1	26.8	25.8	20.9	36.7	35.6	38.1	15.5	38.6	25.7	12.7	17.4	26.2	1.6
	广西	7.9	26.1	27.2	23.3	41.1	36.1	32.8	7.7	2.5	2.1	28.2	21.4	28.7	8.6
	贵州	7.0	18.3	30.2	29.3	18.9	7.8	44.6	14.3	0.0	5.9	19.2	9.1	14.2	15.0
	海南	18.6	0.0	20.0	42.5	49.7	39.1	44.2	13.2	22.1	12.5	5.2	10.5	46.3	36.0
	湖南	17.8	18.4	11.6	18.7	21.8	23.1	24.5	0.4	19.9	8.9	20.5	5.9	10.7	5.9
	吉林	52.7	44.5	38.6	5.0	30.3	61.5	56.5	10.9	0.0	11.7	8.7	18.9	45.4	41.9
	江苏	6.0	16.8	17.5	8.4	38.4	32.3	14.7	17.6	32.6	23.4	11.4	10.1	26.0	14.5
	辽宁	55.3	19.0	20.1	24.6	39.8	34.5	48.2	12.7	9.4	2.1	0.1	6.4	27.7	49.2
	内蒙古	21.1	31.6	27.9	30.1	40.0	46.6	41.9	19.2	8.2	4.7	39.6	12.3	14.6	32.4
	新疆	7.5	28.3	14.9	11.5	63.3	36.6	43.7	8.1	3.0	3.0	46.8	3.2	46.8	47.1
	云南	13.4	24.6	21.8	11.0	58.9	30.0	28.5	5.3	7.5	0.7	30.8	12.1	21.6	53.1
	四川	23.1	16.6	20.7	27.8	32.8	26.3	22.9	9.6	5.6	8.9	11.9	8.6	10.1	
	天津	45.6	18.4	15.6	0.0	17.3	16.0	47.1	28.7	2.6	3.7	15.9	27.8	17.5	23.5
	山西	7.3	25.0	45.8	37.5	36.7	36.4	33.0	15.9	6.5	0.2	17.0	6.8	9.6	13.7
效率波动地区	安徽	11.7	8.4	14.5	19.3	15.3	8.4	14.6	3.5	10.7	11.5	26.3	22.6	13.1	11.5
	河北	26.2	27.3	26.7	22.5	21.3	28.6	28.0	8.7	9.7	15.7	15.4	8.4	6.1	
	黑龙江	39.3	38.2	25.7	19.7	46.9	43.7	47.1	18.4	0.0	3.9	13.0	2.1	9.9	6.4
	湖北	14.8	20.1	8.0	1.2	21.7	21.0	21.3	1.7	3.5	10.9	13.6	15.1	14.1	11.5
	山东	23.3	14.4	21.3	16.7	22.6	29.2	29.0	8.8	3.9	12.0	19.3	7.8	9.9	9.7
	陕西	15.2	4.8	23.2	23.3	12.1	21.7	32.2	1.1	9.7	2.8	3.9	9.6	4.8	8.2
	浙江	2.8	15.6	23.2	18.3	15.4	14.0	9.5	10.1	4.6	15.8	11.4	6.3	9.0	1.2
	重庆	12.7	9.0	19.4	17.9	14.1	16.5	16.3	16.2	9.6	18.7	6.1	2.6	9.7	11.0

续表

	地区	高级	中级	初级	无职称	工勤	教辅	行政	事业	基建	固定资产	占地	图书	毕业生	证书比
多年有效地区	上海	5.8	17.6	12.5	3.5	28.7	26.9	22.6	17.0	14.0	13.1	0.2	15.2	1.9	3.7
	西藏	5.0	2.5	1.9	4.5	5.6	6.3	5.3	0.7	0.0	1.1	7.0	5.0	10.3	2.7
	河南	5.5	16.0	27.0	16.8	20.9	20.8	21.4	3.4	5.3	3.8	13.2	16.4	5.8	2.9
	福建	6.2	12.3	16.9	12.3	15.2	13.1	15.8	7.2	10.4	11.6	9.4	11.5	11.4	5.9
	江西	22.5	8.5	12.3	16.6	7.9	2.2	14.6	0.0	4.2	13.3	24.8	14.6	9.9	3.2
	宁夏	9.5	2.6	3.7	4.2	8.4	8.8	7.3	5.3	0.0	12.9	18.0	6.2	6.7	4.2
	青海	18.9	12.5	2.4	16.1	10.7	4.0	8.2	9.3	4.2	8.0	3.9	5.2	8.2	3.9

(1)常年 SDEA 无效的地区

从人力投入的角度看,教育辅助人员普遍投入过度。多个省区市这三项投入的冗余在 30% 以上,其中吉林省教学辅助人员年均冗余高达 61.5%,行政人员达到 56.5%。各类专任教师效率各有特点:北京、海南、湖南、四川等省市高级职称专任教师明显过度;辽宁、吉林和天津等地高级职称专任教师严重过度;甘肃、山西和内蒙古等地中级、初级专任教师投入过度,而高级职称专任教师利用率较好。高级职称专任教师在经济发达地区扎堆,而中西部地区高级职称专任教师数不足,普通专任教师相对富余。

从经费投入的角度看,北京、天津等地事业性经费投入明显过度,广东、江苏和海南等省基本建设经费投入过度较为严重。经费投入过度地区都是经济较为发达的沿海各省,而中西部各地经费利用效率较高。

从固定资产投入的角度看,新疆、内蒙古、云南和广西等地学校占地面积相对过度;江苏、广东两省固定资产投入相对过度;天津和广西两地图书数量相对过度。

从产出的角度看,无效地区以其教育投入的规格,本可支撑更多毕业生,但因受到各地招生规模、生源情况等因素限制,毕业生数量产出偏低。与此同时,获得职业资格证的毕业生比例偏低,以北京为例,多年来获得资格证的毕业生比例不到 50%。

(2)效率波动的地区

从十年投影分析均值看,黑龙江、山东、河北、陕西等省教育辅助人员投入过度,在财力、物力投入方面,这些地区使用情况较好,冗余度基本不超过20%;在产出上,安徽、湖北和重庆地区获得职业资格证的毕业生匮乏度超过11%,有一定的提升空间。

从历时性看,安徽省在 2012—2013 年期间,除高级职称专任教师外的各类人力投入过度现象明显,物力投入偏多。河北省人力和物力投入的冗余现象随时间推移逐步改善,但事业性经费从 2009 年起持续投入过度,获得资格证的毕业生比例偏低。湖北省 2008 年之前存在各类人力投入冗余的现象,从2010 年起,物力投入出现冗余现象且程度逐渐加强。陕西省高级职称专任教师和行政人员投入持续偏多,但其他投入指标利用效率较好。黑龙江省各级专任教师、教育辅助人员数和事业性经费支出持续过多。山东省多年来高级职称专任教师、教育辅助人员投入过度,且从 2012 年起事业性经费支出过度现象较为严重。浙江省初级专任教师投入过度。重庆市从 2009 年开始出现的经费支出和固定资产浪费现象随时间推移不断严重。

(3)常年 SDEA 有效的地区

从 SDEA 有效看,这些地区投资利用率较高、产出充足,但仍有提升空间。上海市教育辅助类人员投入偏多,且经费支出和固定资产从 2011 年起浪费现象逐渐加重。福建和河南两省的中级和初级专任教师及教育辅助人员投入存在冗余。从 2012 年起,江西省高级职称专任教师和物力投入有一定的冗余现象。宁夏高级职称专任教师数近年偏高。从 2011 年起,青海省基本建设经费和固定资产投入存在一定的冗余现象。西藏地区各项投入指标利用情况都较好。

总之,在效率方面,十年来,超过一半的省份常年效率较低下,但无效地区随时间逐渐减少。投影分析发现,低效率地区教育辅助人员普遍投入过度;经济发达地区财力、物力投入偏多,高级职称专任教师利用效率偏低;西部地区学校占地面积相对过大,普通专任教师相对冗余,而高级职称专任教师数量不足。

(四)推进中等职业教育均衡性发展建议

1.制定生均经费标准,健全经费监管机制

面对中西部教育经费较为匮乏的情况,首先,加强政府统筹,坚持中等职业教育发展的基础地位,加大各级财政投入,健全职业教育经费投入机制,特别是制定生均经费标准,并对经费投入进行动态监测和评估分析。其次,优化结构,促进均衡发展。按照"必要、高效、精减"原则,重点向基础能力薄弱学校、农村职业学校、困难特殊学生等倾斜。全面考虑不同地区中职教育的发展现状及需求,加大欠发达地区教育经费投入力度,加快缩小区域间教育资源的差距。最后,建立中等职业教育经费使用绩效考评系统。定期收集数据,建立预警系统,确保经费使用效益,使经费在其目标、监督、评价和反馈等方面得到有效管理。

2.加强师资队伍建设,优化教师队伍结构

教师是职业教育发展的第一生产力,在中等职业教育均衡发展中起关键作用。其一,为解决中职专任教师增长滞后问题,加快教师培养与引进速度,提升教育教学水平;扩充兼职教师,聘任企业技术骨干和社会能工巧匠到校任教;加强对现有教师业务培训,鼓励教师到企业挂职锻炼,建立教师终身学习与成长机制。其二,针对东部地区高级职称专任教师相对富余而西部地区相对不足情况,加强西部地区优秀教师的引进、培养、培训,通过研修、培训等方式,培养双师型教师、骨干教师、专业带头人;通过到西部地区学校挂职、相互顶岗,到东部地区学校当"影子"教师等方式促进东西部对口交流协作;提高东部地区学校名师工作室、网络名师工作室的辐射力、影响力,带动西部地区学校教师专业化成长。其三,针对低效地区存在的教育辅助人员冗余的现象,应坚持职业学校人员编制标准,精简教辅机构与人员,提高专任教师比例,努力促使教师成为学生知识传授的"人师"、技能授受的"技师"、生涯规划的"导师"、社会服务的"能师"。

3.适应技能型人才需求,促进学生更高质量就业

提高质量是中等职业教育的生命线和生命力。首先,建立技能型人才预警机制。中职学校要密切关注就业市场的变化,进行广泛调研,对就业形势及各类技能型人才需求做出科学预测,以市场需求为导向确定专业设置与办学模式。其次,开展职业规划与就业指导。普遍开设职业生涯规划课程、就业指导课程,帮助学生了解就业政策,培养就业竞争能力,掌握择业技巧,提升就业质量。再次,拓展就业渠道。中职学校应深化校企合作,广泛开展订单培养、冠名班培养,拓展就业口径;大力加强创新创业教育,提高学生创新创业意识,增强创新创业能力;中职学生应积极提升核心素养与核心竞争力,力争做人有底线,文化有底蕴,技能有底功,创业有底气,实现自身成长让家

长满意,成才让企业认可,成功让社会赞许,促进人人尽展其才,人人尽显其才。

4.搭建资源共享平台,促进区域协同发展

其一,设立东中西部中等职业教育发展协作联盟,特别是发挥国家级示范校、省级示范校的示范、带动、辐射作用,合理规划资源流动,优化资源配置,广泛合作,实现跨地区、跨区域联合招生、人才培养、劳动就业的"一条龙"服务。其二,促进城乡协作,提升农村职业教育办学水平。推动城市职业学校特别是国家级、省级示范校与农村职业学校通过联合办学、集团化办学等多种形式,在设备、师资、实训、就业等方面开展资源共享,提升整体办学水平。其三,深化校企合作,促进产教融合。健全共谋共创的运行培育机制、共投共建的运行保障机制、共赢共享的运行动力机制,本着"精,管用"的原则,使学生真心喜欢,终身受益,发挥行业指导、企业引导作用,深化职业学校人才培养模式与课程体系改革,促进中等职业教育专业文化与企业文化融通、课程内容与工作岗位融通、教学过程与生产过程融通、评价标准与职业标准融通。

二、"中国制造 2025"与现代职业教育发展路径[①]

经济学家、教育家、政治家曾达成共识,谁掌握了价值链的核心谁就掌握了未来竞争的主动权。当今,国际产业格局正在重塑,国际分工正在发生变化,发达国家的顶层设计,是将目光聚焦于新兴科技和新兴产业领域。为实现经济结构转型升级,发展高端制造业,占领经济增长制高点,发达国家相继提出了"再工业化"战略,如美国的"先进制造业国家"、德国的"工业 4.0"、日本的"再兴战略"、英国的"工业 2050"、法国的"新工业"、澳大利亚的"实现可持续制造业"等。

(一)各发达国家制造业战略升级

1.美国的"先进制造业国家"

近年来,创新力下降、研发活动外移等现象严重影响了美国先进制造业发展。为适应"再工业化"国际背景,自 2011 年 6 月起,美国连续三年启动了

---

① 胡斌武,陈朝阳,吴杰."中国制造 2025"与现代职业教育发展路径探索[J].山西大学学报(哲学社会科学版),2016(3):91-96.

"先进制造业伙伴关系计划""先进制造业国家战略计划""先进制造业创新网络计划",并发起了国家制造创新网络战略,以此动员和组织官产学各方面力量。美国的"先进制造国家"着眼于生物产业、绿色能源、新信息技术等高回报的高科技领域,落脚于优化政府投资,加大创新研发力度,鼓励中小企业合作,以及通过职业教育和学徒培训提高劳动者技能。"先进制造国家"不仅目标清晰、权责明确,而且将每个目标分派到指定机构,每个阶段制定了相应的衡量指标。

2. 德国的"工业 4.0"

德国的制造业在欧洲乃至全球占据领先地位,即便是欧债危机都未曾撼动其制造业霸主地位。但是,随着世界工业转型,在高新科技日益成为主导竞争力的经济"新常态"下,德国出现出口疲软、劳动力成本攀升、产业空心化等现象。面对国内外的双重挑战,2013 年 4 月,德国于汉诺威工业博览会上正式提出"工业 4.0"。"工业 4.0"旨在发挥物联网和服务网在制造业中的潜力,以"虚拟—实体系统(CPS)"为核心,建立起端对端的智能工厂,从而实现数字世界与物质世界的完美结合。在策略上,对外推广 CPS 产品,对内装备CPS 系统;在技术路径上,基于激发物联网和服务网的作用,企业内纵向集成,企业间横向集成,搭建端对端的数字集成网络,从而实现企业内部灵活重组和市场资源优化配置。

3. 日本的"再兴战略"

2008 年世界金融危机过后,日本经济受到重创,加之社会老龄化问题突出,经济发展陷入低迷期。为改善经济疲软状况,调结构、转方式成为日本各界的共识。2013 年 6 月,日本提出了"再兴战略",在加强科技创新、改革结构与雇佣制度、支持中小企业、建设高水平 IT 社会、强化地区竞争力等几方面做了战略部署。2014 年 6 月,日本修订了"再兴战略",对女性就业、人才引育、法人税改、机器人产业等方面进行了修正和完善。作为传统的制造业强国,日本具备实现产业升级的坚实基础,作为先进的教育强国,日本拥有领先的教育体系,二者在科技进步和人才培育上为其"再兴战略"保驾护航。

4. 英国的"工业 2050"

2013 年 9 月,英国政府提出了"英国工业 2050"战略,旨在实现工业转型升级,发展新兴产业,希望据此重回工业大国地位。为支撑、助推"工业 2050"战略,2014 年,英国推出了国家学院计划。国家学院作为国家职业教育的一部分,作为与高校、技术学院、中学等教育机构以及企业之间的桥梁,重在培养全面发展的高端技术人才。目前,已经成立了先进制造、风能、数字化、创意产业、核能、高速铁路以及陆地油气资源等 7 个专业领域国家学院,专门培养相关行业的技术人才。

5.法国的"新工业"

世界金融风暴和欧债危机两次危机对法国的经济造成了不小冲击,作为工业大国,就业岗位流失、工业总产值下降、贸易赤字增加,法国丧失了原本的竞争能力和专业能力。为保住欧洲大国地位和世界工业第一梯队地位,法国政府对经济政策进行了反思。2013 年 9 月,奥朗德发表讲话,提出"新工业法国"战略,旨在通过创新复苏工业,提升国家竞争力。"新工业法国"战略重在实现生态能源转型、民生经济、新技术发展三大国家优先事项,并据此在能源、交通、食品、医疗、教育、绿色材料、智能技术等多个领域实施 34 项工业复兴计划,力求通过一系列科学的改革使法国重拾工业辉煌。

6.澳大利亚的"实现可持续制造业"

澳大利亚制造业技能理事会由澳大利亚政府官方和制造业行业认可,主要致力于解决制造业企业所面对的技能挑战。为应对新兴技术变化和气候环境变化对制造业发展带来的冲击,制造业技能理事会提出了"实现可持续的制造业"之一发展建议。建议中指出了澳大利亚制造业今后的发展方向,并将培养技能人才作为实现制造业可持续发展的重要保障,据此还提出"制造业可持续技能发展行动方案"。该方案按照制造业可持续发展的标准开发出适应行业的能力单元、资格证书和培训,培训包含制造业的每个工作层次使用的技能。

(二)"中国制造 2025"成为制造业转型升级的行动指南

面对全球制造业升级浪潮,2015 年 5 月 19 日,国务院印发了《中国制造2025》,该文件成为我国从"制造大国"转型为"制造强国"的行动指南。

1.目标:满足经济社会发展需求

随着经济社会的发展和国民消费需求的提升,人们的品质观念越来越强,对产品的质量水平、多样化选择、个性化需求以及产品后期的服务都有了更高的要求;在全面建成小康社会的进程中,需要提升基础设施建设水平,提高社会管理和公共服务的质量,为百姓营造一个良好的社会环境。产品质量的提高与产品服务的提升、基础设施的健全与完善都离不开技术设备的制造与创新,据此,"中国制造2025"就是要以满足经济社会发展需求为目标,坚持以消费者需求为导向,提高产品质量,发展柔性制造,满足消费者对品质和个性化的需求,推动制造业由生产型向服务型转变,从产品服务向需求服务延伸。

2.主题:创新发展

核心技术薄弱,共性技术缺位,高端装备与关键技术对外依存度高等问题是制约我国制造能力提升的明显短板。[①] 想要突破"中国加工"的藩篱,改善"世界工厂"的尴尬局面,就必须往价值链前端延伸,增强产业的国际竞争力,这需要创新发展。特别是在"大众创业,万众创新"时代背景下,小微企业以小模块化、灵活性高、更新速度快等优势渗透到市场的各个领域,更需要创新发展。创新发展包括制度创新、管理创新和商业运营模式创新等,需要加强产品创新设计,加快关键核心技术研发,提升产品功能设计、外观设计和个性化设计,并推进科研成果的产业化,提升产品的附加值。

3.主线:两化融合

转型升级以两化融合为主线是国际产业变革的大趋势,也是市场需求所在。就国际趋势来说,互联网科技的迅猛发展、"二元经营模式"的成功倒逼传统工业向"信息化+工业化"的模式转型升级,各国提出建设全球工业互联网,实现系统内的高效互通,以提高全球的工业运营效率。就市场需求来说,市场需求的动态变化推动着产业模式逐渐向"以需定产"的方式转变,通过信息化技术实时了解市场需求,从而减少产能过剩问题,方便满足消费者个性化需求。"两化融合"要求加强互联网基础设施建设,到2025年实现宽带普及率达到82%、数字化研发设计工具普及率达到84%、关键工序数控化率达到64%的目标。树立起跨界融合的产业观念,深化互联网在制造领域的应用,让互联网落地。借助信息化推进柔性制造,满足消费者的个性化和定制化的需求,提高产业整体效能。推进"两化融合"还要与国际接轨,实现工业互联网的标准化建设,不断发展智能装备和产品,推进产品的服务化,建设管理、技术、制造、销售和服务同步进行、高效运行的平台,提高产品全生命周期的

---

① 林风霞.推动中国装备制造业从传统向高端跃升的思考[J].中州学刊,2011(6):48—51.

价值。

4. 核心：智能制造

智能设备和智能产品的涌现掀开了制造业发展新的一页。智能设备提高了产品的精益化程度、满足了定制化需求，使整条生产线的效率得到了提高，解决了许多普通劳动力难以解决的问题，同时将劳动力从繁重、机械化、有害人体以及精细化程度高的劳动中解放出来。智能装备的使用既降低了生产的劳动力成本，缓解了"用工荒"的压力，又方便根据市场的动态需求智能化调整整个生产线，缓解产能过剩的问题，减少资源浪费和企业亏损，提高生产效益。现在及未来，智能产品将渗透到人们生活的方方面面，为人们的生活方式带来革新式的变化，实现生活的智能化。大数据、云计算、仿生技术、可穿戴技术等出现，为智能生产和智能生活提供了技术支撑，使"智能化"得以落地。2016 年，全国工业和信息化会议提出将重点工作落脚于实施智能制造工程，支持关键装备创新应用，推进综合标准化技术体系、产业联盟、智慧化工园建设，并开展试点工作。[①]

5. 基本要求：提质增效

生产设备落后、生产过程把控不严密、产品质量认证体系不完善、行业标准与国际标准不接轨等都直接或间接地影响着"中国制造"的品质。只有通过推广先进质量管理技术和方法，完善质量监管体系，推进制造业品牌建设，实现行业标准与国际标准相接轨，提升产品质量，才能不断提高我国制造业的国际竞争力。当然，功能的最大化需要结构的优化，提质增效的前提是优化产业结构。传统的制造业模式投入高，产出低，资源消耗大，环境污染严重，产业结构不合理。"中国制造 2025"提出以结构优化为着力点，以科技引领发展，推动传统制造业的技术改造和管理优化，加快服务型制造的发展，从而实现制造业从劳动密集型向知识密集型、创新型和高附加值服务型的转变。

（三）"中国制造 2025"对未来人才提出了新要求

"中国制造 2025"战略既瞄准世界制造业未来发展大趋势提出了升级标准，又针对我国制造业目前存在问题提出了转型要求。"中国制造 2025"时

---

① 苗圩.实施中国制造 2025 建设制造强国网络强国[N].中国工业报，2015-12-25，A02.

代,智能化生产将低端劳动力从生产线上解放出来,大量劳动强度大、机械重复、较易流程化、具有危险性的劳动将会由智能设备完成。"机器换人"需要大量的创新研发型、智能网络型、绿色生态型和技术技能型人才,以此转变人口红利为人才红利。

1.创新研发型人才

"中国制造 2025"以"创新发展"为主题,要求从根本上提高我国自主创新能力,这就需要创新研发型人才。

依据熊彼特的创新理论,创新在于产品的发明或改良、新原料的发现、生产方式的革新、产业组织的建立以及市场的转移等。如今西方发达国家正在从工业 3.0 迈向 4.0,而我国的工业化还在向 3.0 努力,这就需要一支规模庞大的高端创新研发型人才队伍来加大生产方式调整,加强自主产品研发,加快自主品牌建设,以降低能源消耗和环境污染,转变对国外关键核心技术依赖的劣势,提高产品的附加值。而这些基于"技术推动创新"和"需求拉动创新"双重模式,也需要培养创新研发型人才。培养创新型人才要求:第一,优化、细化激励政策,鼓励发明创造,为有创新意识、创新能力和研发能力的人才提供充足的机会和空间。第二,有效整合人才资源,进一步推进政产学研用一体化建设,打开互联互通渠道,使各机构高效地运转起来,人才灵活地流动起来,进一步激发学校的育人潜力、科研院所的科研能力和企业的研发效力。第三,在"双创"背景下,重点培育高层次的创新型人才和创新型企业家,实现高端前沿科技领域的创新研发和自主品牌建设,摆脱对外核心技术依赖,跨越禁锢品牌建设的藩篱。

2.智能网络型人才

"中国制造 2025"以"两化融合"为主线,要求以"工业化＋信息化"发展智能制造业,这就需要智能网络型人才。

工业互联网的核心在于机器、产品和人的互联,生产过程智能化需要精通网络互联处理系统的智能型人才。在传统制造业基础上运用数字化技术,推进工业互联网建设,搭建信息互通平台,通过网络技术架设起生产部门之间、企业与企业之间沟通的桥梁,促使信息流畅互通,以使研发、生产、业务各个部门间如齿轮般紧密咬合、密切合作。智能工厂、数字化车间的建设,"机器换人"时代的到来,解放了大量传统制造业的劳动力,但是"机器换人"并不是简单以机器人等智能设备完全取代传统劳动力,而是将人从程序化程度高、劳动强度大、有害人体的工作中解放出来,同时增加了对能熟练操作和维修智能机器设备的人才的需求。个性化、定制化需求兴起,网络化营销模式应运而生。网络化营销模式带给消费者更大的选择空间,使产品面向了更广阔的销售领域,与此同时,对营销者提出了智能需求。要实现"中国制造"到"中国智造"的转变,需要实现人才队伍从"制造型工人"向"智能型人才"的转变。

3.绿色生态型人才

"中国制造2025"以绿色发展为导向,要求全面推行绿色制造,这就需要绿色生态型人才。

随着环境问题的升级,各国纷纷认识到经济发展不能以破坏环境为代价,"绿色经济"成为各国政府的经济政策导向。作为"世界工厂",我国在长期的粗放型经济发展中付出了沉重的环境代价。生产设备的落后、生产工艺的滞后、人们绿色职业意识的淡薄制约着绿色经济的发展。以绿色发展为导向,就是要构建绿色发展模式,实现原有行业的绿色重组,绿化能源、材料、运输等领域,发展绿色工艺制造,强化全行业的绿色管理,构建绿色制造新体系。随着行业的绿色转型,相应的职业人才也需要转型为绿色人才并升级为绿色生态人才。

4.技术技能型人才

"中国制造2025"以"提质增效"为基本要求,制造行业必须具备强大的产品研发能力、产品生产能力,这就需要技术技能型人才。

我国技术技能人才的培养体系都是在传统工业生产专业化分工以及岗位分工模式基础上建立起来的。因此在专业的设置上,比较狭窄并且界限分明,并不利于发展问题解决型技术技能人才;在能力的培养上,过分重视操作技能,忽视了解决问题和学习能力的培养,造成受教育者的能力结构相对单一,发展后劲不足。面对"提质增效"的要求,我国亟需培养一大批具有专业意识与专业技术技能的技术员、技师和工程师,这些人才不仅要具有精湛的技艺,还要有严谨的工作态度和工匠精神,以此变人口红利为技术红利。

(四)"中国制造2025"背景下现代职业教育发展路径

作为技术型、应用型人才培养的主要形式,职业教育是与技术经济联系最紧密的一种教育类型,所以,各国在工业化道路上相当重视发展现代职业教育。如在全球 144 个经济体中,瑞士经济竞争力连续 6 年蝉联世界首位,世界品牌占有量居世界首位,而其职业教育竞争力也是世界第一;又如德国把职业教育作为"经济发展的基石""经济腾飞的翅膀",甚至称为"民族存亡的基础",其所推行的"双元制"成为世界职业教育的典范,培养了大批高端技术技能人才。当前,欧盟制定了"欧洲 2020 战略",推动欧盟职业教育的合作;美国提出"重返制造业巅峰";英国、澳大利亚、新西兰颁布了"国家技能战略"。我们认为,"中国制造 2025"背景下,构建现代职业教育体系,加快发展现代职业教育的基本路径在于:

1.纵向贯通,打破职业院校学生发展的"天花板"

我国的职业教育包括职业学校教育和职业培训。职业学校教育分为初、中、高三个层次,其中中等职业学校是我国职业教育的基础,主要培养中低端的技能型人才。[①] 我国制造业转型升级,对人才的层次需求更趋高端,专业技术型人才、智能型人才等高级技术人才的需求量逐渐加大,而这类人才主要由高等职业教育来培养。要实现人才培养规格的提高,就需要将职业教育的办学层次从中低端向高端延伸。现代职业教育要以服务发展为宗旨,就要做强做专中职教育,将中职学校办成中级工、高级工技能人才培养基地;做优做特高职教育,将高职办成技师、高级技师培养基地;积极支持普通本科高校转型为应用技术类型高校,将应用技术类型高校办成应用技术类型人才培养基地,将其建设成为以举办本科职业教育为重点,直接服务区域经济社会发展,融职业教育、高等教育和继续教育于一体的新型大学;建立以提升职业能力为导向的专业学位研究生培养模式。从而纵向贯通,建立起从中职到高职、到应用本科、到专业硕士和博士的培养通道,打破制约职业院校学生成长的"天花板",使学生成长成才的路径更加畅通。

2.横向融通,构建职业教育利益相关者的"旋转门"

现代职业教育具有跨界属性,是跨界教育,跨界就需要适切利益相关者的利益诉求,实现互利共赢;现代职业教育具有实践本性,是实践教育,实践性需要在招生考试中重视实践,在课程教学中强化实践,在评价考核中突出实践,改变"在黑板上种田""在课本上开机器""在陆地上教游泳"等状况,改

---

① 马建富.职业教育学[M].上海:华东师范大学出版社,2015:2.

善、优化职业教育的实践生态环境。无论是校际合作还是校企合作都需要横向融通，开启互通的方便门。其一，校际合作，推进学研融合。建立职业院校与职业院校之间的交流与合作，实现资源整合共享和优势互补；深化职业院校和高等院校之间的合作，加强科研和教学之间的联系，推进专业优化和教学改革；开启职业教育与普通教育的互联互通之门，通过课程与学分互认、学分累积转换等方式，实现相互转学。其二，校企合作，推进产教融合。校企合作往往呈现出初级形态、中级形态、高级形态，初级形态基本表现为校企共办订单班、共建实训基地、互聘教师；中级形态基本表现为校企建立"双主体"办学机构，共编教学标准，共同培训教师，共享教育资源；高级形态基本表现为共建研发中心或技术中心，建立"校企共同体"，使之成为行业发展的技术源或创新源。加强校企合作，促进产教融合，就是要破解校企合作中的产权问题、利益分配问题、资产租赁问题等，通过职教集团化办学、职教园区建设等方式，推进校企合作从初级、中级形态向高级形态转变。

3.外部联通，构建职业教育与培训的"一条龙"

现代职业教育要以促进就业为导向，就需要建立"学习—就业创业—再回炉"的培训通道，将学历教育与非学历教育有机结合，实现职业教育与培训一体化。其一，加快建设现代职业教育制度，加强制度供给，推进现代职业教育制度与技工培训制度的有机衔接，统筹现代职业教育与技工教育的关系，加快推进职业资格证书考试与学历证书考试的"二合一"及双证融通，将职业教育内容无缝衔接职业资格标准，将职业标准融入课程标准、课程内容的设计和实施中；教学过程对接生产过程，强化工学结合，加强实习实训环节，培养符合产业标准的人才；职业教育对接终身学习，根据产业发展和技能型人才成长需要，拓宽继续学习渠道，为人才可持续发展提供支撑。其二，在新型城镇化背景下，惠民生需要劳动力充分就业、劳动力技能大幅提高。无论是解决总量上的就业难题还是结构上的就业矛盾，无论是解决季节性的"技工荒"还是常年性的技工短缺，都需要大力发展现代职业教育与职业培训，加强农村实用型技能人才培训、在岗职工技能提升培训、学生就业技能培训、学生创业技能培训，增强就业、从业人员的岗位适应能力与岗位胜任能力。

4.对接产业，打造专业结构"升级版"

从传统制造业对单一技能型人才的需要到新型制造业对高级复合型人

才的需求,职业教育的人才培养也应从单一的技能培训向智能型、高级技术技能型转变。现代制造业对人才的需求已经不是简单的具有"一技之长"的工人,而是要有严谨的职业精神和精湛的技艺以满足对产品零部件质量的需求,有多方面知识以满足对整个生产线的认识,有绿色意识以满足对绿色生产与发展的要求,精通信息网络以满足对智能设备熟练操作的需要等。职业教育的专业结构应随之转型升级,实现专业适应力、竞争力与地方经济综合竞争力相匹配,专业设置与行业、产业转型升级的需求相匹配,技术技能人才培养与企业实际需求相匹配,实现依据岗位需求定制教学,依据产业发展设置专业,依据市场需求调整结构。其一,突出专业的应用性。西门子电器、奔驰汽车等世界品牌,之所以能以加工精密、质量过硬、性能优异等优势取胜,是因为有数以万计的技能卓越、训练有素的技术个人支撑。是故,职业教育的专业设置要适应实体经济的发展需求,以服务实体经济为宗旨,以质量与特色为导向,突出应用性。其二,挖掘优势,错位发展,以优势专业、特色专业对接优势产业、特色产业,做好加减法,少开或者不开"杂货铺""大超市",多开"专卖店""精品店",例如降低培养矿工、磨工等劳动强度大、危险性高且效能低的专业比例,提高机械维修与养护类、服务类的专业比例,规划设置相关智能专业、自动化专业等。其三,开设绿色专业,渗透绿色理念。当前,职业院校绿色专业开设太少,缺乏绿色专业教学标准,缺乏绿色技能标准与评价指标,教师缺乏绿色素养,学生缺乏绿色意识与素养。基于此,职业教育需要在未来规划中适切行业绿色技能要求,设置绿色技能专业,开发绿色专业教学标准与绩效评估标准,加强教师队伍绿色培训,提升教师绿色能力;还需要充实和挖掘专业的创新创业教育资源,培养学生的批判性思维和创造性思维,提升学生的创新创业能力和绿色思维能力。

哈佛大学教授大卫·麦克利兰的胜任素质模型理论曾指出,岗位胜任能力是专业知识、专业技能、动力、特性以及态度与价值观等多重因素共同作用而产生的综合表现,能力因素呈现出冰山状特征,其中显性的知识与技能占20%,隐性的情感素质占80%。基于此,现代职业教育要渗透"工匠精神",不仅教会学生必备的知识与技能,还要引导学生具有能够进行全面自我认识的能力,具有创新意识、发展眼光、职业意识等;社会教育不仅要弘扬"劳动光荣、技能宝贵、创造伟大"的时代风气,还要形成"崇尚一技之长、不唯学历凭能力"的社会氛围,推进教育现代化建设,构建现代教育体系,架构人才成长立交桥。唯此,中国的制造业才能从"合格制造"到"优质制造"再到"精品制造",产业才能从"中国制造"到"中国智造"再到"中国创造",经济转型"升级版"才能从要素驱动到创新驱动、人才驱动、教育驱动。

第三节　高等教育现代化——基于高等职业教育的分析

2014 年 9 月,国务院颁发《关于深化考试招生制度改革的实施意见》,明确提出:"到 2020 年基本建立中国特色现代教育考试招生制度,形成分类考试、综合评价、多元录取的考试招生模式,健全促进公平、科学选才、监督有力的体制机制,构建衔接沟通各级各类教育、认可多种学习成果的终身学习'立交桥'。"2014 年以来,重庆市国家职业教育改革试验区开展了一系列职业教育制度改革设计,其高等职业教育招生改革为完善我国高等职业教育招生制度体系提供了重庆经验。

一、浙江省高职院校招生模式改革的制度设计[①]

（一）高等职业教育招生模式改革透视

招生模式包括招生选拔方式和录取标准,是考试招生制度的重要组成部分。我国高职院校招生模式主要如下。

1.统考统招模式

统考统招模式沿用普通高等学校招生统一考试制度,以"全国统一招生录取"为基础。当前,在深化高考制度改革背景下,各省根据高职教育的人才培养特点在招考科目、录取办法上有所不同。但在考试科目上,主要采用"语数外＋文综或理综",浙江省采用"语数外＋技术"等;录取办法上,一般有"统一录取"和"提前录取"两种基本类型,提前录取主要针对委培生、定向生以及警察等特殊类型专业的学生。[②]

---

① 沈吉,林山丁,胡斌武.高职招生模式改革的制度设计——来自重庆市国家职业教育改革试验区的经验[J].教育探索,2020(2):29－31.

② 雷炜.深化高职院校招生模式改革的思考——以浙江省为例[J].中国高教研究,2016(10):98－102.

2.单考单招模式

单考单招(有的地方又称对口招生)模式相对于统考统招模式,由各省单独命题、单独组织考试、单独录取,一般分为专科层次、本科层次两个层次,主要是招收中等职业学校应届毕业生,包括中专、技校、职高生。单考单招模式考试科目一般为语文、数学、英语三门文化课考试和一门职业技能考试,文化课每门 150 分,总分 450 分,职业技能考试 300 分。

3.自主招生模式

自主招生模式最早在江苏、浙江、广东、湖南等省的一些示范性高职院校试点。近年来,自主招生模式逐步演化为三种变式:其一,高职提前招生。高职院校对考生文化素质和职业技能进行综合测评和择优录取,普通高中毕业生以高中学考成绩为基本依据,中职毕业生以各省统一组织的职业技能考试成绩为基本依据。其二,校考单录自主招生。招考院校自主确定入学标准、自主命题与考试、自主实施招生录取,考生参加院校自主招生,合格录取后,不再参加高考。其三,"三位一体"自主招生。招考院校依据考生统一高考、高中学考和综合素质评价成绩按比例形成综合成绩,择优录取。

4.贯通制招生模式

1984 年,江苏省较早尝试贯通制招生模式,一般分为"3+2"和"五年一贯制"两种模式。两种模式的共同点是招收对象为初中毕业生,学制为五年。不同点在于:通过"3+2"分段招收的学生前三年在中职学校学习,转段选拔考试合格者升入高职学习两年,合格者颁发高职专科文凭,不合格者颁发中职毕业证书;五年一贯制由省级招生部门一次办理录取手续,无须参加转段选拔考试,适用于学前、护理等技术技能积累连贯性要求较高的专业。近年来,贯通制招生还形成了"3+4"、四年制高职、中本一体化等变式。"3+4"指学生入学后完成三年中职学校学习,然后进行转段测试,合格者进入对应的普通高等院校进行四年制本科学习。四年制高职本科作为高等教育和职业教育融合的"新生产物",由无锡职业技术学院最早试行。2017 年开始,浙江省还试点开展了中本一体化招生,中职与普通本科高校联合,中职招生时就明确说明,进行七年一贯制培养,届时学生获得本科学历、学位。

5.免试升学模式

免试升学模式主要面向技能优秀的中职毕业生。凡是参加教育部等国家部委举办的全国职业院校技能大赛三等奖及以上获奖者,或者省级技能比赛一等奖的获奖者，都可以申请直接进入高职院校学习深造，无须参加考试、面试。

通过各种形式的招生模式改革，高职院校无论在招生规模还是招生质量上均取得了显著成绩，但从健全高等教育体系、构建现代职业教育体系来看，高职教育招生模式还存在一些亟待解决的问题，突出表现在：其一，招生方式复杂多样，变化快，民众熟悉度低，认可度低。其二，理论考试与技能测试的权重有待科学化，较为突出的"重文轻技"现象无法充分考量学生的职业能力，职业教育特色不鲜明。其三，招生主体单一，行业、企业、社会没有充分参与考试科目设计、职业技能测试、面试等招生环节，难以准确考量考试内容的科学性、考试流程的公正性、考生的职业适应性等。其四，招生模式对学生的终身教育设计不够，特别是对中职毕业生继续接受本科教育、专业学位研究生教育的设计较少。

（二）重庆市高等职业教育招生制度改革探索

2015 年 6 月，教育部与重庆市人民政府共建"现代职业教育体系国家制度建设试验区"。试验区积极探索构建高等职业教育和普通本科教育相对分离的招生模式，推进中高职—应用型本科—专业研究生教育贯通招生，推动政府、企业行业、社会各方共同参与高职招生等试验，为深化我国高等职业教育招生制度改革积累了经验。

1. 试验高职分类考试招生

2018 年以前，重庆试验区高职院校主要采用单独招生模式，实行单招的院校共 31 所，没有本科院校参与。2018 年，重庆市教育委员会印发的《高等职业教育分类考试招生实施方案的通知》指出："高职分类考试招生是普通高等学校招生的重要组成部分，是与普通高校（本科）招生相对分离的招生形式，将成为重庆市高职专科层次招生和中等职业学校毕业生升学的主要渠道。"自 2018 年起，重庆尝试"校际分层、据层施考"的高职分类考试招生方式，共有 50 所高职院校和 6 所本科院校参与分类招生。招考方式采用"文化素质＋职业技能"形式：针对普高毕业生，分类考试由文化素质测试和技术科目测试组成，其中文化素质测试包括语文、数学、英语三科，各科满分均为 150 分，技术科目测试为信息技术，满分 150 分；针对中职毕业生，考试由文化素质测试和职业技能测试组成，其中文化课总分 300 分，职业技能测试 450 分（见表

5-19)。2018 年重庆市高职分类考试招生报名近 8 万人,按实际参考人数计,总体录取率 88.39％(其中普高毕业生类录取率 87.61％、中职毕业生录取率 89.39％),与 2017 年相比,增加 8000 余人,增幅 17.80％。2019 年开始,重庆市分类考试在科目和内容分配上有所改动,普通高中考生增加了一门"通用技术"测试,考试内容重点考查考生动手操作能力和职业能力倾向,满分 150 分。到 2021 年,重庆试验区将全面形成高职分类考试招生与普通本科考试招生相对分离的高校考试招生模式。

表 5-19　2019 年重庆市高等职业教育入学考试科目与分值

考试形式	普通高中毕业生					中职毕业生				
	文化课(不分文理)					文化课＋职业技能				
考试科目	语文	数学	英语	信息技术	通用技术	语文	数学	英语	专业基础知识	
									专业理论	技能操作
考试分值	150	150	150	150	150	100	100	100	200	250

2.试验高职—应用型本科—专业学位研究生贯通式招生

一方面,重庆市国家职业教育改革试验区积极探索"3＋4"和"五年制"专本贯通、分段培养招生模式,扩大全日制本科层次招生比重。2018 年,重庆市试验区招收"专本贯通"学生 360 名,比 2017 年有所增加。另一方面,重庆试验区加快发展专业学位研究生教育,增加专业硕士研究生招生计划。教育部、重庆市人民政府《关于共建现代职业教育体系国家制度建设试验区实施方案》明确指出"加快发展专业学位研究生教育,进一步优化学位类型结构,新增硕士研究生招生计划主要用于专业学位招生,专业学位研究生招生计划占硕士研究生招生计划的 50％以上"。试验区内高校,如重庆交通大学、西南政法大学、重庆师范大学等高校纷纷加入扩招队伍,扩大专业学位研究生招生比例,不仅健全了高职—应用型本科—专业学位研究生贯通式学习通道,进一步完善了现代职业教育体系,也为重庆市产业经济发展培养了匹配性技术技能型人才。

3.试验学校考试＋企业面试制度

教育部、重庆市人民政府《关于共建现代职业教育体系国家制度建设试验区实施方案》强调"各政府部门要统筹协调,做好考试招生录取工作"。重庆试验区高职院校加强对高职招生改革的宣传和指导,建立重庆招考信息、重庆职业教育等网站,方便学生、院校和企业交流;重庆市职业教育学会每年会通过"职业教育成果展""公益助学捐赠"等形式,扩大职业教育的社会影响力,提升职业教育的吸引力。重庆市《关于深入推进高等职业教育分类考试招生工作的意见》指出,高职招生要紧跟区域经济的发展方向,服务于区域经济;招生计划要向服务于重庆市"6＋1"支柱产业、十大战略性新兴产业集群、五大新型服务贸易和现代农业等的相关专业倾斜。2018年重庆市新增11个国家现代学徒制试点院校,报考现代学徒制项目的学生,需要经过"学校考试与企业面试"的招生过程。试验证明,高职院校通过企业参与的面试,可以更加准确地选择适合的学生;学生也可以通过企业行业的参与更加清楚地了解目标专业及就业方向,准确选择学校、专业,准确进行职业生涯规划。

(三)重庆试验区对浙江省高职招生制度改革的启示

1.试行分类考试招生

《现代职业教育体系建设规划(2014—2020年)》指出,加快推进高等职业教育分类招考,建立符合技术技能人才成长规律的选拔机制。重点探索"知识＋技能"、单独招生、自主招生和技能拔尖人才免试等考试招生办法,为学生接受不同层次高等职业教育提供多样化入学形式。其一,招生模式上,分类考试要因地制宜,选择适合本地高职教育特色的招生方式。通过教育行政部门宏观调控和院校自主申请相结合的形式,合理安排区域内各个高职院校或专业的招生方式与招生计划,降低高职院校招生专业的重复率,避免千校一面的情况。例如机电设备维修与管理专业,因其培养周期较长、专业技能要求较高,适合运用"3＋2"、"3＋4"、"2＋3"、五年一贯制等中高职贯通培养的招生方式;而对于一些理论要求高、培养周期短的偏文科类专业,可选择单独招生、注册入学、综合评价招生等方式。其二,考试科目与内容上,分类考试内容要符合职业教育特色,考试大纲要适应生源特点。考试内容可采用文化课考试、专业理论考试和技能实践考试2∶3∶5的分配方式,增加职业技能考试分值,以动手操作的考核形式取代书面考查。其三,录取方式上,分类考试要完善录取标准,建立多元录取机制。如重庆市实行的"一档多投"的方式,保障招生考试录取过程的双向性。

2.试行贯通式招生

《现代职业教育体系建设规划(2014—2020年)》要求系统构建从中职、专科、本科到专业学位研究生的培养体系,满足各层次技术技能人才的教育需求,服务一线劳动者的职业成长。近几年来,我们主要探索了加快中职、专科、本科贯通式招生培养,探索出了"3+4"专本贯通招生、应用型本科对口单招等多种形式,但对更高层次的专科、本科、专业学位研究生招生培养上的力度还不够。事实上,根据《2017中国研究生教育质量年度报告》,"相对于硕士研究生考试报名总人数的下滑,专业学位研究生报名人数逐年增加,2016年专业学位研究生报考人数较2015年增加了12.4万人"。① 专业学位研究生报考人数的持续上升说明我国专业学位研究生教育充满持续发展的活力,也说明建立以提升职业能力为导向的专业学位研究生招生培养模式大有可为。

3.试行行业企业参与招生

行业企业参与招生不仅有利于提高招生的匹配度,提升院校的竞争力和对考生的吸引力,还有利于加强校企合作、深化产教融合。事实上,在德国,行业和企业的专家可以参与招生简章和招生标准的制定、试卷的命制、考核形式的组织和评价指标体系的构建等过程,和高职院校共同承担起对他们的准员工的考核任务;美国、日本等诸多国家大都实行申请制度,弱化考试,重点关注学生综合素质与报考专业的匹配程度。另外,支持、鼓励非政府组织等参与高职招生,引进专业信息部门,建立生源信息库,运用大数据技术为高职院校匹配生源地、生源学校和生源,进而构建长期的生源合作机制,提高生源数量与质量。通过社会广泛参与高职招生,提高高等教育质量,构建现代职业教育体系,创新推进中国特色高水平高职学校和专业建设。

二、浙江省高职院校绿色技能开发研究

人类面临的资源相对短缺、环境不断恶化、经济增长后劲不足、外延式发展模式难以为继等挑战越来越艰巨,气候变化和环境恶化正在危及世界经济活动的可持续性,基于此,全球经济向绿色转型是必然趋势。立足于国内现状,中国经济必将进行绿色转型,这不仅是中国生存的要求,也是全世界生存

---

① 王战军.2017中国研究生教育质量年度报告[M].北京:中国科学技术出版社,2017:8.

的要求。"绿色技能"又称"可持续发展技能",是指劳动力支持并促进工商业和社区可持续的社会、经济发展和环境友好而需要的技术、知识、价值和态度,是绿色经济发展的关键技能。由经济合作与发展组织(OECD)、欧洲职业培训发展中心在内的国际组织发布的研究报告都提出,绿色经济重组和绿色产业发展的核心是对绿色技能的需求,绿色技能是经济绿化中的关键因素。随着绿色经济发展,为绿色经济发展提供"绿色人才",是当代职业教育发展的重要任务之一,培训学生的绿色技能成为实现经济发展绿色目标的关键。因此,职业院校绿色技能开发系统化设计迫在眉睫,职业教育与培训是解决技能瓶颈的有效途径。

2015 年 5 月国务院发布的《中国制造 2025》把"绿色发展"作为国家制造业未来发展的一个基本战略方针,提出"发展循环经济,提高资源回收利用效率,构建绿色制造体系,走生态文明的发展道路"。绿色经济发展需要绿色技能,这成为现代职业教育转型升级的重要任务。我国国民经济和社会发展第十三个五年规划纲要(2016—2020 年),将"绿色"与"创新、协调、开放、共享"一起定位为"发展理念",作为"十三五"规划乃至更长时期我国五大发展思路、发展方向、发展着力点之一。绿色发展有望成为新动力,推动经济持续增长、提质升级。

(一)绿色技能开发理论基础

1.绿色经济理论

绿色经济是一种新型经济,以效率、和谐、持续为发展标识,以生态农业、循环工业和持续服务产业为基本内容,是知识经济和物质经济的有机结合。而同时,绿色经济也包括绿色生产、绿色消费、绿色分配和绿色流通等。[①] 绿色经济的内涵延伸处体现了对经济发展全面创新与效率最大化的内容和要求,它具有以下一些特征:(1)绿色经济是以人为本的经济。绿色经济发展立足于人的需求和人的发展,脱离本位谈绿色经济发展将毫无意义。人对经济利益的需求是促使经济发展的根本动力,一个新型经济的出现只有满足了大部分人的利益才能促使经济发展目标的实现。人类发展和经济发展相辅相成、相互促进。(2)绿色经济发展生态化。环境与生态始终是绿色经济发展

---

① 唐啸.绿色经济理论最新发展述评[J].国外理论动态,2014(1):125-132.

的两大重要因素,生态环境优化与能源资源永续性是经济持续发展的关键所在。因此,绿色经济发展不仅重视自然资源合理循环利用,还从动态上强调生态环境、自然资源利用和经济增长之间的协调性。(3)绿色经济属高阶性社会发展水平。绿色经济将经济建设和生态环境优化融合成一个有机整体,协调发展。绿色经济发展背景下的社会进步不仅包括国民财富的公平分配,还包括生产和分配的体制改革,此外,还要有益于健康、教育和公益事业。另外,绿色经济理论还提倡公民在践行绿色环保时的自觉行为,其旨在用人文去预防、恢复或补偿由于经济行为所造成的环境损失。(4)绿色经济是效率最大化的经济。绿色经济分解开来既包括"绿色"也包括"经济",包括以人为本的发展本位、循环经济的体制、生态文明的建设、人与自然的和谐发展、人民生活福利的保障、效率最大化与资源能源消耗最小化等多重因素。总而言之,绿色经济是建立在绿色、健康、有效的基础上使自然资源和生态环境得到永续利用和保护,从而达到效率最大化、利润最大化、消耗最小化的经济。

2.可持续发展理论

可持续发展理论是指既满足当代人的需要,又不对后代人满足其需要的能力构成危害的发展。可持续发展主要要求可持续经济、可持续社会和可持续生态三个维度上的协调统一,并指出为了最终达到人类全面发展,必须在发展中追求生态和谐和经济效益协调发展、均衡个人利益与社会集体利益。由此可见,可持续发展起源于环境保护问题,但随着21世纪的到来,可持续发展理论不断丰富其内涵,将环境保护问题与发展问题有机地结合起来,成为关乎社会经济发展的全面性战略问题。① 可持续发展理论的基本特征是以经济可持续发展为基础、以社会可持续发展为目的、以生态可持续发展为条件。具体而言可持续发展的三方面主要特征,即可持续发展鼓励经济增长,强调经济增长的必要性,以提高当代人民的福祉和增强国家实力和社会财富为目标。可持续发展为绿色技能开发提供了一个整体大环境,是促使绿色技能开发的外生动力,绿色技能开发是促进可持续发展的有效途径,两者相辅相成。基于此,职业技术教育与培训不仅要为绿色就业培养专业技术性技能,如新能源技术与风电设备安装、能耗计算分析、绿色建筑和住宅能源服务等行业。

---

① 牛文元.中国可持续发展的理论与实践[J].中国科学院院刊,2012(3):280-289.

与此同时,还要开发"软性的"绿色技能,即通用能力和可持续发展技能。职业技术教育与培训内容与可持续发展教育有很多相似之处,可持续发展是绿色技能开发的核心,并为改革各级教育与培训,以可持续性为调整方向提供了一个框架(见图 5-12)。① 职业技术教育与培训也可纳入加强解决日常问题的技能教育(生活技能教育)、倡导可持续消费和生活方式的教育、创业学习等。职业技术教育与培训确保所有工人都能在职场和更广泛的社区发挥恰当的作用,促进环境、经济和社会的可持续性。

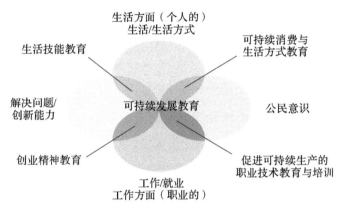

图 5-12 可持续发展技能

3.技术创新理论

熊彼特在其《经济发展理论》中首次提出技术创新理论。"创新"是以新思维、新发明和新描述为特征的一种概念化过程。于经济学角度,创新是实现生产条件和生产要素的一种从未尝试过的新结合,是以现有的知识和物质,在特定的环境中,改进或创造新的事物,并能获得一定有益效果的行为。关于创新的具体内容可以从 5 个方面进行了解:一是创造出尚未面世的新产品和新工艺;二是在产业部门实际生产过程中尚未被发掘的生产方法;三是开辟行业企业和产业部门尚未进入过的市场;四是获得从未被使用过的产品原材料或者是新的供应来源;五是构建出行业内新的上层建筑,改变原有的组织形式。创新并不是一项固化机制而是一种动态调整的过程,只有建立在

---

① UNEP,The sustainable development education + vocational and technical education and training[E].2012:180.

实际生产基础上并对原有的生产体系产生冲击效应的发现与发明才是真正意义上的创新。[①] 生产对资源开发以及能源使用提出了越来越高的要求,从而促使技术不断更新升级。毋庸置疑,绿色经济发展诉求绿色技能,在推进绿色经济迅速增长的进程中,技术创新起着最为重要的推动作用。然而,技术是把双刃剑,在为环境治理提供技术支撑的同时,其也是破坏环境的主要来源。只有技术创新与保护资源环境紧密结合即开发绿色技能,才是实现绿色经济发展的根本途径。职业教育是绿色技能开发的有效载体。技术创新为职业技术教育与培训源源不断地提供现代教育技术,充分锻炼学生的各种感知能力和获取广泛的信息资源,打破时空局限可以重复教学过程,并且利用各种多媒体设施突出实际操作过程,为学生提供动手操作的机会等,从而为绿色技能开发提供了广泛的外在培训形式。

(二)浙江省高等职业院校绿色技能开发现状

基于国际发展视角,立足国内发展实况,中国教育部职业技术教育中心研究所于 2015 年申请到了亚太经济合作组织(APEC)"职业教育与培训系统开发绿色技能"项目,项目的主要任务是面对日益严峻的环境问题,探索在职业教育中系统开展"绿色技能"教育,通过"绿色技能通识教育"和"绿色技能专业教育"培养具备可持续发展意识、情感态度和绿色技能的技术型人才。至此,全国已有五六十所中高职院校参与项目开发,成立了 10 个专业项目组和 1 个综合项目组,每个专业有 1 个牵头单位,5~6 个参与单位。这些职业院校绿色技能开发现状如何,是否符合教育发展规律,开发过程中还存在哪些问题? 基于此,本章对参与该项目开发的高等职业院校开展了调查研究。

1. 访谈和问卷样本说明

(1)访谈样本说明

本次访谈的内容主要包括以下几个方面的内容:了解在读学生对绿色技能开发的认识情况;了解绿色技能开发采取的有效措施及进度;了解绿色技能开发现状,从不同角度认识绿色技能开发利益主体对绿色技能开发态度和

---

① 张磊,王淼.西方技术创新理论的产生与发展综述[J].科技与经济,2008(1):56—58.

认识;绿色技能开发的效果,了解绿色技能开发对利益相关者带来的利益,如对学生成长的帮助、对社会适应能力的培养。

(2)问卷样本说明

本次问卷调查的对象是浙江 X 职业技术学院的学生,调查采用随机抽样的方法,共发放问卷 200 份,收回 195 份,去掉无效问卷 10 份,实际有效问卷为 185 份(见表 5-20)。

表 5-20　问卷调查情况

发放问卷数	回收问卷数	问卷回收率	有效问卷数	有效问卷率
200	195	97.5%	185	92.5%

①样本分析。本次调查问卷主要涉及 4 个方面的内容:一是浙江 X 职业技术学院在读学生对绿色技能开发的了解程度,理清绿色技能开发的合理性;二是绿色技能开发的现状,主要包括校本教材使用和课程改革情况;三是学生对可持续发展和环保的认知程度;四是从学生层面了解针对开发绿色技能可采取的有效措施。浙江 X 职业技术学院是高等职业院校绿色技能开发的典型案例,对其考察研究可以为全国其他高等职业院校绿色技能开发提供借鉴意义。

②信度分析。信度是指量表工具所测验结果的可靠性、稳定性及一致性,一般以内部一致性的高低来表示测验信度的高低。量表的信度越高则表示该测验结果具有越高的稳定性与可靠性。本章采用 SPSS 17.0 对调查所得数据进行统计、分析,执行 SPSS 信度检验。一般总量表的 Cronbach's Alpha 值在 0.80 以上,分量表的值均在 0.70 以上,则表示量表的信度高,整个量表的测量效果较好。[①] 本问卷总量表的 Cronbach's Alpha 值为 0.81,分量表的值均在 0.70 以上(见表 5-21),因此本问卷的信度较高,调查结果可以采用。

---

① 吴明隆.问卷统计分析实务——SPSS 操作与应用[M].重庆:重庆大学出版社,2010:50.

表 5-21　信度分析

	测量题项目数	Cronbach's Alpha 系数
意识与责任	6	0.78
基础与技能	4	0.84
应用与实践	4	0.89
整个问卷	17	0.81

③效度分析。效度即有效性,指测量工具能够准确测出所需测量的事物的心理或行为特质的发生程度。测量结果与要考察内容契合度越高,则效度越高,反之则越低。在根据理论假设编制好问卷后,选取 1 位职业技术教育学专家和 6 位绿色技能开发专业负责人专对问卷进行测试,并对各题项的内容是否能真正测出高等职业院校绿色技能开发现状、措施和问题等方面的水平、词句表述是否适切等进行了认真的检视。本次调查正式施测的问卷正是根据专家学者的意见,统计分析适合与不适合的题项,并对不适切的词句进行修正,然后再编制而成的,因此具有较好的效度。

④调查数据分析结果。高等职业院校学生对绿色技能开发的意识与责任是指学生对于绿色技能开发影响的认识,及对在教育教学实践中培养满足绿色技能开发的新型技能人才作为自身责任的认识。意识与责任是绿色技能开发的基础,职业院校学生只有意识到绿色技能开发的重要性,才能够有意识地、积极主动地把绿色技能开发与具体专业课程的教学结合起来。研究结果显示,学生已经意识到绿色技能开发的重要性,在生活中也能积极践行绿色环保活动,由此可以看出高等职业院校学生具有较深程度的关于绿色技能开发的意识与责任。职业院校学生关于绿色技能开发的基础与技能是指学生需掌握有关绿色技能开发的基础知识与基本技能。

调查结果表明,浙江 X 职业技术学院的物流管理、电子商务、汽车检测与维修技术、艺术设计等专业对开发绿色技能已经有了计划和改进并编写了绿色技能读本。职业院校绿色技能开发的应用与实践是指将已学到的关于本专业的绿色技能合理地、有效地应用于日后的工作岗位,如节能与能源利用技术、节水与水资源利用技术、节材与材料资源利用技术、污染治理技术和环境监测技术等。调查结果表明以上专业课程设置已经融入绿色理念与绿色技能实训,为学生日后工作的应用与实践打下基础。绿色经济发展对人才提出了更高的要求,不仅要求掌握新型技能,还需要良好的素养,因此,职业教育往往更需要与先进的技术联系起来,只有关注先进技术并运用到教育教学中,让职业院校学生在先进的技术构建的学习环境中学习与实训,才能顺利地与行业对接,从而迅速地适应工作岗位和环境。

2.浙江 X 职业技术学院绿色技能开发状况

(1)对接绿色技能型人才需求设置专业

21 世纪是绿色发展的新世纪,浙江省坚持践行绿色发展理念,将良好的生态环境作为经济可持续发展的战略资源,坚持走保护生态环境与谋求绿色产业发展相结合的道路,转变经济发展方式,以新兴绿色产业发展为风向标,大力发展绿色经济;将绿色发展作为行业企业发展的核心竞争力,支持其绿色经营、绿色生产等一系列可持续发展的运营模式;不断优化城市经济发展环境,为绿色产业发展缔造出交易有序、机制健全、财富涌动、快捷便利、安全智能的市场环境。放眼未来,为实现绿色发展,将更加注重将绿色、低碳、环保等生态元素融入绿色经济发展。2016 年浙江省国民经济和社会发展统计公报显示,浙江省环保企业收入占比已达 15.82%,全国有 9.62% 的环保行业专利花落浙江。经济转型升级对全省绿色发展起到关键作用。全省产业结构持续改善,战略性新兴产业、现代服务业发展较快,能源消费强度较低的产业比重提升,对节能减排低碳发展起了重要作用。

浙江 X 职业技术学院是一所全日制省属公办高等职业院校,为更好地服务于区域经济,为全区经济发展提供有力的人才支撑,学校遵循"随着经济发展方式转变而'动'、跟着产业调整升级而'走'、围着企业技能型人才需要变化而'转'、引领社会和市场需求而'变'"的专业建设思路以调整专业设置。学院下设物流技术、汽车技术、数字信息技术、管理技术、商贸流通、财会金融、表演艺术等 33 个专业。

(2)绿色技能开发的主要举措

2019 年我国第二届"一带一路"国际合作高峰论坛闭幕之际,以"技能促进可持续发展"为主题的绿色技能国际培训在浙江 X 职业技术学院召开,此次培训多方共商了关于绿色技能开发的事宜,如开发和设计电子商务、绿色汽车、绿色物流以及绿色课程绿色技能培训方案。下面以物流专业为例分析浙江 X 职业技术学院开发绿色技能的举措。

①开发专业绿色技能通用内容清单。按三维度即管理、技术、操作和三

要素即经济、社会、环境,梳理分析具有代表性,能反映低碳环保、节能减排、安全健康等可持续发展理念的绿色技能点,归纳整理绿色技能内容,最后形成通用绿色技能清单。

从管理维度出发,于经济层面,清单能引导客户循环使用包装物,能快速且准确地建立物流客户档案、建立和完善节能奖惩制度,能集约化协同配送(集中进货、集中加工和集中配货等)、对运输配送线路进行合理布局与规划,能对物流装备的使用与维护进行评估并提出优化方案;于社会层面,能指导团队成员开展绿色物流服务,细化职业健康与安全过程管理,能组织物流人才培训与认证工作,能组织实施安全健康和卫生保障计划和方案;于环境层面,能引导物流企业低碳化经营、对设备和设施采用减振隔振措施降低噪音影响,仓库建设前应当进行相应的环境影响评分,能对运输作业中的环境污染进行预防监控和处理,能制定作业场地清理计划、环境卫生检查和清洁工具管理制度。

从技术维度出发,于经济层面,能优化设计物流运输路线,能监测和对比分析仓储配送运输等过程中的能源使用情况,采用多层穿梭车技术以提高空间存取的作业效率,能设计折叠式包装以减少空载率,采用和建立库存管理信息系统和货物跟踪车辆运行管理系统,能设计库存管理的绩效评价体系;于社会层面,能分类回收处理物流企业废弃物,能搭建物流交易平台,能够合理储存易爆易燃和放射性物品;于环境层面,采用通过ISO14000(为促进全球环境质量的改善而制定的一套环境管理的框架文件)环境管理体系认证的绿色包装,掌握无害化处理物流废弃物的技术,掌握节能环保新技术、新工艺、新设备和新材料,能设计无污染流通加工方式。

从操作维度出发,于经济层面,开展互联网和无纸化办公,合理设置仓储网络及各种仓储设施,对仓储物资进行科学保管和养护,能规划国际物流航线和设计物流网络,能对供应商进行信息管理分类和选择,能通过运输信息系统进行数据查询统计分析和形成报表,针对运输作业出现的问题提出改善方案和计划;于社会层面,能识别安全标识和危险源,在发生危险时能按流程和预案处置,集中处理物流过程中产生的废弃物,能选择合适的设施设备并在设备设施设计负荷内进行作业;于环境层面,采用环保产品对存储货物进行杀菌,如最新研制的臭氧技术,采用集中库存的方法减少对周围环境的辐射面,减少包装材料的种类和数量,选择可返回、可重复利用或可循环的包装,采用排污量小的货车车型,近距离或夜间配送。

　　基于此,形成物流专业绿色技能通用内容清单,能开展绿色物流管理,能营造绿色服务氛围,能引导绿色运输,能合理利用物流资源,能够使用企业能源计量分析系统,能控制物流企业能源成本,具备智能化设备管理和使用能力,能执行运输作业中的节能措施,能对运输作业中的环境污染进行预防监控和处理,能树立全新的绿色物流理念,能培养他人的绿色节能环保意识,能对健康和安全隐患及安全问题进行处理和上报,能识别各种安全标识和危险源,发生危险时能按流程或预案处理。

　　②明确专业绿化方向。物流领域的典型专业绿化主要分 3 个方向,物联网技术方向智能化、电子商务方向信息化和大数据方向网络化。物流管理(物联网技术方向)将物联网技术应用到物流管理专业,学生培养目标定位为:能熟练应用信息技术及自动识别技术;协助企业制定基于物联网技术的智能物流解决方案;通过视频监控平台,对自己权限内的物流运输流程进行实时监控管理,保证运输的有效性、及时性,节约物流的各项运维成本。物流管理(电子商务方向)将电子商务应用到物流管理专业,学生培养目标定位为:能应用条码技术、数据库技术、电子订货系统、电子数据交换等电子商务技术对物流全过程、各环节进行管理;能把世界范围内的货主企业和物流公司吸引到一起,提供中立、诚信、自由的网上物流交易平台;帮助供需双方高效达成交易。物流管理(大数据方向)将大数据应用到物流管理专业,学生培养目标定位为:能提前测算并模拟出最佳的物流线路,使货物的实际运输过程自动化、精确化;能消除无效物流和冗余物流,缩短等待时间,实现按需生产、零库存、短在途时间、无间隙传送。

　　③制定绿色物流专业方案和课程标准。专业设置紧贴绿色物流产业,相继开设了绿色物流产业方向的专业,如开设物流信息技术专业;在物流管理专业中开设智能物流方向;在物流管理专业中引入了澳大利亚 TAFE 学院的可持续发展理念,中澳合作开展 TAFE 项目。专业培养目标融入绿色物流理念,将绿色物流理念(集约资源、绿色仓储、绿色运输、绿色包装以及逆向物流)融入其中,使学生职业技能和职业素养均得到提升,获得可持续发展的能力,如具备绿色发展理念;掌握必备专业基础理论知识和专业知识;具有从事本职业领域实际工作的基本技能和基本能力;有良好的职业道德和职业精神;能利用先进物流技术规划和实施运输、仓储、装卸搬运、流通加工、配送、

包装等物流活动;能连接绿色供给主体和绿色需求主体,能克服空间和时间障碍,进行快速有效的绿色经济管理活动。课程体系对接绿色物流工作,项目团队与企业专家共同确定典型工作任务,转化为学习领域,对原有的课程体系进行重构,使绿色技能要素渗透专业核心课程(见图5-13)。将国际运输路线的设计和优化、货运单据的无纸化、货运信息的网络化、集装箱装箱的合理化等绿色技能要素融入国际货运代理实务课程。从节约运输成本角度合理安排仓库布局,既考虑密度过大会增加运输次数,又考虑松散布局会增加空载率,将仓库建设对所在地的环境影响以及现代储存保养技术融入物流仓储课程。合理配置配送中心,制定配送计划,提高运输效率以降低货损量和货运量,实施联合一贯制运输,通过运输方式的转换可削减总行车量,评价运输者的环境绩效,将绿色技能要素融入物流运输课程内容。

图5-13　物流专业核心课程

④建设绿色专业资源库。依托学院网络资源平台,整合教学资源,初步建立了物流专业绿色技能专业资源库。通过专业教学资源库建设,扩大了服务区域经济能力,专业资源库通过"职业信息库、专业标准库、课程资源中心、工程项目库、实训认证库、积件素材库"对教学资源和其他特殊资源进行集合和分类,通过网络实现检索、浏览、下载、视频点播等功能,满足学生在线学习、远程培训的需要,利用仿真实训资源和虚拟实训系统,解决实训中"实训难""分工难"的问题,降低了学生培养成本,提供了实训教学的教育质量和社会效益,满足了企业对员工的培训需求。校企、校校共建共享,企业为职业院校提供3G实景教学资源。教育专家和企业专家实现远程互动交流,为企业开发技能培训包。

⑤培养绿色师资队伍。将绿色师资培养纳入师资培养计划以夯实教师专业基础,更新知识结构,提高教师的教育教学能力。不断优化教师队伍结构,培养造就一批较高水平的学科带头人和具有较大发展潜力的中青年学术骨干。分批选派教师参加以绿色技能为主题的各类长短期培训,结合课程教学、实践教学和专业建设等的绿色需求,有针对性地开展专业技能培训,及时了解学科和专业的发展动态。开展对外学术交流,分期分批选派教师前往澳大利亚 TAFE 学院学习绿色技能开发的先进经验。加强现代教育技术培训,开展以网络教学、计算机辅助教学、电化教学为主要内容的现代教育技术培训,将绿色理念循序渐进地融入教育理念。

3.绿色技能开发存在的突出问题

(1)课程设计中绿色技能体现较少

调查表明,绿色技能开发没有系统地纳入专业教学,没有形成绿色课程体系。如物流信息技术、在物流管理专业中开设智能物流方向的绿色技能的部分内容仍处于理论商讨阶段,还未实施;绿色技能养成教育和实践普遍缺乏,没有纳入专业教学;教师和学生只是在日常的学习和工作中涉及绿色技能很少的一部分。绿色技能培养还不够系统,并没有系统地嵌入每一课程。绿色技能既是通用性技能,又是专业技能。作为通用性技能的绿色技能,它包括最大限度地减少资源使用、能够认识能源和资源利用效率的机会、减少温室气体排放、回收利用及使用环保产品、保护自然环境等内容。作为专业技能的绿色技能,它主要体现在从事"绿色工作"或"绿色职业"所必须掌握的技术、知识、价值和态度之中。此外,关注到了作为专业技能的绿色技能需求,新开设了一些绿色专业。但对作为通用性技能的绿色技能的关注非常不够,没有开展相关研究,不明确通用性绿色技能的内涵,因而也没有提出将通用绿色技能融入职业教育教学目标和课程内容的要求。由于缺乏意识,理解不深,职业院校普遍缺乏绿色技能开发的行动。

(2)项目化教学的绿色改造难以落到实处

由于职教教师存在普遍缺乏绿色技能开发的能力和开发学生绿色技能的主动意识,师生难以共同实施一个完整的绿色技能开发项目,从而无法进行一些教学活动。职教教师的绿色意识不强,这些教师涉及不同的专业。调查表明,绿色意识不强的教师既包括电子技术应用、旅游服务与管理,还包括机电技术应用专业教师。所调查的以上专业的教师绿色技能开发能力不够,绿色意识不强,将绿色理念传授进课堂的思想意识和主动性不够。绿色技能对我国职教界而言是个新概念,接受过绿色技能的系统训练,具有开展绿色课程的能力或能够将绿色技能融入课堂的专业教师就更加缺乏,绿色技能培训途径较少,教师即使想学也没有具体的途径。我国对职教教师也没有提出开发绿色技能的制度层面的要求,教师在职业教育教学之中开发绿色技能,缺乏制度保障和能力基础。

(3)绿色技能开发动力机制需要健全

国家出台相应的激励政策,像推进专业教学资源库、现代学徒制一样试点立项,将绿色技能要素纳入院校教学诊断与改进方案和年度质量报告中,将绿色技能开发与 APEC 亚太经合组织的可持续发展的目标衔接,使我国职业教育人才培养服务国家发展战略、服务需求。目前,职业教育保障机制有待健全和完善,融资渠道单一,大多职业教育学校的投入仅仅依赖于地方财政投入,难以满足职业教育学校办学的需要。学校规模扩建、实训基地落实、人才引进等需求还需政策扶持来保障、来落实。投入方面,需继续加大经费投入,更新设施设备,落实实训基地。制度方面,需进一步加强校企合作机制,提高毕业生就业率,不断完善劳动力市场准入制度。就以旅游业的发展来说,学校与企业之间(或与市场之间),要在旅游服务、酒店服务、餐饮服务方面加强合作,加强行业人才培训。

(三)高等职业院校绿色技能开发策略

1.专业设置对接绿色产业

首先,在绿色职业分析的基础上,扩大"绿色"专业规模。随着绿色经济发展,产业结构重组,第三产业比重将逐步提高,可再生能源、清洁交通等新兴产业也大量出现。这些变化需要更多能够掌握绿色知识和技能、能够应对市场变化的复合型应用人才。教育部组织开展了《中等职业学校专业目录(2010)》修订工作,研究确定增补 46 个新专业,在 18 类 367 个专业中共有 10 类 45 个专业符合绿色职业标准,能够与绿色职业岗位相对接,这为我国职业技术教育与培训的绿化奠定了坚实的基础。目前我国职业院校专业目录没有完全涵盖现有行业,对于一些新兴行业,如物流、保健、可再生能源、清洁交通等涉及较少,这对于发挥职业教育的社会功能起着消极阻碍作用。因此,职业教育在专业开设上应根据绿色经济和绿色产业结构所需要的劳动力结构设置专业,有计划地扩大相应专业的培养规模。其次,促进节能环保领域的专业发展,增设节能环保领域的专业。就目前看来,自然资源过度开采和化石燃料大肆使用所造成的生态恶化和气候变暖已成既定事实,而水力、风能、太阳能等新能源彻底替代传统能源尚需时日。增设节能环保专业为环保领域行业提供人力资源,从而完成提高资源使用效率、防止环境继续恶化的任务。再次,顺应经济转型发展需要,及时适时开设新专业。以中职学校专业为例,在45个"绿色"专业中,有9个是修订后的新增专业。这些新增专业共同关注了生产过程中资源综合节约利用、环境安全和无毒生产等问题,为打造我国现代、绿色产业打下了基础。与此同时,新修订的专业目录也将原有的"能源类"专业名称更改为"能源与新能源类",风电场机电设备运行与维护作为新增专业被纳入这一类别。本次修订新增"能源与新能源类"专业说明我国职业教育为适应绿色经济发展已经采取措施,为学校专业教育与社会新型职业实现实时对接提供了可能。

2.课程开发彰显绿色理念

其一,在专业课及实训过程中强调节能环保、绿色消费等理念。对学生进行绿色理念教育可以使其在日后采用更加可持续的工作模式。绿色技能中很重要的一块就是应对变化的能力,职业教育需要运用适当的行动引导来增强学生关于有效缓解环境变化及影响的知识、技能、价值观和态度。其二,绿色技能课程体系的构建既包括向更加绿色的经济转型所需的技术性技能,也包括使劳动者能够应对新兴技能需求的基本通用技能和跨行业的通用绿色技能。绿色经济的技能需求包括四大部分:专业绿色技能、提高现有技能、通用绿色技能、通用技能。其中,开发通用技能、通用绿色技能和提高现有的相关工作技能则要比开发专业的绿色技能更为重要。[①] 因此,在课程体系的构建中,则要相应地设计相关内容(见图5-14)。

3.加强绿色师资队伍建设

教师是技能传授者,实施效果的好坏相当程度上与教师的基本素质与职业能力有关。绿色技能的出现对教师自身的知识结构、教学方法及职业能力等提出了更高的要求,所以,职业院校建设一支新形势下能适应时代教育需

---

① 李玉静.绿色技能开发:背景、内涵及策略[J].职业技术教育,2015(15):11—17.

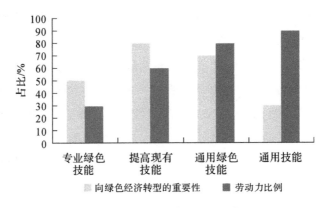

图 5-14　绿色经济的技能需求

求的师资队伍迫在眉睫。第一，做好人才引进，充实教师队伍。有针对性地引进有绿色教育背景或工作经验的人才，作为专业教师参与绿色课程的教学工作。第二，加强师资队伍的培训工作。各级政府应积极开展职教师资培养培训项目研究和开发，初步形成教师和校长岗前培训、在职提高、高级研修培训，形成灵活开放的职教师资培养培训体系。对新增教师开展专业技能培训，使职业教育师资队伍建设基本能满足职业教育应对绿色经济发展的需要。提升教师绿色技能素养，使教师队伍满足绿色技能培养的要求。第三，扩大兼职教师队伍。兼职教师是高职院校师资队伍中的重要组成部分，聘请企业从事绿色工作的人员作为兼职教师，使他们参与到课程的绿色教学及绿色技能的培训工作中。

4.制定绿色职业资格标准

绿色经济的发展，导致职业的大幅度变动，绿色职业逐渐增多，需要由政府牵头组织有代表性的大企业合力根据行业变化制定相应行业的职业资格标准，完善职业名称目录。[①] 首先，建立全国统一的与绿色职业并行的国家职业资格证书体系。成立一个专门工作机构，负责开发全国性职业资格体系，制定绿色产业领域的国家职业资格标准，规范职业技能鉴定的管理和职业资格证书的颁发。要逐步将现行的职业标准与绿色专业技术职务的任职要求并轨，从而建立起各类不同人才成长的"绿色通道"。其次，加强对绿色职业

---

① 肖韩.高等职业院校绿色技能开发研究——以浙江经济职业技术学院为例[D].杭州：浙江工业大学，2017.

标准的研究和开发。制定以绿色职业岗位需要的能力为基础的标准体系,使职业标准充分反映行业对员工工作能力的实际需要。同时考虑职业标准的动态性,确保职业标准能根据行业技术的发展和职业岗位的变化,及时更新。不断开发新的职业标准,提高标准覆盖面,使职业标准能够覆盖主要行业中绝大多数职业和工种。瞄准国际先进标准,不断提高我国职业标准的水平,缩小与国际标准的差距,积极推进职业资格证书制度,与国际接轨。最后,充分发挥行业协会和劳动力市场调节的作用。职业资格考试和职业技能鉴定应逐步由各地行业协会建立相应机构来进行,政府主管部门负责制定政策、宏观指导、督促检查以及保障职业资格证书制度的实施。强化职业资格与劳动力市场的联系。就业准入控制是推行职业资格证书制度的重要手段,也是规范劳动就业市场的重要措施。在特定职业领域以及各个行业中技能要求较高的工作岗位,必须严格执行持有相应证书才能就业的制度,以剔除那些不具备从业资格的人员,保证在重要职业岗位上从业的劳动者具有足够的知识和技能水平,能够安全、有效地完成相应的职业活动。

第四节　社区教育现代化——以杭州市滨江区为例

社区是一定区域内居民生活的共同体。为提高全体社区居民的素质和生活质量,将教育与社区相结合,形成了贴近居民生活、满足现实需求的社区教育。为适应经济社会新常态,适应教育现代化,社区教育需要把握规律,呈现特征,适应趋势。

一、社区教育的理论基础

(一)终身教育理论

1965 年,法国成人教育家保罗·朗格朗在其著作《终身教育引论》中首次提出"终身教育"的概念,并指出所谓"终身教育"就是将人的一生的教育与个人及社会生活全体的教育统合,使之从纵向上贯穿人的一生,从横向上连接个人和社会生活的各个侧面。朗格朗提出,数百年来,人们普遍存在的观念是人生分为两半,前半生的目的在于受教育,后半生的目的在于劳作,这样的说法是完全没有依据的。教育应当贯穿于每个人的一生,当每个人需要学习的时候,都能找到最好的方式来获得需要的知识。国际 21 世纪教育委员会向联合国教科文组织提交的《教育:财富蕴藏其中》的报告中指出"终身教育概念是进入 21 世纪的一把钥匙",要"把终身教育放在社会的中心位置"。由此可见,终身教育是社会生活过程中所有教育类型的集合体,是社会提供的一切正规的、非正规的、正式的和非正式的教育活动类型的总和。终身教育作为社区教育的基础理论,与社区教育的目标相一致,其都在于强调将教育纳入社会大系统中,使之成为社会每一个成员都共有的责任、权利和义务,营造一个"人人皆学、处处能学、时时可学"的社会氛围,最终实现改善生存环境、提高生活质量、提升社会整体素质、保障生存权利和实现人生幸福的目的,这也体现了"社会教育化"和"教育社会化"的辩证统一关系。总体来看,终身教育是社区教育发展的理论源泉,是社区教育的立足点和归宿;而社区教育也为终身教育的实现奠定了现实基础,是终身教育的切入点和抓手。

(二)终身学习理论

联合国教科文组织于 1985 年发表的《学习权利宣言》中提出,不论其人种、国籍、性别、职业、年龄、宗教和文化相同与否,应保证所有的人平等地拥有学习机会。可以说,终身学习是在社会急剧变化的新形势下,基于对学校教育形态的批判和对教育"知识至上主义""注入主义"的质疑以及成人学习者的发现,如因筛选机制而被排斥在学校之外的儿童、青少年等教育弱者的出现,教育对象不受年龄、身份、身体状况等方面的限制。[①] 基于此,终身学习理论对社区教育的主要启示在于:首先,终身学习理论回答了"谁需要学习"这一问题。它强调受教育和学习是人的一种需要,人在受教育与学习的过程中不是被动的对象,而是人的一种自主性选择的结果,它是人应对不断变化的生产、生活环境的需要而提出的要求。这就为社区教育的存在与发展提供了理论支撑,同时也为社区教育组织与管理指明了方向。其次,终身学习理论为社区教育的学习内容和学习时间指明了方向。终身学习的理念,强调学习是一个终身的过程,人在不同的生命阶段,将会面临不同的发展任务,需要学习不同的内容。人在不同的环境下,面临不同的学习任务,以适应不断变

---

① [日]小林文人,[日]末本诚.当代社区教育新视野——社区教育理论与实践的国际比较[M].吴遵民,译.上海:上海教育出版社,2003:73-75.

化的环境。最后,终身学习理论为社区教育的存在提供了一种可能状态。在终身学习的视野里,学习已逐渐超越教育范畴,它不仅被看作是一种涉及教育范畴的问题,同样也被看成是一个属于生存范畴的问题。终身学习正在成为一种人的生存责任和未来社会中的一种生存方式——没有终身学习也就无所谓人的社会生存,没有终身学习就无所谓人的一生的生存质量。① 人的一生都是在社区里度过的,尽可能在社区范围内为居民提供与他们的年龄和需求相匹配的多种层次、不同性质的学习内容,将社区教育的发展与人的终其一生的学习需求联系起来,使社区居民接受社区教育,并使社区教育成为其生活中的一种需要,应该是社区教育努力的方向与目标。

（三）学习型组织理论

美国管理学家彼得·圣吉是学习型组织理论的奠基人,他在其著作《第五项修炼——学习型组织的艺术与实务》中提出,希望建立的学习型组织"像个具有生命的有机团体",在这个团体中,"人们全力实现共同的抱负,学习如何共同学习,从而在真正的学习中体会工作的真正意义,追求内心成长与自我实现,并与周围世界产生一体感"。② 学习型组织具有3个要点:第一要有组织地学习,而不仅是依靠个人学习;第二要有持续学习的动力,而不是有间断的学习;第三要通过学习实现组织的生存、发展与创新,而不是停留在原地。它的核心是"建立一个能够熟练地创造、获取和传递知识的组织,同时也要具有善于修正自身的行为,以适应新的知识和见解"。学习型组织具有多方面的相关性,它们都是在终身教育与终身学习理念的指导下发展出来的,具有共同的人本主义思想和学习创新观念。它们都是学习型社会的理论基础,通过促进人的自我实现和全面发展来完善社会组织或社区整体的可持续发展。我国终身教育体系的构建主要以建设学习型社会为现实目标,以推进城乡社区教育为实践载体,以创建各类学习型组织为发展主线,以建设社区公共学习资源平台为智力支撑,政府主导、单位协调、社区支持和公民参与良

---

① 高志敏.终身教育、终身学习与学习化社会[M].上海:华东师范大学出版社,2005:153－156.

② [美]彼得·圣吉.第五项修炼——学习型组织的艺术与实务[M].郭进隆,译.杨硕英,审校.上海:上海三联书店,2014:17－19.

性结合,最终实现"人人皆学、处处能学、时时可学"的美好愿景。[①]

(四)平民教育理论

社区教育作为一种大教育与社会结合的社会文化现象和社会实践活动的产物,在我国古代社会就已初见雏形。例如,我国古代出现的"乡校""乡约"和"社学"等都带有教化、自治和建设等方面的社区教育色彩。从20世纪30年代起,我国开始兴起乡村教育实验运动,如晏阳初"平民教育"实验、梁漱溟"乡村建设"实验、陶行知"生活教育"实验和黄炎培"农村职业教育"实验等,都是主要采用在一定社区范围内,进行大教育与社会改造相结合的实验方式。随着时间的推进,各种类型的社区教育实验不断改革创新,到20世纪80年代,伴随着改革开放的脚步,我国社区教育各类实验顺应时代的发展又迎来了第二次兴起,这种持续状态一直持续至今。[②] 这其中最有显著代表性的是晏阳初的"平民教育"实验。平民教育作为中国20世纪二三十年代的一种教育救国运动,虽然当前的国内及国际形势已发生了巨大的变化,但平民教育的价值理念、方法和形式等对社区教育的启示作用是毋庸置疑的。现代的社区教育理应从中汲取一些有益的理念、方法:首先,社区教育者应抛弃从理念到理论,为学术而学术的价值取向,坚持不做"死"学问,要将理论与实践相结合,创新实践教育方式。其次,社区教育要找准社区居民的需要,这需要社区教育者研究居民的各种需求及其问题,只有找准居民的需要才能做到有的放矢。最后,社区教育要采用适合社区居民特点的方式。社区居民的思想认识、文化水平、生活方式和道德水平等都直接决定并影响了社区教育形式的选择,只有适应社区居民的多样化需求,才能为社区教育往后的开展奠定坚实的基础。

(五)生活教育理论

陶行知先生把生活看作是教育的原型,认为"生活教育是生活所原有、生活所自营、生活所必须的教育"。他认为生活教育三大原理是"生活即教育""社会即学校""教学做合一"。[③] 从生活教育的理念来理解社区教育,首先,

---

① 沈光辉.论社区教育与终身教育、成人教育、学习型组织的关系[J].福建广播电视大学学报,2011(2):1—4.

② 厉以贤.社区教育本土化[J].中国远程教育,2004(1):70.

③ 陶行知.陶行知全集(第三卷)[M].成都:四川教育出版社,1991:154.

要求社区教育应紧密结合居民生活。社区教育应回应居民的生活需求,要使居民在接受过社区教育后,能解决生活与工作中的问题,满足生活与工作的需要,提升生活质量。这就要求社区教育的内容要紧密结合社区居民的生活与工作,社区教育的组织方式与时间安排也应适应居民的生产方式与生活方式。其次,社区教育的形式应紧密结合居民的社会生活。社区教育需要动员社区内外的一切可以动员的资源,尤其是社区内部的资源。这里的教育资源包括社区内的一些设施如店铺、企业、事业单位等,也包括社区内部的各级政府官员、医疗教育工作者等各种类型的人才。研究并发动社区内外各类教育资源,是社区教育得以实施的重要手段与途径。最后,社区教育最有效的方式在于"做",无论是教育者的"教"还是学习者的"学",都要将社区教育努力的方向定位在"做"上,为改变与提高人"做事"的效果而服务。这也为评估与衡量社区教育的各类主体提供了较为明确的评估指标。

二、改革开放以来我国社区教育实践

(一)社区教育的目标价值

1.以提高社区居民素养为价值取向

这一价值取向强调通过社区教育改变社区居民的态度、观念等。社区成员的全面发展意味着"德、识、才、学、体、心"六大方面素质,即思想道德素质、现代观念素质、职业技能素质、文化知识素质、身体素质和心理素质的全面提高,使每个社区成员逐渐成为"道德高尚、见识卓越、能力突出、学识丰富、体魄健壮、心理健康"的坚定、积极、自信和乐观的现代公民。这一教育理念强调了国家应通过各种途径与手段以保障公民接受教育的权利,加强对居民的"陋习""不良行为"等问题的改造,特别是对被学校教育排斥的弱势群体进行技能和素质的补偿或补救。这里的社区教育强调的是一种行为养成、规范内化的教育过程,通过社区教育提升居民基本素质,提高居民道德意识、基本素质与职业技能等,促使居民能更好地适应经济和社会发展的实际需要,最终推动社会问题的解决。

2.以提升居民生活质量为目标取向

社区教育是一种动态的教育类别,主要体现在:第一,社区教育是一种补缺性教育。补缺性教育是满足社区成员最基本生存需要的知识、能力教育。

社区成员如果出于历史的、个人的原因,没有接受或未能接受好的基础教育,其职能水平未能达到实际年龄、实际生存状况所要求的起码水准,以致影响到其正常的工作、生活,就需要接受补缺性教育。社区在深入调查的基础上,开展有针对性的补缺教育,可以帮助社区成员在短时间内提高基本智能,摆脱生活困境。第二,社区教育是一种适应性教育。适应性教育是满足社区成员面对经济发展、社会转型、生活方式变更而产生的智能更新、素质提升需求的教育,这也是社区教育最主要的组成部分,它能有效地、现实地促进社区成员的全面发展,为社区成员"一个也不掉队"提供保证。第三,社区教育是一种发展性教育。发展性教育是满足社区成员顺应时代、社会发展趋势、个人发展展望而提出的前瞻性学习需求的教育。社区教育可以通过多样化教育为社区成员提供教育服务,每个人可以根据自身的特质,确定自己实现人生价值的学习需求。三种教育的时时补充递变,使社区教育形成不断更新的"教育链",为提高社区居民的生活质量做保障。

3. 以促进社区可持续发展为现实追求

这一价值取向从社区教育与社区发展关系的视角,将社区教育作为提升社区居民素质与能力的手段,以推动社区发展建设。1995年,国际社区教育协会在泰国翟凯举办的"ICEA 第七届国际社区教育大会"上总结了现代社区发展和社区教育经验基础,并发布了《社区教育宣言》,其中强调:"第一,没有社区的建设就没有社会的持续发展;第二,一个强大的社区是医治各种社会疾病的基础;第三,良好的社区教育能够加强社区建设;第四,通过社区教育才能使社会可持续发展。"为促进社区可持续发展,现代社区与学校进行优势互补,教育的社区化也就意味着学校向社区开放,学校的教育目标、教育内容及教学行为允许社区居民的参与,学校的师资、设施也向社区居民开放。总之,由于社区教育以"社区发展"为本,又是社区发展的关键,因而促进社区的可持续发展,又是社区教育一大基本目的。[①]

(二)社区教育的发展历程

1. 社区教育的起始阶段(20 世纪 80—90 年代)

伴随着改革开放和现代化建设的发展进程,为了适应社会发展和社区建

---

① 叶忠海,朱涛. 社区教育学[M]. 北京:高等教育出版社,2009:84—85.

设的需求,为了适应社区居民的精神文化和教育学习的需求,我国社区教育于 20 世纪 80 年代首先在城市应运而生。各地,特别是一些沿海发达地区城市,以青少年学生为主要对象,以校外德育为主要内容,以社区为主要阵地的社区教育开始起步。1988 年,《中共中央关于改革和加强中小学德育工作的通知》中强调"要把社会和家庭教育密切地结合起来,形成全社会关心中小学生健康成长的舆论和风气",提出"要采取多种方式加强学校和社会的联系,城市地区或街道可通过试点,逐步建立社区(社会)教育委员会一类的社会组织,以组织、协调社会各界支持、关系学校工作,优化社会教育环境"。① 1993 年,《中国教育改革与发展纲要》提出:"支持和鼓励中小学同附近的企业事业单位、街道或村民委员会建立社区教育组织,吸引社会各界支持学校建设,参与学校管理,优化育人环境,探索出符合中小学特点的教育与社会结合的形式。"还首次引用了"终身教育"的概念。自此,社区教育在终身教育理念指导下,逐步形成了由青少年校外德育为主,继而向教师、家长、社区居民等群体逐渐辐射和拓展的局面,开辟了学校、家庭、社会三结合的教育新路。

2.我国社区教育的实验阶段(2000—2007 年)

1999 年,国务院批转教育部《面向 21 世纪教育振兴行动计划》,提出"开展社区教育实验工作,逐步建立和完善终身教育体系,努力提高全民素质"②。为落实行动计划,2000 年 4 月,教育部下发了《关于在部分地区开展社区教育实验工作的通知》,明确了开展社区教育实验的目的和要求。2001 年 11 月,教育部召开"全国社区教育实验工作经验交流会",下发了《教育部关于确定全国社区教育实验区名单的通知》,确定了 28 个全国社区教育实验区,明确了社区教育实验工作的目标、任务和相关政策、措施。为认真贯彻中央及教育部的精神,北京、天津、上海、江苏、浙江、山东、四川、重庆、福建、湖北、新疆等省(直辖市、自治区)相继出台了促进社区教育发展的有关文件,各实验区的社区教育开始步入有计划的、积极发展的轨道。

2001—2007 年,教育部先后四次确定了 207 个"全国社区教育实验区",

---

① 中共中央关于改革和加强中小学德育工作的通知[J].人民教育,1989(2):2—4.
② 国务院批转教育部面向 21 世纪教育振兴行动计划的通知[J].中华人民共和国国务院公报,1999(2):36—50.

覆盖了全国绝大多数的省(直辖市、自治区);各地又先后批准了 500 多个"省级社区教育实验区",形成了"以京、津、沪等大城市为龙头,东部沿海发达地区为主干,中西部地区有重点"的梯度发展格局。通过社区教育实验,各地积极探索建立社区管理体制和运行机制,整合社区内外各类教育资源,健全社区教育培训网络,壮大社区教育队伍,开展多样化的教育活动,创建学习型组织,积累了比较丰富的经验,社区教育实验区已成为社区教育的先行和骨干力量。在这一阶段,社区教育已经从城市向发达地区的农村扩展,从东部地区向中西部地区延伸,呈现出"城市引领、城乡一体"的发展态势。社区教育已成为提高社区居民的整体素质和生活质量的重要抓手,成为和谐社会建设的重要抓手,为构建终身教育体系、逐步形成学习型社会奠定基础。

3.社区教育的示范阶段(2008 年至今)

2008 年 8 月,教育部发布《关于确定全国社区教育示范区的通知》,正式开启国家社区教育示范区建设工作,同时确定了第一批包括北京市西城区在内的 34 个国家社区教育示范区;2010 年,教育部《关于确定第二批全国社区教育示范区的通知》中,确定了北京市东城区在内的 34 个国家社区教育示范区;2014 年 1 月,教育部《关于确定国家第三批全国社区教育示范区的通知》中,确定了北京市大兴区在内的 22 个国家社区教育示范区;2016 年 5 月,教育部《关于公布第六批全国社区教育实验区、第四批全国社区教育示范区名单的通知》中,确定北京市石景区等 32 个国家社区教育示范区。由此,形成了示范区网络,构建起了功能齐全、管理规范、制度完善的社区教育体系,各批次示范区见表 5-22。

表 5-22　国家社区教育示范区建设

政策文件名	各区数量(个)	示范区分布
教育部《关于确定全国社区教育示范区的通知》(教职成函〔2008〕1号)	东部地区(25)	北京市:西城区、海淀区、朝阳区 天津市:河西区、和平区 上海市:闸北区、徐汇区、浦东新区、嘉定区 江苏省:南京市鼓楼区、南京市玄武区、江阴市、苏州市金阊区 浙江省:杭州市下城区、杭州市萧山区、宁波市海曙区、宁波市鄞州区 福建省:厦门市思明区 广东省:深圳市宝安区 山东省:济南市历下区、济南市市中区、青岛市四方区、青岛市南区 辽宁省:沈阳市和平区、大连市甘井子区
	中部地区(5)	吉林省:长春市朝阳区 黑龙江省:哈尔滨市南岗区 湖北省:武汉市硚口区、武汉市青山区 山西省:太原市杏花岭区
	西部地区(4)	陕西省:西安市碑林区 新疆维吾尔自治区:克拉玛依市克拉玛依区 四川省:成都市青羊区 重庆市:渝中区
教育部《关于确定第二批全国社区教育示范区的通知》(教职成函〔2010〕9号)	东部地区(26)	北京市:东城区、顺义区、房山区 天津市:南开区、河东区 上海市:长宁区、普陀区、静安区、杨浦区 江苏省:昆山市、南京市建邺区、常州市钟楼区、无锡市崇安区 浙江省:杭州市上城区、杭州市拱墅区、平湖市、宁波市江东区 福建省:泉州市鲤城区、福州市鼓楼区 广东省:深圳市南山区 山东省:诸城市、济南市天桥区、青岛市城阳区 辽宁省:鞍山市铁东区、沈阳市皇姑区、大连市沙河口区
	中部地区(5)	山西省:太原市小店区 湖北省:武汉市武昌区 安徽省:芜湖市镜湖区 江西省:南昌市西湖区 湖南省:长沙市岳麓区
	西部地区(3)	四川省:成都市武侯区 陕西省:宝鸡市金台区 新疆维吾尔自治区:克拉玛依市独山子区

续表

政策文件名	各区数量(个)	示范区分布
教育部《关于确定国家第三批全国社区教育示范区的通知》(教职成函〔2014〕2号)	东部地区(16)	北京市:大兴区、延庆县 天津市:河北区 上海市:闵行区、宝山区 江苏省:南京市秦淮区、常州市武进区 浙江省:杭州市江干区、湖州市德清县、宁波市慈溪市 福建省:福州市福清市 广东省:广州市越秀区 山东省:淄博市张店区、青岛市市北区 辽宁省:沈阳市沈河区、大连市金州新区
	中部地区(3)	安徽省:合肥市蜀山区、马鞍山市雨山区 湖南省:长沙市雨花区
	西部地区(3)	重庆市:沙坪坝区 四川省:成都市锦江区、成都市成华区
教育部《关于公布第六批全国社区教育实验区、第四批全国社区教育示范区名单的通知》(教职成函〔2016〕10号)	东部地区(18)	北京市:石景山区、西城区 上海市:黄浦区、奉贤区 江苏省:苏州市张家港市、苏州市姑苏区、镇江市京口区 浙江省:杭州市滨江区、绍兴市越城区、宁波市北仑区 福建省:宁德市福鼎市、厦门市湖里区 广东省:广州市番禺区、佛山市南海区 山东省:潍坊市寿光市、泰安市泰山区 辽宁省:沈阳市大东区、大连市西岗区
	中部地区(9)	黑龙江省:齐齐哈尔市龙沙区 湖北省:武汉市洪山区、武汉市新洲区 安徽省:合肥市庐阳区、宿州市埇桥区 河南省:平顶山市新华区、平顶山市湛河区 湖南省:衡阳市雁峰区、长沙市芙蓉区
	西部地区(5)	陕西省:宝鸡市渭滨区 四川省:成都市金牛区、成都市龙泉驿区 重庆市:九龙坡区、江北区

教育部四次公布的共122个国家社区教育示范区,布局情况为:除河北省、广西壮族自治区、海南省、内蒙古自治区、甘肃省、青海省、宁夏回族自治区、云南省、贵州省和西藏自治区10个省(自治区、直辖市)以外,其余21个省(自治区、直辖市)都有国家社区教育示范区:东部地区85个,中部地区22个,西部地区15个。从全国各地示范区分布数量来看,浙江省14个,江苏省13

个,上海市 12 个,山东省 11 个,北京市 10 个,辽宁省 9 个,福建省和四川省各 6 个,广东省和湖北省各 5 个,湖南省和重庆市各 4 个,陕西省 3 个,黑龙江省、山西省、河南省和新疆维吾尔自治区各 2 个,吉林省和江西省各 1 个。

(三)国家社区教育示范区建设成效①

1.加强了社区教育基础能力建设

国家社区教育示范区在社区教育基础能力建设方面,首先,建立了多元投入保障机制。为确保社区教育活动正常开展,国家社区教育示范区采取"政府拨一点、社会筹一点、单位出一点、个人拿一点"的投入办法,建立了"以政府为主、多元投入"的保障机制。各示范区根据教育部的相关规定,按照常住人口人均 1~2 元的标准设立社区教育专项经费。② 其次,构建了社区教育运行三级网络。一是出台了相关文件并制定实施标准,促使各级社区教育学校向规范化方向发展;二是形成了以社区教育中心为"龙头"、社区教育学校为"骨干"、社区教育教学点为"根基"的布局,因地制宜、贴近实际地开展了形式丰富多样的社区教育培训活动;三是举行了省、市示范街道评选活动,由多方部门综合评选出大批适应居民需求、满足社会需要的社区教育示范街镇和居(村)民学校,为社区教育的普及奠定基础。再次,共建了社区教育示范基地。为更加合理地整合教育资源,示范区依托辖区内的科技馆、博物馆、图书馆、文化中心、体育中心和社区服务站等公共设施场地,建立了思政教育基地、科普教育基地、儿童早教基地、老年人教育基地和青少年校外教育基地等。最后,搭建了社区教育学习平台。示范区内重点改革传统教育方式,以现代信息技术教育为主要手段,建立和完善了社区教育网、远程教育网和全民教育网等。

2.深化了社区教育内涵建设

国家社区教育示范区的建设亮点在于重视内涵建设、提升服务品质,在建设中着重课程开发、项目示范、理论研究和示范创新,以达到社区教育由活动层面向内涵化发展转变的基本目的。在课程开发方面,示范区的课程内容

---

① 杨永明,何晓颖,雷雪艳,胡斌武.国家社区教育示范区建设:问题诊断与优化策略[J].职业技术教育,2017(11):35—39.

② 来继文,许瑞森.《中国社区教育发展报告(1985—2011 年)》出版[J].中国远程教育,2012(5):94.

丰富、涉及面广、实用性强、地方特色浓郁,特别是在一些具有优秀文化历史和非物质文化遗产的示范区内,社区教育课程开发围绕地方特色,在传承优秀历史文化、保护和申报非物质文化遗产、增强居民对社区教育热爱等方面起到了积极作用。在项目示范方面,社区教育示范项目不仅是社区教育内涵发展的重要依据,同时也是社区教育提升品质、创建品牌的坚实基础。实践证明,以示范项目为抓手,在社区教育中通过项目进行示范活动,有利于增强社区教育工作者的项目意识。在理论层面,示范区的内涵主要围绕两点进行建设:一是坚持了"理论同实践相结合、研究者和工作者共联手"的理念;二是开展了群众性的行动研究和实践研究。在示范创新方面,示范区坚持"突出重点、重心向下",将着力点放在街镇区域内,以街镇为社区教育示范建设主要载体,提高街镇居民整体工作水准与创新作用,提升社区教育的整体发展水平。

3.开展了学习型组织建设

2010年8月,教育部《关于印发社区教育示范区评估标准(试行)的通知》中对各类学习型组织创建提出明确要求:"各类学习型组织创建力度大、进展快、创建率较高。学习型党政机关创建率达80%;学习型社区创建率,东部地区达70%,中西部地区达50%。"为响应国家建设学习型社会的号召,首先,创建了学习型城市。建设有示范区的上海、杭州、南京和大连等城市都制定并下发了相关文件以推动创建学习型城市,为推动各级学习型组织创建活动的开展,文件中对于相关的指导思想、总体目标、主要任务、创建载体和保障举措等方面提出具体要求。其次,推进了科学管理。为推动学习型组织创建工作的顺利进行,示范区制定了相应的评估标准,并在社区内形成了部门"协调运作、分工负责、共同推进"的模式,主要建设有学习型的机关、企业、社区、街道、委员会、楼院和家庭等。

4.走向了社区教育信息化

为使现代信息技术,特别是网络技术手段在社区教育中得到充分利用,政府建立了全民终身学习资源平台,引导市民更好地进行网上学习。[①] 2009年4月,中国成人教育协会社区教育专业委员会在上海市徐汇区召开了首次

---

① 陈乃林.终身教育理念观照下的社区教育[J].成人教育,2008(10):16—18.

"全国数字化学习社区建设研讨会",正式着手关于数字化学习社区的建设,同时拟定《推进全国数字化学习社区建设的意见》和《数字化学习社区建设基本标准》,在全国评选出优秀的数字化学习社区,并总结其成功经验,对其他社区数字化建设进行示范引领,发挥先行先试的功能。同时,为充分发挥电大信息技术优势,各示范区依托地方广播电视大学,建立了层次多样、类型丰富的数字化学习平台,吸引了众多社区的居民积极参与进来,为学习型社区的建设助力。

（四）国家社区教育示范区：问题诊断

1.对社区教育认识有待提高

作为一种社会化的新型教育,社区教育的发展需要来自社会各个方面的支持与配合。在建设示范区的过程中发现,不论是社区领导还是居民,对社区教育的认识依然停留在表面,未能树立"大教育"观念。[①] 一方面,部分职能负责人没有站在建设一流教育的战略高度考虑,在社区工作中不能及时摆正社区教育位置,对其重视程度和认识水平不高。由于示范区内社区工作管理事务繁重,一些职能负责人在管理过程中顾此失彼,对社区教育工作的开展产生畏难情绪,从而影响了社区教育工作进展。部分示范区的统筹规划多停留在言语传达和文件通报上,未纳入重要议事日程,或仅仅象征性地搞几次社区教育活动和校际交流,没有为整体的发展做长足打算和具体规划。有的领导对社区教育认识存在偏差,认为社会对教育的参与主要以经济资助为主,于是在实际工作中把重点放在吸纳社会力量捐资办学上,偏离了最初建立示范区的办学宗旨。另一方面,示范区内部分群众对社区教育认可度不够高。由于一些经济落后的农村居民长期生活在相对稳定、固化的文化氛围内,对知识和技术的需求不太强烈,因此出现自我学习意识较低和学习自觉性较差的现象,社区教育功能无法释放出其应有的效果。

2.社区教育政策法规有待完善

社区教育是一项系统工程,虽然《国家中长期教育改革和发展规划纲要(2010—2020年)》提出了指导性意见,但国家社区教育示范区建设作为典型

---

① 刘尧.我国社区教育发展现状、问题及对策[J].华中师范大学学报(人文社会科学版),2010(4):143-148.

的实践发展活动,已超越学校教育延伸的范畴,需要更加完备的法律法规和政策措施来支撑。目前国家社区教育示范区仍需继续探索和积累经验,但具体政策、配套措施和实施细则的欠缺,使一些示范区建设出现了整合统筹不力、关系网络不畅、相关部门分割等问题。示范区社区教育工作的开展不仅关乎教育部门,还涉及财政、劳动、文化等多部门的相互协调配合。由于相关行政人员的更替调岗,行政部门处于极不稳定的"人治"状态,导致一些示范区社区教育工作本来取得的相关成效随着领导人的更替而"止步不前",甚至"烟消云散"。这说明示范区建设的顶层制度设计、"一张蓝图绘到底"的工作机制建设有待加强。

3.社区教育发展有待平衡

国家社区教育示范区发展存在较大差异,主要表现在中西部地区落后于东部地区,农村滞后于城市。从122个示范区分布情况来看,主要集中在东部大城市、中心城市或城市郊区,中西部地区较少,农村地区基本没有。从实际发展层面看,在东部沿海少数经济发达地区的示范区内,其经费投入、硬件设施、组织管理、制度保障和人才培养等方面建设都走在全国前列;中部大部分经济欠发达地区的示范区仍处于探索建设阶段,各方面建设仍不太成熟,社会力量参与有限,政府统筹力度不大;西部一些经济落后地区的示范区建设进程缓慢,处于初级阶段,群众对社区教育的认知度较低。从工作推进层面看,示范区建设仍处于"先行先试、重点突破、局部开展"的建设阶段,与"普遍开展、全面发展、共同推进"的建设目标仍有一些差距。[①]

4.社区教育内容形式有待优化

社区教育作为一种开放式的教育形态,与普通学校教育存在着本质差别,但一些示范区社区教育工作的开展仍以"课堂教学、专题讲座"为主,其发展途径和表达方式都类似于学校教育,办学形式比较单一,不足以吸引社区居民的注意,容易挫伤其学习积极性;一些示范区虽然进行积极探索,创新出"超市式""菜单式"等社区教育模式,但与广大社区居民对学习多样化、个性化的需求仍有一定差距。其一,大多数居民还存在认识模糊,没有将社区教育提升到自身终身教育与社区和谐发展的高度。其二,社区教育管理者缺乏

---

① 王涤,范琪,郑蓉.中国社区教育示范区实证研究——以浙江杭州下城区为例[M].杭州:西泠印社出版社,2012:243,298.

与社区居民的及时沟通、交流，没有从社区居民的实际出发开展教育，居民感觉开展的活动离自己的实际需求还有一定距离，参与积极性不高。因此，如何进一步构建满足社区居民需求的多层次、多类型、多样化的课程内容和活动形式是示范区建设中需长期探索的问题。

三、国家社区教育示范区的个案调查——以滨江区社区教育示范区为例

滨江区是杭州市的一个新城区，设立于 1996 年 12 月，是经国务院批准的杭州新城区，总面积达 73 平方公里，下辖 3 个街道，现有 60 个社区，常住人口为 39.2 万。2015 年 8 月，国家批复同意杭州建设国家自主创新示范区，滨江区坚持"高"和"新"，走出了一条主导产业突出、高新区特色鲜明的产业发展之路，全区经济社会实现了快速健康发展。2018 年实现地区生产总值 1350.7 亿元，财政总收入 322.8 亿元，增长 12.4%，财政总收入增幅连续 4 年位居全市第一，连续 8 年在浙江省工业强县（市、区）综合评价中排名第一。

滨江区是浙江省最重要的科技成果产业化基地、技术创新示范基地、创新型人才培养基地、高新技术产品出口基地和海外高层次人才创新创业基地。在科技部火炬中心公布的 2018 年度国家高新区评价结果中，杭州高新区（滨江）在全国 157 个高新区（含苏州工业园）中综合排名全国第三，仅次于北京中关村和深圳。近几年，滨江区先后获得省文明城区、省平安城区、省和谐社会建设工作先进、首批省生态区、省教育强区、省体育强区、网络信息技术和产业省级自主创新示范区、国家跨境电子商务试验区、国家自主创新示范区、全国社区教育示范区、全国和谐社会建设示范城区等荣誉。

（一）滨江区社区教育示范区建设历程

滨江区委、区政府充分认识到发展社区教育在促进经济建设和构建和谐社会中的重要地位，建立了"区、街道、社区"三级社区教育服务网络，形成了滨江区"优教乐学"繁荣社区教育发展模式。2014 年 9 月，滨江区开始创建全国社区教育示范区工作，经过近两年的筹备，于 2016 年 5 月，被教育部确定为第四批国家社区教育示范区。滨江区社区教育虽然起步较晚，但起点高、发展快、创劲足，其发展大体经历了 3 个阶段：

第一阶段是建区以后的起步阶段（1996—2006 年）。1996 年建区以后，区教育局从校级干部中选派骨干教师担任镇成人文化技术学校校长，配备一

定数量的专职教育,开始举办成人中专、成人高中学历教育班。同时,以技能培训为重点,面向社会开展各类教育培训活动,真正揭开了社区教育的帷幕。

第二阶段是区社区学院成立的发展阶段(2006—2008年)。2006年,滨江区正式成立了社区学院,标志着社区教育走上有目的、有组织、有系统、规范化的发展阶段。2006年,建立了区社区教育工作委员会,区政府出台《关于推进社区教育工作的若干意见》,三所街道成校分别增挂社区分院牌子,以社区学校为龙头,以街道社区分院为骨干,以社区市民学校为基础的三级社区教育网络日趋完善。2008年,滨江区被确定为省级社区教育实验区。

第三阶段是争创全国社区教育实验区、示范区的创新阶段(2008年至今)。2009年3月,滨江区印发了《建设学习型城区实施意见》,大力发展社区教育,完善社区教育网络,建立开放式的现代教育学习制度,实现教育资源共享。2013年,滨江区成为第五批全国社区教育实验区。同时,区政府又提出创建全国社区教育示范区的目标,坚持大视野大思路,大投入大建设,大手笔推动社区教育发展,管理体制不断创新,运行机制逐步完善,教育资源得到有效整合,形成了具有新兴城区特色的"优教乐学"模式,实现了从农村教育到城市教育、从传统教育到现代教育的两次历史性跨越,为农村城市化地区推进社区教育发展提供了难能可贵的经验。

(二)滨江区社区教育示范区建设概况

滨江区社区教育紧紧围绕"打造创新创业新天堂,建设幸福和谐新滨江"的总体目标,积极发挥社区教育在服务与促进经济建设和社会发展中的作用,坚持学习与创新并举,为滨江区"经济硬实力"和"文化软实力"的增强和精神文明水平的提升提供了强有力的人力资源支撑和精神动力。

1.创新体制机制,组织保障有力

(1)党政重视,明确发展思路

滨江区党委、区政府有明确的社区教育指导思想,制定了《社区教育五年发展规划》,把社区教育列入"区经济社会发展十二五规划(2013—2017)"和"教育振兴五年行动计划",出台了《关于推进社区教育工作的若干意见》和《建设学习型城区实施意见》。建立了由副区长任主任、区17个部门组成的社区教育工作委员会,其办公室设在区教育局,区教育局局长任办公室主任。各街道也建立了由办事处副主任任组长的社区教育工作委员会。实行党政统筹领导、教育部门主管、有关部门共同参与的社区教育管理体制。

（2）制度保障，加强经费投入

滨江区制定完善了社区教育的各项制度，并列入政府教育督导范围。区级和街道均按常住人口数不少于 4 元/人的标准，安排社区教育专项经费，并根据社区教育事业发展需要，逐步提高标准，建立由财政、企业、社会、个人组成的多渠道筹措经费机制。

（3）网络健全，提升办学能力

滨江区建成以社区学院为龙头、以街道社区分院为骨干、以社区市民学校为基础的三级社区教育网络。区社区学院已经市教育局同意申报省级示范社区学院，三所社区分院均为杭州市示范社区分院，两所分院（街道成校）被评为浙江省示范性成人学校，一所成校为浙江省标准化成人学校。社区市民学校标准化建设，全省领先。全区有 59 所社区市民学校，开展符合青少年健康发展的文体、娱乐、艺术、心理咨询等教育活动，由具有教师资格的人员提供公益服务。

（4）资源整合，形成教育合力

加大区内教育资源向社区开放力度，开放率达 100%。区内非教育机构资源得到充分开发，建立排舞、木兰扇、太极拳等 10 多个特色文化广场，区内科普基地、城市少年宫、科技馆经常性开展群众文化活动。建设儿童友好家园、"安康计划安全应急体验教室"、小蒲公英俱乐部、城市学校少年宫、青少年安全教育体验室等青少年校外基地，儿童友好家园等 3 个项目获得全国青少年校外教育示范项目三等奖和优秀奖。挖掘全国道德模范"最美妈妈"吴菊萍、"最美姑娘"毛陈冰、全国公安系统"人民最喜爱警察"特别奖"爱心爸爸"吴仁贤等先进人物，西兴灯笼制作和长河印染非物质文化遗产等无形教育资源，通过设立"最美一面"爱心墙、图书漂流站、悦学体验点、乐学加油站等，社区积极建设"10 分钟学习型资源服务圈"。

2. 全民终身学习，覆盖人群广泛

（1）教育内容丰富

滨江区从 2007 年开始每年组织开展不同主题的全民终身学习活动周，宣传社区教育理念，推动全民终身学习。2014 年，滨江区获得全国全民终身学习活动优秀组织奖。积极开展多层次、多形式的教育培训活动，有青壮年的学历教育、在职人员文化技能教育、下岗失业人员再就业教育、外来人员城市适应性教育、青少年儿童校外教育、社区老年教育等。2012 年全区培训人数达到 21.5 万人,占全区总人员的 65.9%;2013 年全区培训人数达到 23.5 万人,占全区总人员的 71.9%;2014 年全区培训人数达到 31.4 万人,占全区总人员的 95.5%;2015 年全区培训人数达到 31.5 万人次,占全区总人员的 96.6%(2015 年区常住人口 32.6 万人);2016 年全区培训人数达到 31.7 万人,占全区总人员的 96.1%(2016 年区常住人口 33 万人)。3 年来,登记在册下岗失业人员培训率 100%,登记在册的外来务工人员培训率在 80% 以上。

(2)建设学习型组织

滨江区广泛开展"学习型机关""学习型社区""学习型家庭""学习型学校""学习型社团"创建活动。目前,全区共有学习型组织机关 34 个,创建率达 94%;学习型社区 42 个,创建率为 82%;学习型学校 14 所;学习型家庭 878 个;市级学习型家庭 10 个;区优秀学习型社团 40 个,其中,长河街道闻涛社区的越剧社、天官社区的大头娃娃工艺制作与舞蹈表演被认定为杭州市"终身学习活动品牌",7 个社团被评为杭州市示范社区学习共同体,傅春红、姚贺国、季家雄等 3 人被评为市"百姓学习之星"。

(3)不断提升"三度"水平

滨江区坚持为市民提供"优教"服务,倡导"乐学"模式,使市民对社区教育的知晓度、认同度和满意度不断上升。2014—2016 年知晓度分别为 84.32%、89.84%、95.36%;认同度分别为 81.44%、88.93%、94.68%;满意度分别为 80.78%、87.30%、93.72%。社区成员学习理念、归属感增强,文明事、文明人不断涌现,2016 年各类案件发生率比 2015 下降 5.9%,社区和谐稳定,市民文明,生活幸福指数高。

3.加强内涵发展,发挥示范作用

(1)队伍健全,提升发展能力

滨江区已形成了以专职教师为骨干,以兼职教师为主体,以志愿者为补充的社区教育队伍。全区有专职教师 24 人,兼职教师 120 人,志愿者 9854 人。每年组织专职教师转岗和在岗培训,培训率达 100%。

(2)手段创新,推进数字化建设

积极推进终身教育网络建设,已建成数字学习平台——"市民乐学在线",开设网络课程 1500 多学时,充分满足市民群众多样化、个性化的学习需求。区社区学院和 3 个街道分院都有各自的网站;微信公众号"滨江社区学院""滨江区掌上家校"也已建设完成。以干部学习新干线、家庭教育"在线通"、"数字社区"建设,推动学习型城区建设。

（3）课程完善,通识、特色课程形成体系

滨江区注重社区教育课程建设,形成了特色鲜明的社区教育课程体系,包括公民素养、职业技能、家庭教育、学历教育等类别,编印了"服务中老年,添色夕阳红"系列课程、"传播家教知识,共育幸福家庭"家庭教育系列课程、"关爱农民工,共建和谐滨江"民工素养提升系列课程等课程读本。其中,"文明礼仪伴我行""新市民城市生活指南"被评为全国社区教育特色课程;"家庭教育系列课程"是浙江省社区教育特色课程建设项目;"民工素养提升课程"是浙江省社区教育优质课程建设项目。区社区学院还自主开发了"西兴灯笼制作""现场应急救护培训"两个视频课程。

（4）面向未来,青少年校外教育丰富多彩

滨江区注重开展青少年校外教育活动。有专门的场地和具有教师资格的专人为青少年提供公益性服务,保障未成年人安全,不开办以赢利为目的的各种形式的收费培训班。每年开展"天堂儿歌"创作和演唱比赛、暑期夏令营、第二课堂、演讲比赛、中小学生艺术节、科技节等活动,引导全区广大青少年在丰富多彩的校外活动中增长知识,陶冶情操,提高能力,愉悦身心。2012年,参与青少年5.6万余人次;2013年,参与青少年6.3万余人次;2014年,参与青少年7万余人次;2015年,参与青少年7.3万余人次;2016年,参与青少年7.6万余人次。

（5）科研引领,提升核心能力

滨江区重视对社区教育问题的研究和实验探索。近5年来,完成《建筑工地民工学校可持续发展机制的构建与运行》《"我们的节日"本土文化课程的开发与实施》《中老年人防骗课程的动漫化改造与实施》等3个全国社区教育实验项目;完成省级社区教育实验项目4个,市级社区教育实验项目5个,省级社区教育规划课题4个,市级成人教育专项课题2个。

滨江区在社区教育发展过程中,坚持学习与创新并举,短短几年内在省、市乃至全国都产生了一定的影响力。滨江区作为全国社区教育实验区,正积极发挥社区教育工作示范、带头、辐射作用。"市民学校标准化建设的实施与管理"项目多次在浙江省社区教育管理干部研修班、浙江省实验项目负责人培训班、杭州市成校校长提高班等做经验介绍。学习型城区建设经验在全国社区教育制度体系改革创新研讨会、全国社区教育体制机制创新推进会等全国性会议上做交流。江苏省淮安市清河区,广州市萝岗区,温州市玉环县,衢州市龙游县等兄弟区县纷纷前来滨江区考察学习,滨江区将社区教育工作中的成功经验与兄弟区县共享。

（三）滨江区社区教育示范区建设特色品牌

1.实施市民学校标准化建设行动,优化了资源服务社会

2009年,滨江区立足区情实施了市民学校标准化建设行动,在市民学校建设中,始终坚持"以民为本、资源整合、软硬兼顾、服务中心"的原则,在每个社区建立一所硬件达标、软件过硬的市民学校。到2016年,全区所有社区市民学校覆盖率及达标率达到100%,其中50%以上的社区市民学校成为示范市民学校。市民学校标准化建设行动有力地推动了滨江区社区教育扎根社区、服务市民,实现了"十分钟学习型资源服务圈"。这项工作从全国范围来看,也是一项开创性的工作,因此受到了其他城区的关注,得到了省市教育主管部门、全国社区教育专家的肯定与支持。该实验项目被评为浙江省社区教育优秀实验项目、浙江省社区教育示范实验项目。

2.建立"白马湖市民大讲堂",营造了全民学习大环境

"白马湖市民大讲堂"是滨江区打造学习型城区、开展新市民教育的一个社区教育品牌。大讲堂内容涉及了政治、经济、文化、教育、卫生、法律、娱乐、养生等方方面面,以贴近实际、贴近生活、贴近群众为着力点,让市民群众看得明、听得懂、学得进、能接受,最大化地激发市民群众的学习积极性和创造性,自2009年创办以来,共上课4500余堂,市民参与人数达30多万人次,真正成为"学习型城区的标志性项目,社会化教育的公益平台"。如今在高新区,聆听"白马湖市民大讲堂"已成为老百姓的一种享受,一种"新时尚"。

3.开设硅谷创新论坛,促进了高端人才发展

2009年中国(杭州)创意产业高峰论坛召开之时,滨江区开展高端新市民教育的"硅谷创新论坛"也同时启动。滨江区根据人才聚集的特点和高新人才知识更新与自我发展的要求,积极开展"硅谷创新论坛",邀请国内外知名学者、专家、企业家到论坛讲学、交流、讨论。内容涉及"文化创意产业发展""物联网产业发展""国际金融危机发展的趋势"等,创办至今共举办50多期,参与人数2万余人次。"硅谷创新论坛"的举办为高新区创新、创业人才提供

了学习、发展平台。

4. 办好工地民工学校,引导了农民工市民化

针对滨江区城市发展的新趋势、新任务,工程建设的新特点和民工队伍的新变化,区社区学院以创建"新型民工学校"为抓手,为建设工地上的农民工搭建起一个由政府负责监督管理、由工程项目承包企业负责组建、由辖区内的社区学院负责学习活动的组织和管理、社区各界共同参与的,流动性大、针对性强、灵活度高的开放性学习平台。经过4年多的实践推广,近2万外来民工参加培训,取得了良好的经济效益和社会效应,建立起了政府、企业、民工、社会等多方共赢的民工学校办学模式。

5. 创建家长学校总校,推动了学习型家庭建设

滨江区于2009年在全市率先建立了区家长总校,建立起全区性家长学校的管理与运行网络,调动全社会的力量来支持、参与家长学校的建设与运行,提高家长学校工作的科学性、有效性。经过几年的实践,基本形成了以"家长学校总校为龙头,街道家庭教育指导中心为骨干,学校、社区家长学校为主体,新婚孕妇学校和其他家长学校为补充"的家长学校运行网络和"区家庭教育工作领导小组为核心,教育局统筹、社区学院与妇联牵头,多部门配合、中小学和社区主办"的管理体制。近几年来,参加家庭教育培训、家长开放日、亲子活动的家长近15万人次。

(四)滨江区社区教育示范区建设的主要问题

1. 社区教育的内涵定位不够明确

可以从教育的视角和社会的视角来认识和理解社区并分析社区教育的内涵。从教育的角度来说,社区教育是社会对公民受教育权的保障机制,也是对学校教育不足的一种补偿。从社会的视角来看,社区教育强调的是通过社区教育解决社区居民的学习问题。通过社区教育,提高社区居民的整体人文素质,促进社会的文化发展。从滨江区的社区教育实践看,社区教育的文化积极意义是明显的,在社区教育工作中,其重点是推行社区公众教育,以"人人接受教育""人人参与教育"来推动社区公众文化,它是实现教育社会化、社会教育化的有效形式,也是实现杭州创建学习型城市的最佳途径。但是也可以看到,在许多社区教育活动中,内容有泛化与扩大的现象,实用性的追求比较多,社区教育的内涵定位还不够明确。社区教育的内涵决定了工作

的目标定位,目标定位又决定了社区教育工作的方向。作为国家社区教育示范区,其区域性的社区教育发展规划是整个工作发展的关键,因此,社区教育发展方向必须明确,社区教育建设目标必须清晰,社区教育评估体系必须科学。

2. 社区居民的学习意识不够主动

市场经济背景下,社区居民的组成十分复杂,社区人口中有本地户籍人口和外来就业人口,不同居民的学习动力是不相同的。作为社区教育的主体,社区居民终身学习的主体意识和自觉意识,直接影响社区教育的成效。目前,社区、街道等组织的社区教育活动有时很难吸引居民的广泛参与。这里面的目前社区教育宣传力度还存在不足,社区教育的意识和理念还没有实现全民覆盖,都是导致社区居民自觉学习意识不强的主要因素。还有部分社区学院、市民学校工作存在流于形式、疲于应付的现象,有的市民学校甚至只能通过发放纪念品等方法招揽社区居民来参与社区教育活动,没有真正发挥社区教育的吸引力,社区居民学习缺乏主动性。

3. 社区教育的资源整合不够有效

城市社区是一个内容丰富的社会综合体,区域范围内的企事业单位、社区教育委员会等许多单位团体都具有不少的优质社会教育资源,但这些社会教育资源的社会化应用,特别是社区化共享还有待于深入挖掘和开发。如果社区内现有的这些优质教育资源能够得到有效的整合与利用,那么,就能够使社区教育在教育场地资源、教育人才资源、教育内容资源等方面提高可利用率和有效率,减少社区教育发展过程中许多教育可用资源的闲置和重置,减轻由于社区教育资源的匮乏而带来的发展压力。

4. 社区教育的发展力度不够均衡

经济社会的快速发展,迫切需要提高全体居民尤其是以青壮年成人群体为主体的从业人员的整体素质,促进人力资源整体水平的提高。社区教育就是一个对全民进行终身教育的良好平台,但是目前的社区教育对象仍存在着"重两头,轻中间""重休闲娱乐教育,轻职业技能培训"的现象,社区教育发展的用力不均,直接限制了社区人力资源的可学配置和合理开发。社区教育亟须加强对青壮年等成人群体的教育与职业培训,有针对性地开展教育服务工作,提高社区教育的社会效率。

5.社区教育的条件保障不够完善

杭州是一个经济快速发展的较发达地区,社区教育必须适应区域经济社会发展和满足市民学习的需求。目前,杭州社区教育保障力度还不够强,社区教育的经费投入还需进一步加大。近年来,随着社区教育内容的不断丰富,外来务工人员的大量涌入,滨江区社区教育专项经费已经不能满足社区教育发展的需求。社区教育场地建设也需有更多的资金投入,社区教育队伍建设更是有待加强。目前滨江区社区教育中心人员的编制多样,关系比较混乱。与社教办联系最紧密的街道社教干部也往往是身兼数职,不能够全身心地投入社区教育工作。社区教育专职工作者、课程教师、研究人员等的职称等许多问题不够明晰,待遇有待提高。社区教育法律法规等方面的制度建设也需要进一步完善,以利于建立社区教育的科学长效管理运行机制。

四、国家社区教育示范区建设路径

(一)完善"三大网络",增强服务功能

1.完善组织网络

社区教育示范区是以区域为中心的,因此社区教育的组织体系要从3个相互关联的层面进行完善:第一层面是决策层面,以区委、区政府为主线,区社教委为主导。这是社区教育组织管理的最为基本的组织形式,其构成的主要成员一般为政府官员,并广泛吸收了社区内各有关部门、群团组织、学校、企事业单位和社会人士等参加,具有极为广泛的社会参与性,从而成为社区教育的社会主体力量。第二层面是执行层面,以区教育局、区社教办为执行实体,联合部委办局、各街道,负责具体工作的开展、实施和考评。各级社区教育应建立目标责任制度以推动社区教育规划目标的实施。对辖区内各社区教育成员单位,要明确开展社区教育的职能和责任。社区教育工作须列入社会发展目标考核指标中,使社区教育正式成为政府每年对各街镇、区级机关各部门目标管理考核的重要指标。第三层面是操作层面,以区社区学院为主体,各街道社区分院、社区市民学校及各相关培训机构共同负责社区教育活动的开展。所开展的教育内容要全方位覆盖和适应社区所有成员的终身学习需求,对促进社区教育发展以及建设学习型社会,提高社区居民的素质素养和构建终身学习体系,起到重要作用。三级组织体系环环相扣、层层落实,既充分体现了权责分明的特点,又能有效地激发各职能部门的工作积极性

2.丰富资源网络

根据社区教育示范区现有的教育资源现状,充分发挥社区工作的优势,丰富社区教育资源,总的策略是充分利用社区现有各类教育资源,实现横向联合、纵向沟通、资源共享的社区教育资源利用格局,做到有组织、有计划、有创新。首先,最大限度地向社区开放各类教育资源,各级社区教育院校要把教育资源设施向社会开放,社区辖区内行政企事业单位要提供社会实践机会和场地,辖区内的高等学校、科研机构、公办中小学、图书馆、博物馆、体育馆等教育、文化、科研、体育公共设施,向市民有序开放。其次,要立足于社区教育资源,加强成员范围与社区的联系制度,勤于交流,盘活社区教育资源的应用。在教育活动中,有关社区教育服务项目涉及税收的,要适当予以免税、减税,也可以用社区教育成员单位的"冠名权"来获得相应赞助,让企业与单位购买社区教育课程,实现"双赢",从而实现社区教育资源优势最大化。最后,充分发挥政府引导作用,一方面要从上至下做好协调工作,另一方面,加大丰富教育资源的宣传,在工作中加强对社区教育工作的组织领导,强化队伍建设,加大经费投入,加快基地建设,完善督评体系,优化社区教育的环境与氛围。

3.共享信息网络

发展教育离不开科技。利用信息技术促进教育发展,将带来教育的革命性变革。信息技术和教育深度融合就是教育信息化的一种表现。发展社区教育,应当加强信息技术和社区教育的深度融合,为社区居民提供便捷、高效的社区教育学习平台。目前,在社区教育示范区建设中,网络建设已被提上重要日程并逐渐付诸实施。通过网络,社区居民可以享受各种优质教育资源,与优秀教师进行教学互动,可以形成"不出家门口,尽知天下事"的先进教学模式。努力建设好网络教育平台,丰富网络教育、教学内容,提供必要的技术支撑,保障网络安全、可靠、高效地运行,对社区教育示范区来说十分重要。因此,要借助省、市数字化学习平台的技术优势、资源优势,充分利用各种数字化网络平台,如微信公众平台、现代远程教育网络、社区教育推广网站等网络资源,积极宣传、推广数字化学习平台,引导市民利用数字化平台的优势、享受数字化学习平台的便利,进行全民学习和终身学习。

（二）搭建"四大平台"，优化运行模式

1. 以社区街道为中心，构建主动型社区教育模式

街道作为所辖区域的社区教育组织者、实施者、监督者、协调者，以社区服务及社区文化为着眼点，须主动进行社区教育的组织管理工作。其实施途径有两条。第一，成立社区教育委员会，由党政领导挂帅，有关职能部门及驻区单位参加社区教育工作，即"街道牵头、社会参与、双向服务"。第二，街道办事处相关职能科室按行政方式布置、检查社区教育工作。其目的在于：一是加强政府主导作用。街道办事处作为地方政府的派出机构，在社区教育中占据主导地位。社区教育作为街道办事处的一项重要工作，被纳入工作目标体系并借助行政手段进行推进。二是加大社会参与度。社区动员辖区内各界人士参加社区教育，充分发挥社区内社会各界的资源优势，力求形成"共建、共管、共享"的格局。三是提高资源整合效率。各街道充分发挥社区教学资源优势，建立以社区志愿者为主的社区人才库，组织社区各阶层人士共同参与学习型社区的创建。

2. 以社区学校为主导，构建互动型社区教育模式

社区学校作为区域性社区教育的组织者、协调者，利用自身办学资源和优势进行校外活动，与社会进行互动。首先，可以以学校为主体组织本校或社区内中小学生参加各种形式的校外教育活动。学校充分利用社区的图书馆、阅览室、健身场地、实践基地，积极开展青少年思想道德教育和各类知识培训、讲座、活动等，拓宽教学思路，培养青少年的创新和实践能力。其次，由学校牵头组建社区教育协调委员会，定期研究校外教育工作，参与学校课外活动协调与管理，并向社区居民开放校内文体活动设施。以社区学校为载体，建立优质亲民的师资库，围绕现代城市文明的发展要求，体现"百姓点题"的原则，针对全体社区居民开展社会主义核心价值观宣传教育，及以爱国爱家、文明礼仪、民主法治、科普环保、高新科技、优生优教、美居美家、养生保健为内容的市民素质教育，使之成为具有影响力、辐射力、凝聚力的教育品牌。

3. 以社区学院为核心，构建活动型社区教育模式

社区学院与一般学校有本质上的不同，主要是以社区成人阶段的居民为主要教育对象的，既可以为他们提供专科、本科层次学历教育，又提供了多层次、多类型、多样化的其他各类非学历教育，同时也能够丰富社区教育活动内

容。目前,社区学院应针对社区内的三大人群,开展相应的社区教育活动内容。首先,针对外来务工人员开展新市民适应性教育活动。随着城市化建设的推进,大量外地务工人员进入城市,其中,以外来民工居多,因此社区教育要以外来民工——城市的建设者为对象,努力开办民工社区教育活动。以外来民工走进新城市的工作、生活需要,制定能够充分满足他们需求的教学计划,组织开展以城市文化、安全生产、文明礼仪、守法维权为重点的适应城市工作、生活的教育活动,促进外来民工融入城市社区。其次,针对社区内的家长群体开展家庭教育指导活动。社区学院要充分发挥在社区家庭教育事业中主阵地的作用,积极构建学校、社会、家庭"三教结合"的大教育网络,建立完善各类家长学校工作制度,指导和监控家长学校办学质量,推广示范家长学校的经验做法,通过多种途径组织开展培训、交流、咨询、研讨、评比表彰等载体活动,不断提升全区家庭教育工作水平。最后,针对企事业单位工作人员开展校企合作教育活动。由区社区学院省、市、县(区)的安全培训机构,根据安全生产的要求,对生产经营单位的负责人和安全生产管理员开展安全生产培训。学院和企业签订合作协议,共同制定管理制度,安排落实学员的学习、实训,确保教育培训质量。开展企业职工"双证制"学历教育和技能培训。

4.以社区居民自治为基础,构建联动型社区教育模式

社区居民自治的社区教育由社会各界共同组成的社区教育协调委员会对本社区教育进行总体协调和具体策划。其运作方式为:由辖区各行各业较有影响并且热心社区教育的单位,或由某一功能齐全的单位牵头组成专门机构,利用各自的优势和资源开展"社区是我家,建设靠大家"的社区教育活动,充分挖掘社区内人力、物力资源,在努力实现居民自治的基础上,创办具有自身鲜明特色的社区教育特色品牌,使社区教育真正成为推动全民教育的主力军。

(三)实施"五大工程",促进内涵发展

1.实施社区数字化建设工程

数字化社区建设是创新社区教育的有效载体,是提升社区教育品质的重要举措,是社区教育未来发展的重要走向,有利于消除社区居民的"数字鸿沟",缩小城乡"知识落差",满足信息弱势群体获取知识的需求,推动社会成员的开放、远程与灵活学习。社区教育示范区的建设要在数字化建设中多下

功夫,首先,构建完善的数字化学习网络。充分发挥政府的统筹领导作用,强化社会组织的功能与作用,协同推进数字化学习社区建设。其次,丰富数字化学习资源。加强数字化学习资源库建设,整合各方资源,通过购买、合作与自建等方式丰富学习资源。加强资源的共建合作力度,挖掘社区自有和周边环境的教育资源,进行整合分类,开发出可供居民学习共享的本土化社区教育资源。最后,培育数字化专业队伍。充分发挥政府的组织领导作用,外引内培,加强社区数字化人才队伍配备,同时也可采用"外包"方式,由第三方公司负责维护;加强专兼职队伍建设,选聘各社区大学、学院及社区内的技术人员,招募社区热心居民组成平台兼职管理和推广志愿者队伍,协同做好数字化学习平台的维护和推广工作。

2.实施社区老年教育建设工程

在实施积极老龄化战略和构建终身教育体系的进程中,老年人的教育问题已成为社会普遍关注的焦点。社区教育示范区在老年教育方面所具有的阵地、师资等优势,是开展老年教育、提高社区凝聚力、促进老年人生命质量提升的有效途径。首先,要以观念为导向,深化认识,准确定位。推进社区老年教育的建设,要深化思想认识,以观念为先导,对发展模式进行准确定位,形成统一认识。转变社区老年教育无足轻重的观念,认识到社区老年教育是构建终身教育体系的组成部分,高度重视社区老年教育的发展,推动全民学习。其次,以阵地为中心,整合资源,优化环境。要争取政府的资金投入,加快社区老年教育的硬件建设与设备更新,改善办学条件;加强师资和志愿者队伍建设,依托社区内的教育资源,广泛开展社区老年教育,并通过长期的教育实践和优胜劣汰,逐渐建立起一支满足老年人多元化需求的师资队伍和志愿者队伍。最后,以活动为载体,丰富内容,广泛开展。将老年教育融入社区,需要以教育活动为载体,丰富教育形式,广泛发动老年人积极参与,形成多层次、多渠道、多形式的社区老年教育,推动老年教育有效地融于社区教育之中。

3.实施社区职业教育建设工程

社区职业教育是服务于社区工作的以各种技能培训为内容的社区教育形式。社区职业教育是今后我国社区教育示范区建设的一个重点领域,对促进社区教育与职业教育的相互融合与沟通、推动社区教育和职业教育的转型发展、解决社区教育发展的瓶颈问题具有重要现实意义。实施社区职业教育建设,首先,要创新组织形式。在组织形式创新方面,要建立社区教育与职业教育之间的联动机制,加强校社、校校、校企之间的合作教育与融合,建立"职教社教联动发展模式"。其目的在:一是可以吸纳职业学校的管理运作经验,助力社区教育科学发展;二是大批职业学校师生参与并融入社区,增强社区教育活力;三是与职业学校资源有效共享,扩充社区教育资源存量;四是利用职业学校科研力量支持,不断深化和创新社区教育。其次,发挥主体意识。社区职业教育的发展需要充分发挥社区及辖区内职业院校的主体作用,特别是在资源共建共享和项目对接方面,应该发挥独特优势,进行相互补充。最后,拓宽服务功能。在职业学校层面,将区域产业发展对接人才需求,不断推出多层次、多类型的社区教育服务,与社区行业企业公共指定专业人才培养方案,实现专业与社区行业企业岗位对接;在政府层面,要建立政府主导、以职业学校为主体,社区居民、社会组织广泛参与的社区职业教育发展机制。

4.实施学习型城市社区教育建设工程

社区教育作为学习型城市的重要形式和载体,对全面落实科学发展观、促进和谐社区建设、提高市民整体素质、推进城市发展具有重要作用,因此以建设学习型城市为目标之一的社区教育示范区任重道远,主要建设措施有:一是面向各类群体开展社区教育活动。社区教育根植于居民,突破传统的学校教育模式,紧密结合社区文化生活,充分开发利用社区内的大中小学校、幼儿园、老年学校、文化站、图书馆等教育资源,对社区居民开展教育。针对不同群体的需求,开展内容丰富的教育培训活动,例如学历教育、职业技能培训、思想道德教育、科普知识、养生保健、文体休闲娱乐等。因地制宜,通过系列主题活动,打造社区教育品牌,形成一地一品或一地多品的社区教育特色发展格局。二是建立灵活的社区教育学习方式。社区教育示范区建立健全多级社区教育网络体系,开展"学习圈"共同体、互助式学习、家庭学习、非正式学习和数字化学习等。三是创设多元的社区学习文化。在推进学习型城市建设的进程中,要培育终身学习习惯,借助于报纸、网络、宣传栏等各类宣传载体和举办丰富多彩的活动,普及终身学习理念,吸引广大群众参与终身学习,努力让文化惠及更多群众,创设积极、健康的学习氛围,将良好的社会风尚融入城市文化的主流。

5.实施新型城镇化社区教育建设工程

社区教育与新型城镇化存在相辅相成的关系,是推进新型城镇化的重要载体。《国家新型城镇化规划(2014—2020年)》指出,到2020年,我国常住人口城镇化率将达到60％左右,将有1亿左右农业转移人口和其他常住人口在城镇落户。为缩短城乡生态差异,促进城镇化快速发展,首先,可将社区教育的强大文化功能作为城镇化进程的软实力和推动器,通过结合本土的自然历史文化、地域风貌、民俗民风等,开展形式多样、内容丰富的社区教育文化活动,引导进程农民参加各类有益于身心健康发展和传统文化传承的社区教育活动,满足他们的精神文化需求,形成良好的社区道德风尚,增强进城农民的归属感,从而为进城农民提供幸福、温馨的精神家园。其次,社区教育作为新市民教育的主阵地,充分利用社会各类教育资源,开展农村劳动力转移培训,向农民传授非农业知识和技能,开展科学文化知识教育等,提高他们的综合素质。最后,利用社区教育化解社会矛盾,促进社会和谐。针对新市民开展就业能力、有针对性的职业技能培训;针对进城农民子女开展青少年校外培训;针对企事业单位人员,开展综合素质培训和生产安全培训等。

(四)推进"六项机制",落实保障措施

1.加强统筹协调,完善组织领导机制

坚持把社区教育纳入经济社会发展规划、教育事业发展规划和社区建设发展规划,形成党委政府统筹领导、教育部门主管、有关部门配合、社会积极支持、社区自主活动、群众广泛参与的社区教育领导体制和工作机制。由区政府分管领导牵头,区委宣传部、区教育局、区劳动保障局、区民政局、街道办事处等有关单位分管负责人参加的区社区教育工作委员会,加强对全区社区教育工作的组织领导,协调解决社区教育工作有关重大问题。区社区教育工作委员会要进一步完善议事办公制度、联席会议制度、目标责任考核制度、教育督查评估制度,推动全区社区教育走上科学化、制度化、规范化轨道。各街道也要进一步落实相应制度;社区要明确规定书记(主任)作为市民学校校长,提高社区教育在社区管理中的作用与地位。

2.加强多元筹措,完善经费投入机制

社区教育是一项公益事业,政府应成为社区教育的投资主体。尤其是面向弱势群体的教育项目,如成人基础教育、农村剩余劳动力转移培训、下岗职工再就业培训等，这类教育项目有利于实现教育公平与社会公平，体现国家和政府对若是群体的人文关怀与重视。从德国、美国和北欧的社区教育实践中可以看到，社区教育已成为一项重要的政府职能，各级政府都通过经费支持来保障和促进其发展。因此，多渠道筹措社区教育经费，确保社区教育活动的正常开展，首先，要落实教育经费投入"三个增长、两个提高"的要求，并采取"政府拨一点、社会筹一点、单位出一点、个人拿一点"的办法，建立健全以各级财政投入为主，多渠道筹措社区教育经费的投入机制。其次，要把社区教育人均经费纳入年度财政预算，并逐年提高，区、街两级社区教育人均经费分别达到国家规定的标准；最后，要加强社区教育经费管理，制定专项经费使用、管理办法，提高专项资金使用的规范性、有效性。

3. 加强队伍建设，完善人才培养机制

社区教育师资队伍建设是有效开展社区教育的重要保障。社区教育是面向社区全体居民开展的全方位的教育，涉及面广，需要有一批社区教育专兼职教师和志愿者共同努力。因此，各地社区教育示范区要在政府统筹安排下，着力建设一支以专职教师为骨干、以兼职教师和志愿者为主体的社区教育教师队伍。首先，采取社会公开招聘和从辖区学校教师中选任等方式，组建培育一支结构合理、素质高的社区教育专职教师队伍。其次，加强社区教育志愿者队伍建设，充分调动离退休老干部、专家学者、企业家、教师、英雄模范人物的积极性，形成一支热心参与终身学习服务的志愿者队伍。建立促进社区教育工作者专业化发展的机制，加强队伍培养培训力度，不断提高业务水平和服务能力。

4. 加强督导考核，完善评估激励机制

全程考核激励是促进社区教育工作取得实效的有力手段和重要切口。实施责任考核制度，首先，要政府重视，将其纳入辖区发展规划。建立社区教育工作领导责任制，明确各级党委、政府和有关部门的工作职责。将社区教育示范区建设工作纳入区域国民经济和社会发展规划、新型社区建设规划和教育事业发展规划等，并将社区教育工作列入区域年度社会发展事业考核的重要指标。其次，要严格考核落实，实施年终测评。区域内的社区教育委员会各成员单位层面，由区社区教育办公室牵头，制定固定考核工作会议时间，对各成员单位工作落实情况进行述评，加强总结反思，促进工作进展。再次，加大激励力度，表彰先进典范。对获得社区教育荣誉和积极承办各级社区教育活动的成员单位通过"以奖代拨"等多形式对其进行奖励,提高社区教育单位和工作者的积极性。最后,加强考核质量,注重监督评估。成立社区教育督导评估中心,及时修订和完善督导评估细则,形成指向终身教育体系的督评体系,强化对社区学院、街道分院、市民学校和家长学校等教育培训机构的评估指导。

5.加强理论研究,完善科研创新机制

除组织开展内容丰富、形式多样的社区教育实践活动外,针对社区教育发展中出现的各类问题,首先可以举办及参加会议,开展对外交流活动。随着经济社会的发展,各区域社区教育示范区凸显矛盾趋同,社区教育建设有很多共同点。通过开展主题发言、专题讨论、参观走访等方式,交流社区教育建设经验,促进和提升社区教育的未来。其次,通过课题研究的方法加以研究,总结经验教训、探寻发展规律、寻找解决问题的策略;总结推广各单位学习型组织建设的成功经验;指导各层面深化社区教育、终身教育和学习型组织的创建工作;建立社区教育项目实验推进机制和经费扶持机制,以"示范项目"推进社区教育的内涵发展。最后,以完善相关规划为抓手,更好地组织、协调、管理社区教育工作。制定相应规章制度,并统一印制了街道、社区的社区教育工作台账,以方便各类数据的报送和整理。[①]

6.加强宣传推广,完善舆论导向机制

社区教育是一项系统工程,需要全社会共同参与。要大力宣传社区教育的重要意义,广泛宣传和表彰在学习型组织创建活动中涌现出来的先进典型,介绍推广个人和组织积极学习的经验,提高政府、企业、市民对学习价值的认识,促使其形成内化的学习需求观,在广大市民中形成终身学习的高度共识和自觉追求,引导广大市民提升城市文明程度意识,树立建设幸福和谐家园的责任意识,形成"人人是学习之人、处处是学习之处、时时注重求知好学、事事注重以学求进"的理念,为社区教育示范区的建设做出不懈努力。

---

① 叶萌.国家社区教育示范区建设路径探析——以杭州市滨江区为例[D].杭州:浙江工业大学,2017.

第五节　农村教育现代化——以湖州市德清县为例

为落实教育部等九部门联合印发的《关于加快发展面向农村的职业教育的意见》(教职〔2011〕13号),引导地方各级政府切实履行好发展面向农村的教育职责,推动县域职业教育和成人教育又好又快发展,2013年1月教育部印发《关于开展国家级农村职业教育和成人教育示范县创建工作的通知》(教职成〔2013〕1号,以下简称《通知》)并组织开展国家级农村职业教育与成人教育示范县创建工作。示范县创建能树立一批农村职业教育和成人教育典型,充分发挥示范县引领辐射作用,推动全国农村职业教育和成人教育改革发展。示范县创建活动为全国各县区完善农村职业教育与成人教育提供了契机。浙江省教育厅积极响应,至今共有五批次20个县区入围国家级农村职业教育与成人教育示范县,总数居全国第一位,其中第一、二批入围的7个县区均已通过验收。在示范县申报和入围后的创建过程中,浙江省农村教育与成人教育发展水平得到了规范和提升,逐步构建了与地方经济特色相适应的职成教育体系。

以浙江职成教示范县德清为例,根据《浙江省产业集聚区发展总体规划(2011—2020年)》,德清属于湖州南太湖产业集聚区。该集聚区突出环太湖的区域特色,以战略性新兴产业、先进制造业、现代服务业为重点,积极发展生态高效农业,建设现代化生态型滨湖大城市的新兴功能组团。将集聚区各类人才培养纳入该区域职业教育与成人教育计划,利用职成教的科研与教学能力支持集聚区人才的培养和培训,能够为集聚区输送高水平技术工人;同时,产业集聚发展,现代产业体系逐步完善则能够反哺职成教育,有利于建立完善的职成教培育机制,促进产学研协同发展。

一、全国农村职成教示范县建设

农村职业教育和成人教育示范县(亦称"农村职成教示范县"或"职成教示范县")一词最早出现在2013年教育部发布的《关于开展国家级农村职业教育和成人教育示范县创建工作的通知》中。农村职成教示范县创建项目,以《国家中长期教育改革和发展规划纲要(2010—2020年)》为指导,旨在通过此项目落实县级政府发展职业教育和成人教育责任，强化职业教育和成人教育资源的统筹协调和综合利用，深化改革创新，提升农村职业教育和成人教育基础能力，为县域经济社会发展、产业发展提供人才支撑。农村职成教示范县项目在全国范围内展开，主要以县、市为主，兼顾涉农区及新疆生产建设兵团、黑龙江农垦总局下辖县级单位。其中"农村"是指区内常住人口中农业常住人口所占比例超过30%的涉农区，包括地级市的区、副省级城市所辖区、直辖市所辖区。示范县创建项目倾斜于农、林、牧、副、渔、水利、粮食等大县（市、区）以及农业社会化服务开展较好的县（市、区）。农村职成教示范县项目的目标是在5年内创建300个国家级农村职业教育和成人教育示范县，利用示范县的典型效应，充分发挥其引领辐射作用，推动全国农村职业教育和成人教育改革发展。

截至2019年12月，已完成五批次264个县（市、区）入围国家级农村职业教育与成人教育示范区创建名单，验收并认定五批次261个县（市、区）创建合格（见表5-23）。

表5-23　国家级农村职业教育与成人教育示范县创建进度

批次	入围公布时间	确认公布时间	入围数	验收合格数
第一批	2013年4月	2015年12月	59	59
第二批	2014年4月	2017年7月	53	51
第三批	2015年4月	2018年6月	50	49
第四批	2017年5月	2019年2月	43	43
第五批	2018年4月	2019年12月	59	59

在各省区历年累计入围示范县数量统计中，河南省以20个示范县（区）入围并验收合格的总数位居全国第一，浙江省以20个示范县（区）入围、19个验收合格的成绩紧随其后。全国各省（自治区、直辖市）示范县数量完整分布见图5-22。在历年农村职成教示范县创建的过程中，验收合格率极高。第一、四、五批次中入围的示范县全部通过验收，第二批、第三批的验收合格率分别达到了96.2%和98%。

二、德清农村职成教示范县建设

浙江省是国家级农村职业教育与成人教育示范县入围数量最多的省份

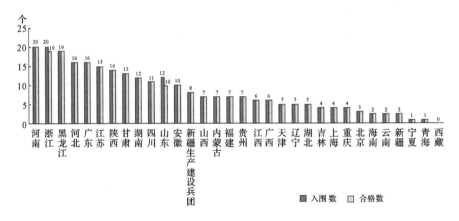

图 5-22　全国农村职成教示范县分布图

之一,验收合格的数量仅次于河南,是示范县建设项目的"排头兵"。内五批次共 19 个示范县分布于全省 10 个地级市,在对浙江省农村职成教示范县进行调查的基础上,选取德清县作为示范县建设的研究对象,主要原因是德清县国家级农村职业教育与成人教育示范县建设具有先进性、品牌性、典型性。

（一）示范县建设的经验

1.发挥政府统筹,健全组织系统

政府在示范县建设的过程中扮演着统筹组织的角色,在发展职业教育和成人教育方面主要承担着统筹协调各方相关主体和综合调配教育资源的任务。示范县建设初期,德清县成立由县委、县政府主要领导担任组长的创建职业教育和成人教育示范县领导小组,并建立每年一次的"议教会"和乡镇党政负责人教育工作述职制度,定期研究和商讨教育发展中所面临的问题。同时县政府牵头相继了成立县职业教育联盟、县职业教育校企合作工作指导委员会、县社区教育管理委员会等组织机构,定期组织研究和交流职业教育和成人教育发展动态,协调解决职业教育和成人教育发展中所面临的问题。在政府内部组织机构和政府统筹下职成教系统组织机构两套不同层级的组织架构中,政府将自身对教育生态系统的作用准确定位在统筹规划和组织领导上,充分尊重教育生态系统的主体性和主动性,避免了政府过度参与对职成教造成的不利影响。

2.顶层设计规划,保持系统稳定性

教育生态系统的生存与发展具有相对稳定性、迟效性和保守性的特点。

就示范县建设的具体环节而言,为了达到"落实县级政府发展职业教育和成人教育责任,强化职业教育和成人教育资源的统筹协调和综合利用,深化改革创新,提升农村职业教育和成人教育基础能力,为县域经济社会发展、产业发展提供人力支撑"的目标,示范县建设需要有与发展目标保持协调平衡、相对稳定的环境。教育政策与法规作为政府治理手段之一,是社会生态系统对教育生态系统的重要输入,对教育生态系统的稳定起着至关重要的作用。在德清示范县建设的过程中,德清县政府根据教育部《关于开展国家级农村职业教育和成人教育示范县创建工作的通知》,同时结合《德清县国民经济和社会发展第十二个五年规划纲要》,制定出台了《德清县加快发展职业教育成人教育和社区教育实施意见》和《德清县促进职业教育校企合作工作实施办法》等10多个政策性文件,对职成教各个方面做出了具体规划。这一系列规划与政策是德清县政府基于示范县建设的明确目标,以县域经济发展水平、产业结构、职成教现有条件为考量所制定的,它们形成了德清县社会生态对教育生态稳定而持续的意识形态输入。这种具有明确方向性和持续政策惯性的规划和政策对德清农村职业教育与成人教育示范县建设产生了推动和促进作用。

3.增加资源投入,保障系统运作

教育资源是教育生态系统发展的基本条件,也是教育生态系统与社会生态系统之间进行物质、能量、信息交换的基本内容。[①] 教育资源的内容十分广泛,大致包括人力资源、物力资源、财力资源、信息资源等类别,其中人力资源又包括教育者和受教育者两个方面。在教育生态系统中,以文化知识为主体的信息资源由教育者向受教育者单向传递,学校物力资源很大程度上是财力资源的物化。因此以教师为主体的教育者资源、教育经费和具有时代特征的信息资源这三者的投入对示范县教育生态系统有着巨大的影响。在示范县建设过程中,德清县充分调动各方资源,尽可能满足教育生态发展对教育资源的需求。

4.加强文化建设,增强系统生命力

在示范县社会生态系统中,最核心的子系统是职成教育生态系统。促进

---

① 范国睿.教育生态学[M].北京:人民教育出版社,2000:108.

示范县系统发展的核心是促进职成教育生态发展,促进职成教育发展的本质就是加强示范县文化建设。德清县在示范县建设过程中通过新型职业农民培养工程、专业人才培养与促进就业工程、职业学校引领示范工程、全民继续教育工程等 4 个职业教育项目来促成职成教的发展,完善示范县系统的文化建设,以增强职成教系统的生命力。

(二)示范县建设存在的主要问题

农村职成教虽然近些年取得了可喜的发展,但在教育体系中仍处于弱势地位。农村职成教的各种问题长期存在,影响了社会主义新农村建设和社会总体发展。县域职业教育、成人教育、社区教育协同不足、资源分散的问题成为县域职成教发展急需解决的问题。近年来,在县级政府的推动下,一些县区对现有机构如农业广播电视学校、农业机械化学校、广播电视大学等农民培训和成人教育单位进行了不同程度的撤并整合,然而,资源整合深度不足和协调不到位等问题仍然存在。具体而言,存在以下问题:一是资源整合没有到位,县域农村职成教机构仍独立存在,机构人员分散、教育培训效率低下的问题难以彻底解决;二是培训资源缺乏统筹,长期以来农村教育培训采用分散供给方式,各种培训任务按照类别自上而下归口下达,各类项目由不同部门分别管理,并选择对应的培训机构组织实施,存在着机构过多、人力分散、条块分割、效益不高等问题,组织、实施和管理工作有待规范;三是县级职教中心作用不够突出,一些培训任务分配到其他单位或社会机构,职业教育资源没有得到充分利用;四是乡村教育资源建设不足,成人文化学校人员编制、硬件条件、职能定位等方面问题依然存在,农民就近接受高水平教育的条件亟待完善。

(三)示范县建设的启示

首先,政府统筹是拓展生态位宽度的基本前提。德清县以坚实的经济基础为支撑,在政府对职业教育的重视下,职成教生态位宽度扩展,为职成教发展获取了足够的资源。一是通过政策和制度保障,确保财政对职成教经费的投入。在示范县创建的 3 年中,德清县在遵循示范县建设"教育费附加用于职业教育的比例在 30% 以上"的指标性要求之外,通过教育机构报告所需经费、政府相关部门审核发放经费的方式基本实现了职成社教经费的按需供给。并通过年度数据统计、教育工作统计等方式监管经费使用。二是通过多渠道整合的方式,扩充教育资源投入路径。德清县人民政府与浙江金融职业学院、省农信联社签署合作协议,共同成立了浙江金融职业学院混合所有制德清学院;政府牵头依托中职学校、乡镇成校和相关培训机构开展成人培训;依托电大、奥鹏学习中心、农民学院、农广校和县职成社教联合体开展业余中高等学历教育,这都是德清县多渠道整合资源的积极尝试。

其次,明确目标是提高系统运转效率的关键步骤。通过政府统筹机构与制度的确立和"大职教体系"的构建,德清县完成了以上目标。德清县成立职业教育和成人教育示范县领导小组,并建立每年一次的"议教会"和乡镇党政负责人教育工作述职制度,定期研究、解决教育发展中所面临的问题。县政府牵头成立县职业教育联盟、县职业教育校企合作工作指导委员会、县社区教育管理委员会等组织机构,定期组织研究和交流职业教育和成人教育发展动态,协调解决职业教育和成人教育发展中所面临的问题。在当地政府统筹下,依托德清县职业教育联盟和德清县职成社教联合体,德清县构建了职业教育、成人教育、社区教育"三驾马车"并驾齐驱的"大职教体系"。"大职教体系"下,县—乡镇—村各级学校机构按层级形成网络,共有县级职业院校 2 所,社区教育学院 1 所,农广校和农民学院各 1 所;乡镇级独立成校 12 所,社区教育分院 4 所,乡镇社区教育中心 8 个;村级市(村)民学校 176 个,学校系统完整,全面覆盖德清。在示范县验收前,德清县"四强四高"的创建目标基本达成。

最后,形成特色是凸显系统优越性的重要环节。职成教系统在发展的过程中遵循多样性与主导性原则,即系统必须有优势种类和拳头产品作为主导才会有发展的实力;必须有多元化的结构和多样性的产品作为基础,才能分散风险,增强稳定性。主导性和多样性的合力匹配是实现持续发展的前提。[①]因此,根据地方特色形成具有主导性的职成教特色模式才能凸显职成教示范县的优越性与先进性。德清县根据自身职成教基础与当地社会经济发展的情况,通过职业教育工学结合、校企合作等多种方式的探索,形成了"以项目带培训""334 现代学徒制"等具有地方特色的职成教发展模式。成人教育方面,"以项目带培训"是指德清县德清立足乡镇特色块状农业资源优势,通过

---

① 范国睿.教育生态学[M].北京:人民教育出版社,2000:21.

"选准一个项目、推广一项技术、培养一批人才、致富一方农民",将政府导向、农民意愿和市场需求结合起来,形成了尊重农民的传统与习惯的农科教发展模式。该模式在实践中获得了极大的成效,被联合国教科文组织国际农村教育研究与培训中心编入《教育与培训为农村转型服务——战胜贫困的技能、工作、粮食和绿色未来》一书,并向国际推广。社区教育方面,坚持"服务民生,满足需求"的工作思路,重心向下,初步形成了以科技项目为抓手提升农民致富能力,以活动项目为抓手提升居民的幸福指数,以实验项目为抓手提升社区教育品质的"项目引领式"的社区教育发展模式。职业教育方面,探索形成了适应当地职业教育工学结合、校企合作"七大模式"和"三大体系",建立了浙江金融职业学院混合所有制德清学院;打造了"三段教育、三元管理、四位一体"的334现代学徒制人才培养新模式;实施了中职选择性课程改革,都取得了一定成果。

三、教育生态学视阈中农村职成教示范县建设

(一)农村职成教示范县建设的教育生态要素

农村职成教示范县社会生态主要由人文化的自然生态环境、社会生态环境和规范生态环境(即广义的文化环境)构成。在构成职成教示范县社会生态的诸多因素中,人口、文化、经济和政府是对职成教生态系统运行影响最深刻而广泛的因素。而职成教系统本身就具备"文化属性",人口也可以具体化为学校生态中的学生与教师。农村职成教育生态是整个职成教示范县的核心,主要包括县域范围内的职业教育、成人教育、社区教育3个关键因素。三者围绕培养人、提高人的素质这一共同的根本目的而发挥各自独特的职能,形成了相互协作、相互依存的关系。职成教学校生态中,主要包括职业教育、成人教育、社区教育三者的学校体系,具体而言又包括学校的硬件配备和软实力配置,前者包含校园校舍、实训基地、机器设备等,后者则包含各级各类学校的学生与教师、培养目标、专业设置、课程内容等等。虽然职成教示范县最内层是课堂生态环境,包括校园布局、学校建筑等学校内部的物理环境要素以及学校规模、班级编排等社会环境要素,这些都会对学校教育、教学活动和学生的身心发展产生影响。

(二)农村职成教示范县建设的教育生态系统

职成教示范县范围内涉及农村职业教育与成人教育的各层级系统,从宏

观到微观可分为四层,最外层为示范县社会生态系统,第二层为职成教生态系统,第三层为职成教学校生态系统,最内层为课堂生态环境(见图 5-27)。四层系统呈同心环状分布,整个系统具有开放性和有序性,不同层级系统的要素之间相互作用,构成了文化传递、物质循环、能量流动的完整而复杂的整体。

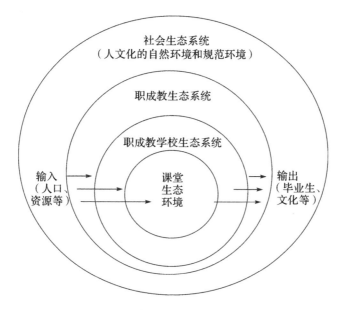

图 5-27　农村职成教示范县生态系统

(三)农村职成教示范县建设的教育生态运行

1.职成教学校的多样共生性发展

示范县职成教育中制度和教育的载体——职成教各层级不同类型的学校以及不同领域的企业与行业是示范县生态系统多样性的最直观体现。中等职业学校设有不同的专业,同时涉足不同行业和领域的企业也体现了社会资源最大程度的丰富。但无论是中等职业院校的专业设置还是企业布局都无法达到平均分布的状态,因此促成职成教学校多样共生性的发展就显得尤为重要。在教育生态学中,共生(symbiosis)和竞争(competition)是生态主体之间相互关系的两种表现形式,在生态主体和环境的互动过程中发生。其中,共生是指不同生态主体之间任何形式的共同生活,广义上来说,示范县生态中的任何两个生态主体都存在着共生关系。① 在示范县生态系统中,共生与竞争的关系主要发生在不同教育体系和不同学校之间。职成教学校之间,共生关系固然存在,但同时生源、经费、师资各个方面也都存在着竞争。而职成教育系统内部则应提倡正当、合理的竞争,以促进同类同级主体之间形成"鲶鱼效应",激励主体在竞争的环境中发展自身。遵循机巧原理,善于利用一切可利用的资源和力量促成职成教学校结构的完善,提升软实力,完善硬件配备,凸显学校的专业特色,可以将竞争转化为发展动力,促成职成教学校间多样共生性发展。

2. 职成教系统的系统循环性发展

职成教育系统内的自然资源、学校建筑、实训设备、实训耗材等都是典型物质,在资源节约、环境友好的倡导下,循环利用率逐渐提高;而更高一级的示范县生态系统中生产生活能源、经费投资、引进人才、在读学生等等是典型能量,在流动中部分转化为物质,部分成为系统运转的消耗。示范县生态系统中的物质和能量的共同传输为系统注入了活力与动力。示范县生态系统的发展是通过物质循环、能量流动搭建出来的价值链运行实现的。价值链涵盖了初始物质与能量的引入到分配、生产、再循环的所有环节,通过职业教育与产业链接及价值传递,使园区内的学生、教师、工人、居民等有机个体都能获得利益。因此,实现职成教育系统的系统循环发展是示范县生态运行的重要环节。

3. 职成教系统与社会系统的动态平衡性发展

平衡(balance)和失衡(imbalance)是生态过程中前后相继、彼此相连的两个阶段。生态系统在自身的功能与结构和它与周围环境的互动处于相对稳定的状态时,属于平衡阶段;当系统受到外界干扰破坏自身调节能力、引发系统结构与功能失调,导致原有平衡被打破时,就进入失衡状态。② 平衡和失衡是生态系统中错综复杂的生态关系的综合表现,在示范县生态系统中,职成教生态与外界政治、经济、文化环境之间、职成教系统内部各要素之间的关系都经历着从平衡到失衡、再由失衡到平衡的动态循环过程。在职成教生态系统中,平衡和失衡主要表现在职成教生态系统和社会生态系统的输入输出

① 范国睿.教育生态学[M].北京:人民教育出版社,2000:299.
② 范国睿.教育生态学[M].北京:人民教育出版社,2000:297—298.

上。职成教生态系统与社会生态之间的输入输出就是两者间物质能量交换的过程。示范县社会生态对职成教生态的投入既包括人力投入,如师资、生源、管理人员等,也包括物质投入,如教学楼、实训设施、图书资料等。同时各种价值观念和规范,如政策法规、管理制度、社会需求和社会价值观影响着职成教生态主体的运作。职成教育生态系统向社会的输出则以毕业生为主要载体,主要包括学生知识与技能学得、态度变化、行为变化等,另外还承担着传播科学文化与技术的功能。职成教育系统的成功发展必须建立在获取足够充分的教育资源和满足社会需求的基础上。充足的教育资源如师资、设备、教育经费、校舍土地等,为职成教育系统发展提供物质和精神支持,而职成教育根据市场需要输出满足社会生产的毕业生则体现了职成教育系统对社会生态系统的良好适应,如此形成良性循环,职成教育系统可持续发展。

(四)农村职成教示范县建设的教育生态成效

农村职成教示范县建设项目开展至今,已入围示范县数量 264 个,占目标数量的近 90%,完成验收的示范县共计 110 个,超过预计目标的三分之一。农村职成教示范县建设开展以来,在全国范围内取得了一定成效。

1.初步形成了职成教生态体系

(1)教育资源扩容,职成教育人口容量扩大

职业教育和成人教育专项经费制度完善,职业教育学费减免和助学金配套得到保障,成人教育人均经费增加。教育部职业教育与成人教育司在《关于首批国家级农村职业教育和成人教育示范县创建情况报告》中指出,上海市教育费附加用于职业教育比例达到 34%,陕西省达到 35%。各地政府督促企业以职工工资总额的 1.5%～2.5% 为标准提取职工教育培训经费。浙江省慈溪市 2012 年提取职工教育培训经费达 23895 万元,其中 75% 用于企业职工培训。多地中等职业学校生均公用经费标准不低于普通高中。其中浙江省慈溪市职业学校生均经费标准达到普通高中的 1.8 倍。成人教育按县域常住人口人均不少于 1 元的标准筹措经费,纳入年度财政预算,用于乡镇成人文化技术学校运转和各类成人教育培训。北京市大兴区 2012 年成人学校公用经费和培训经费支出达 1735.34 万元,按常住人口计为人均 12 元左右。上海市奉贤区按常住人口每人 6.4 元提取成人教育专项经费。职业教育与成人教育师资得到保障,职教生师比均不超过 20∶1。浙江省慈溪市按班师生比

1∶4.4核定各职业学校的教职工编制总数。浙江省平湖市职业学校建立"现代学徒制"专业教师培养制度,慈溪市采用在同济大学轮训职成学校教师和企业实践等方式,努力提高职成教育师资队伍水平。乡镇成人文化技术学校则按照不低于乡镇常住人口万分之一的比例配备专职人员,且每校不少于3人。

(2)职教生态发展,规模扩大、结构完善

职业教育集团化办学、校企合作提高了职业教育办学质量。构建了以县级职业教育中心为龙头,乡镇成人文化技术学校为骨干,村级成人文化技术学校为基础的县域职业教育培训网络,乡村成人文化技术学校覆盖率高,且网络运行机制良好。上海市嘉定区建成以职业教育集团为龙头,以国家中职示范校、区成人教育学院、街镇成人学校为骨干,以村、居委会学习点为基础,以农家书屋、百姓学习中心户等为落脚点的区职成教育培训网络。

2.初步发挥了职成教生态功能

农村职成教示范县建设初步发挥了职成教生态的功能,既初步实现了其作为生态系统的基本功能,又初步发挥了教育生态的特殊功能。生态功能是生态系统所体现的各种功效或作用,主要表现在生物生产、能量流动、物质循环和信息传递等方面。而教育生态系统又不同于普通的社会生态,它既包含一般生态系统实现生物生产、能量流动、物质循环和信息传递的基本特征,也包含了具有教育特征的生态功能。教育生态系统的内在功能是培养人,外在功能则主要指传递文化、协助个人社会化、使人们建立共同的价值观等社会功能。

3.初步发挥了示范县的政策效应

各县级政府通过制定计划,统筹县域资源,促进职成教育发展。将职成教育纳入县域经济社会发展总体规划,制定县域职成教育中长期发展规划。上海市奉贤区依据《奉贤区国民经济和社会发展"十二五"规划纲要》,制定了《奉贤区职成教育发展规划纲要(2013—2020年)》;浙江省慈溪市《国民经济和社会发展第十二个五年规划纲要》提出了打造"职教强市"和人才资源能力建设的各项目标任务,各有关专项规划均对职成教育提出了明确要求。各县级政府对农村职业学校改革发展及开展涉农培养培训工作给予政策倾斜。山东省诸城市制定了职业学校学生就业奖补办法和外县区学生交通补贴办法,对全国技能大赛一等奖获奖选手优先录用事业编制。浙江省慈溪市对职业学校教师实行"全民拨款事业单位性质结合校内企业化管理",解决职业教育发展的教师聘用管理问题。职成教示范县创建同以上政策一起,形成了社会生态对教育生态稳定而持续的输入。教育生态系统具有相对稳定性、迟效性和保守性,因此教育生态系统生存与发展要求有与之保持协调平衡、相对稳定的环境。而政府的一系列试点、示范项目具有政策惯性的持续影响,对农村职成教育产生了巨大的推动和促进作用。

（五）农村职成教示范县建设的教育生态问题

1. 生态环境失衡

生态环境(ecological environment)是各种生态因子综合起来,影响某种生物(包括人类)的个体、种群或某个群落的环境。[①] 职成教示范县的生态环境,是以职成教育系统为中心,对职成教育的产生、存在和发展起制约和调控作用的多维空间和多元环境系统。在职成教示范县建设的过程中,暴露出职成教示范县生态环境失衡的问题,主要体现在以下两个方面。

（1）职成教育缺乏政府重视和社会认可

规范环境(normative environment),又称精神环境或价值环境,是人类在社会群体生活中所形成和持有的态度、风气、气质与观念,包括文化、道德观念、民族传统和习惯、社会风气、法制、民主、宗教等。规范环境影响着主体的行为与发展趋势。[②] 在示范县建设的过程中,职成教育缺乏地方政府部门的重视、受到社会偏见,获得的认可度低,这是职成教示范县规范环境中对示范县发展的不利因素。教育部职成教育司《关于首批国家级农村职业教育和成人教育示范县创建情况》就指出:部分地方政府对农村职业教育与成人教育重要性的认识还不到位,个别省份没有出台评估细则和工作方案,没有进行省级评估,指导不力;有的县区申报材料数据有误,材料不全,把关不严。另一方面,职成教育受社会偏见的影响认可度较低,对优质生源的吸引力有待提高。从落选的县市区高中段职普比看,有60%以上的初中毕业生升入了普通高中,甚至个别县只有1所职业学校,而普通高中达11所。

---

① 范国睿.教育生态学[M].北京:人民教育出版社,2000:23.
② 范国睿.教育生态学[M].北京:人民教育出版社,2000:25.

(2)职成教育整体水平较低,区域间发展不平衡

农村职成教示范县创建是为了发展农村职业教育和成人教育,实现社会主义新农村建设中开发劳动力资源、提高劳动力水平、推广农业科技成果的目标。全国第六次人口普查结果显示,全国农村人口 6.74 亿,固定农村劳动力 2.46 亿,接受全面培训的农民数量不到 1000 万,仅占固定农村劳动力的 4%。① 农村职成教机构体系不健全,数量有限,并且无法为需求人群提供有针对性的培训。在 2013 年开始的职成教示范县申报过程中,参与申报的县市区发展水平参差不齐,经济基础薄弱的地区,农村职成教育体制机制不健全、职普比失衡、师资队伍短缺、实训设备值不达标、办学规模小、成人教育网络不健全等问题不容忽视。另外,全国范围内,区域间职成教育发展不平衡。职成教示范县数量一定程度上能够代表职成教育发展的水平,省区内职成教示范县的数量越多,相对职成教发展水平就越高。在首批职成教示范县申报的过程,中吉林、海南、西藏、甘肃等 8 个省区申报县均没有达到示范县创建要求,5 个批次示范县入围名单中,没有西藏自治区内的县区;职成教示范县入围数量最多的 5 个省区(浙江、河南、黑龙江、广东、河北)共计入围示范县 91 个,占 5 个批次总数的三分之一以上;在地理分区中,省均示范县入围数最多的华东地区(12.3 个)是省均入围数最少的西南地区(4.8 个)的两倍多。这使得示范县建设过程形成了"马太效应"。

2. 生态运行梗阻

(1)输入环节,教育资源输入不足,初始动力缺失

首先,职成教育生源质量偏低。职成教育生态系统良性循环发展的起点是充足优质的生源。但就实际情况而言,职成教育的生源大多表现为数量不足、质量不高,这已成为制约职成教育发展的障碍。从县域职业教育的招生看,初中毕业生的首选依旧是普通高中,且职业学校的录取分数通常低于同级普通教育学校。而涉农区成人教育与社区教育则面向乡镇富余劳动力和农民,从学生年龄来看,城镇化的发展和推进吸引了大量中青年劳动力都前往城市发展,"空心化"农村十分普遍,留守农民文化水平低。据统计,1995 年到 2011 年间,农村劳动力受教育水平在初中及以下的平均值达到了 85% 以

---

① 张国胜.农村成人教育发展分析[J].中国成人教育,2017(13):158—160.

上,高中及以上基本维持在 $10\%\sim15\%$。① 这一群体的学习积极性相对较低,对知识的吸收能力较差,影响了职成教育的成效。

其次,师资的结构型短缺。充足的师资是职成教育培养质量提高的重要保障。随着中国制造"2025"的开启,产业结构的调整带动职成教育专业结构和课程结构不断更新,教师结构性短缺现象十分突出,具体包括新专业、新课程的任课老师缺乏、"双师型"教师不足和职成社教之间教师资源流通共享不灵活。职成教育的主要任务是培养高技能人才,要求其教师既有较高的理论水平,同时又兼具较强的专业实践技能。教育部发布的《国家级农村职业教育和成人教育示范县工作要求》中,明确规定"双师型"教师占专任教师比例不低于 60%。但是在实际中,真正的"双师型"教师远远没有达标。在职成教示范县中,职业教育、成人教育和社区教育的教师人员有的属于教育部门分管,有的则属于人社部分管,且无专门的管理制度保证,这为学校间教师流动与师资共享增加了难度。

再次,教育经费不足,筹措渠道单一。教育经费是职成教循环发展的重要基础。从评判教育财政制度的 3 个标准,即教育机构的资源供给是否充足、教育资源的分配是否有效、教育资源的分配是否公正,可以发现教育资源影响生态系统发生变化的 3 个相关问题:教育资源短缺、教育资源分布不平衡和教育资源浪费。②

(2)转化过程,教育协同发展力不强,教育生态链断裂

首先,职成教各子系统间缺乏统筹管理。职成教各子系统之间管理机构相对独立,人员分散,缺乏专门统筹管理的制度和机构。在县级职成教系统中,教育部门和人社部门均涉及对职成教的直接管理,两者间虽有联系,但仍相对独立,因此在管理过程中,效率低下、难以统一的问题不能避免。职成教各子系统之间缺乏统一的考核与监督。

其次,职成教实训基地利用率低,教学方式单一。职成教在教学过程中重视对学生的动手操作能力的培养,需要校内外大量的实训环节,需要配备完善的实训基地。经济落后地区,实训基地不合标准、数量不足的现象较为严重,没有充足的实训设备或只有过时的、淘汰的实训设备,与实际生产中的

---

① 张国胜.农村成人教育发展分析[J].中国成人教育,2017(13):158－160.
② 范国睿.教育生态学[M].北京:人民教育出版社,2000:108－109.

设备相差甚远,无法使学生学习掌握到实用的应用技术。实训场所的完整性、现场性和先进性方面的欠缺极大地制约着学生能力、素质的转换。除此之外,职业教育与成人教育不能有效互通,场地利用率低的问题也较为显著。教育部的《国家级农村职业教育和成人教育示范县工作要求》中,对职业学校实训基地提出了明确要求,要求"实训设备总值不少于 2000 万元,生均仪器设备值高于 4000 元,能满足校内教学和'三农'人才培养培训要求。"但成人教育通常只依托社区教育学院、社区教育中心和村民学校等学校设置,并无专门的实训基地。由于缺乏完善的资源协调制度,职成社教的办学地点、实训基地难以共享,耗费大量人力物力的基地利用率低下,产生了资源浪费。

再次,职成教专业设置缺乏沟通,限制因子突显。近年来我国职业教育在专业设置上取得了进步,如专业设置越来越贴近社会和个体需求,结构日趋合理,打破了专业门类单一、学制单一的困境,注重宽窄并举,突出专业的职业性、适应性和灵活性。但是专业取向功利主义色彩严重,忽视"农村发展"与"个体发展"的统一;在政府层面与学校层面上,对专业的整体规划不够,新专业的设置在一定程度上带有随意性、粗放型和盲目性,低水平重复的问题比较突出;专业的设置与行业、企业、职业界及社会有关方面的联系不够紧密,局限于职成教之间的"内循环";专业设置缺乏科学性和相对稳定性,短期行为明显;传统优势专业和老专业不能及时根据社会经济发展和科技发展的需要进行改造和调整。

(3)输出环节,毕业生难以满足岗位需求,负向反馈明显

复合生态系统的发展受两种反馈机制的控制,一是作用和反作用彼此促进、相互放大的正反馈,导致系统的无止境增长;二是作用和反作用的彼此抑制、相互抵消的负反馈,使系统维持在稳定态附近。正反馈导致系统变化,负反馈维护系统稳定。系统发展的初期一般正反馈占优势,晚期负反馈占优势。持续发展的系统正负反馈相互平衡。[①] 职成教生态系统流通构成的最后一个环节是人才的输出,输出的效率与就业率有着紧密的联系。毕业生顺利就业,得到就业单位认可是职成教提高社会声誉、塑造院校形象的重要途径。以"出口"畅带动"进口"旺,有利于职成教生态系统良性循环。随着制造业发

---

① 范国睿.教育生态学[M].北京:人民教育出版社,2000:108.

展、社会经济突飞猛进,社会对应用技术型人才的需求急剧扩大,招工难、用工荒的现象屡见不鲜。

3.生态功能失调

(1)同位相类,职成系统学校间不良竞争

职成教示范县中制度和教育的载体——职成学校和与之紧密联系的企业和行业是示范县生态系统同等生态位多样性的最直观体现。同级同类的学校和定位相似的企业,都是相互竞争的潜在群体。这种竞争存在于学校间教育经费、师资、生源各个方面,置于企业则是对适用毕业生的竞争。当县域范围内的职成学校缺乏特色,专业设置、办学目标等具体细节趋同、单一时,必然导致各学校之间的生态位发生重叠,也就必然导致各职成教之间不必要的对抗性竞争。例如甘肃省酒泉市中等职业学校的专业设置情况调查显示,全市9所中职学校所设专业共计59个,重叠专业达33个之多,重叠率达56%;[①]江西省中职学校专业设置调查中,调查涉及的16所农村职业学校中计算机及应用重设率约为68.75%,旅游服务与管理重设率为25%,汽车应用与维修重设率则为12.5%。[②] 职成学校间不必要的对抗性竞争对于整体职成教系统的发展是不利的,会产生师资力量薄弱、教学质量不高、项目投资分散、招生的恶意竞争等一系列问题,造成职成教系统教育资源的浪费、人才培养的本体功能弱化,影响系统发展运行。

(2)低位高攀,示范县建设经验的盲目照搬

低位高攀,生态学中主要指一种生物物种对高级别高层次生物物种的简单模仿。[③] 在示范县建设的过程当中,教育部组织了全国县级职教中心新时代振兴发展研讨会、全国农村职业教育与成人教育现场会、全国涉农职业教育干部培训班等多种形式的会议和培训,对入围示范县的政府、教育部门及学校校长进行了示范县建设经验的分享与指导。但部分地区在借鉴的过程中,简单地模仿和照搬先进地区的做法,这种脱离当地实际情况、盲目追求高

---

① 高建仁.甘肃中等职业教育发展的困境与对策[J].发展,2016(2):31—32.

② 蔚丽娟,曹晔.江西省城市与农村中职学校专业设置情况调查分析[J].教育与职业,2013(3):11—14.

③ 龚怡祖,谢凌凌.生态位战略:新建本科院校发展战略新选择[J].高教探索,2011(11):10—15.

层次高水平的方式不仅不利于当地职成教育的发展,还对现有资源造成了一定程度的浪费。

(六)农村职成教示范县建设的教育生态学进路

1.遵循耐度定律与最适度原则,明确职成教发展定位

在职成教示范县建设过程中,职成教系统是社会生态系统中最重要的要素之一,也是建设的主体。应根据经济的发展情况来确定职成教发展的数量、规模和速度,否则超出系统承受范围,即使发展了,也无法保持稳定。量力而行,尽力而为即是符合耐度定律的。教育生态的个体、群体、系统在自身发展的一定阶段,对周围生态环境的各种生态因子都有自己适应范围的上限和下限,在此范围内主体能很好地发展,否则将走向反面,这就是最适度原则。因此,教育部将示范县建设的目标定为加快发展面向农村的职成教育;加强农村基础教育、职业教育和成人教育统筹,促进农科教结合;落实县级政府发展职业教育和成人教育责任;强化职业教育和成人教育资源的统筹协调和综合利用;提升农村职业教育和成人教育基础能力,为县域经济社会发展、产业发展提供人力支撑。

在明确示范县建设中职成教系统的目标定位后,依照既定的创建标规范操作,可以有效防止利益驱使下操作主体在公共政策的落实中出现较大偏差,避免教育资源的浪费。教育部在《国家级农村职业教育和成人教育示范县工作要求(试行)》当中,对示范县建设的工作开展给出了指向性明确、可操作性较强的指标。指标分三级,一级指标包括组织领导、条件保障、发展水平、特色(创新)。“组织领导”下设3个二级指标:政府统筹、体制机制、政策措施。“条件保障”下设4个二级指标:队伍建设、经费投入、网络构建、实训条件。“发展水平”下设2个二级指标:规模结构、质量效益。各二级指标之下又包含若干三级指标。指标按层次分方面对职成教示范县创建标准和操作规范做了完整而明晰的规定。

2 遵循拓适原理,保障教育资源投入

教育生态系统同自然生态系统一样,存在着生态链。自然生态中,生态链以食物链的形式存在,生物成员通过吃与被吃的方式彼此联系起来,但这种关系往往不是单一的直线关系,而是呈现出错综复杂的网络关系,即一种生物往往以多种食物为食,同一种食物也常常被多种生物取食,形成食物网。

教育系统中的生态链则不仅有基于能量流传递摄取的关系，也有知识流和信息流的富集关系。从初等教育到中等教育再到高等教育就是一个知识流富集的过程。随着知识流的富集，各个教育阶段所需的能量流也会随之增加，以保持系统的稳定性，越高级的教育阶段所需的成本也会越高。示范县所涉及的职业教育与成人教育，位于教育纵向结构中的中高等教育，理应获得较多的教育投入。且与普通教育相比，职成教起步较晚，发展历程较短，特别是其"职业性"的塑造，需要花费大量的资金进行实训基地建设和对学生实施技能培训。因此确保教育资源的足量投入是职成教发展、示范县建设的物质基础。保障教育资源的投入需要遵循拓适原理，即明确职成教特定的资源生态位，拓展资源生态位和需求生态位，以改造和适应环境。

加大政府财政对职成教的支出。中央政府应加大对西部地区、经济欠发达地区职成教投入的力度；中央和省级政府应对示范项目配以专项经费支持，调动县级地方政府创建的积极性。县级政府应切实加强对县域职成教投入的力度，进一步完善投入机制，将职成教纳入公共财政保障范围，落实生均公用经费。实施"百、千、万"工程（办好300个涉农示范专业，支持1000所示范性乡镇成人文化技术学校建设，培养100万农村实用人才），拟按30万元/专业、50万元/所、1000元/人的标准给予中央财政扶持，切实增强农村职成教持续发展的能力。建立合理的企业分摊机制，参照国外企业与政府分摊职业教育经费的做法，本着"谁受益谁负担"的原则，政府承担学校理论学习的费用，企业为实践操作提供人财物的支持。吸纳一定的社会资助，以学校的特色和成果来招纳社会人士的赞助，成立各种职成教基金会，同时完善职成教学生的助学贷款机制。

3. 遵循反馈原理，完善督查互动机制

农村职业教育与成人教育示范县作为一个典型的复合生态系统，其发展受到内部因素相互作用产生的反馈机制的控制。控制复合生态系统的发展的反馈机制分为两种：一种是作用和反作用彼此促进、相互放大的正反馈，导致系统的无止境增长或衰退；另一种是作用和反作用的彼此抑制、相互抵消的负反馈，使系统维持在稳定态附近。正反馈导致系统变化，负反馈维护系统稳定。一般系统发展的初期正反馈占优势，晚期负反馈占优势。持续发展的系统正负反馈相互平衡。① 就当前发展趋势而言,整个系统处于发展初期,系统内部的正反馈更占优势。因此完善领导督查制度,加强系统间的互动反馈机制有利于职成教生态系统正向发展。

在示范县建设的项目中,参与主体主要包括项目发起者和项目执行者两方面。在这一项目中,发起者是教育部、国家发展和改革委员会、科学技术部、财政部等九大部门,执行者是参与示范县建设活动的县级单位和下属学校、企业、部门。因此,作为项目发起者,主要应履行好监督、审查的职责,并在督政督学的过程中给予指导和评价。教育部等九部门要定期组织专家深入到申报县市区抽查复检,督促县级政府落实创建目标,规范创建行为,强化发展导向和工作导向,同时在深入检查工作的同时积极挖掘示范县建设的典型,组织经验交流,以充分发挥示范县的引领辐射作用,推进全国农村职成教改革发展。

4.遵循多样性和主导性原理,加强职成教文化建设

示范县生态系统的文化建设最重要的两个环节是强化职成教生态系统的育人功能和营造重视职成教的良好社会氛围。强化职成教生态系统的育人功能最重要的是兼顾多样性和主导性。因为系统必须有优势种类和拳头产品作为主导才会有发展的实力;必须有多元化的结构和多样性的产品作为基础,才能分散风险,增强稳定性。主导性和多样性的合力匹配是实现持续发展的前提。示范县制度和教育的载体——中等职业技术学校与企业和行业是示范县生态系统多样性的最直观体现。为了使多样性更加明显,中等职业学校设有不同的专业,同时涉足不同行业和领域的企业也体现了社会资源最大程度的丰富。但无论是中等职业院校的专业配置还是企业布局都无法达到平均分布的状态,因此主导性与多样性的统一就显得尤为重要。示范县内的中等职业学校存在着竞争的关系,树立专业特色,形成教学优势成为学校持续发展的保障。而企业则在当地自然资源、政策导向以及经济基础等因素的影响下逐渐形成具有主导性的特色化产业集聚。

示范县生态系统的文化建设的另一个重要环节则是营造重视职成教的良好社会氛围。生态学边缘效应(edge effect)认为,在两个或多个不同的生

---

① 范国睿.教育生态学[M].北京:人民教育出版社,2000:108.

物群落交界处,往往结构复杂,出现较多不同的生物种类,且特别活跃,由于种群密度较大,生产力相应的也比较高。边缘效应普遍存在,例如交叉学科的研究极大地促进了近代科学的繁荣与发展,生态学在学科交叉的过程中诞生了诸如人类生态学、生态经济学、教育生态学的分支,为不同学科问题的思考提高了新的视角。从教育生态角度理解职成教系统为社会生态持续输出的重要意义,有助于提高政府领导和社会舆论对职业教育的认可。职成教是处于就业最前沿的教育子系统,对产业结构调整、经济发展变化是最为敏感的,职业教育输出社会需要的劳动力和前沿的技术文化,其生产效能不容忽略。因此,运用政策法规、宏观调控等方式,切实转变制约职成教发展的传统观念显得尤为重要。具体可出台职成教相关政策法律法规;召开各种职教会议,扩大职成教的影响;引导舆论媒体对职成教的正面宣传,纠正人们的认知偏差,积极营造职业教育与普通教育同等重要的氛围,在全社会营造一个认可职成教发展职成教的应有的环境。①

第六节　老年教育现代化
——以杭州市老年大学技能补偿为例

老龄化问题是全球性问题。按照世界卫生组织的标准,当一个国家或地区 65 岁老年人口占总人口的 7％时,即视为进入老龄化社会;超过 14％,视为"老龄社会"(aged society);达到 20％,视为"超老龄社会"(hyper-aged society)。按此标准,全球已有超过 100 个国家或地区被认为是人口老龄化。中国是世界上老年人口最多的国家,根据国家统计局公布的数据,2019 年末,我国 60 周岁及以上人口 25388 万人,占总人口 18.1％,其中 65 周岁及以上人口 17603 万人,占总人口 12.6％。《大健康产业蓝皮书:中国大健康产业发展报告(2018)》预测到 2050 年我国 60 周岁及以上人口将达到 4.83 亿人。老龄化问题既是人道问题,又是发展问题。人道问题考量在不断老龄化过程中如何保护、支持与尊重老年人,老年人的需要如何以及怎样得到满足,追求养

---

① 蒋池小美.教育生态视阈下农村职成教示范县建设策略[D].杭州:浙江工业大学,2018.

老保障和人文关怀;发展问题考量老龄化对经济社会发展的影响,追求和谐、可持续发展。《中国教育现代化 2035》提出"建成服务全民终身学习的现代化教育体系","形成全社会共同参与的教育治理新格局"。新时代的终身教育,需要积极开发老年人力资源,充分发挥老年人的知识优势、技能优势、经验优势、智力优势,提供教育支持。

一、积极老龄化与职业技能补偿

(一)从成功老龄化走向积极老龄化[①]

1.成功老龄化

成功老龄化的理论基石,一是认知老化理论,认为感觉功能是认知能力的中介变量,衰老过程中,个体感觉系统逐渐钝化,感觉功能逐渐减弱;二是认知信息加工理论,认为个体认知系统是一个信息加工、储存、输出的过程,随着个体老化,认知加工速度逐渐减慢,工作记忆逐渐衰弱。1953 年,美国学者 Havighurst RJ. 和 Albrecht RE. 最早提出成功老龄化(successful aging)概念。1979 年,美国学者 Palmore BE. 认为成功老龄化指寿命在 75 周岁以上且具有良好的生理健康和主观幸福感。1987 年,美国学者 Rowe JW. 和 Kahn RL. 认为成功老龄化指个体在老龄化过程中成功调适的程度:生理维度,降低疾病或者失能风险;心理维度,维持认知与身体功能;社会维度,积极参与社会活动。目前广为接受的是美国学者 Vaillant GE. 和 Mukaml K. 提出的成功老龄化观点,他们将老龄化分为病态老龄化,即处于疾病和功能障碍的状态;常态老龄化,即随着年龄增长,生理、认知、社会功能下降,受外界环境因素的影响;成功老龄化,即随着年龄增长,生理、认知、社会功能变化很小,外界环境因素起中性或正面的影响。老年人的健康不仅是没有疾病,而且要有良好的身体功能,心理健康,能够积极参与和享受生活。成功老龄化就是没有慢性疾病或失能,有较强的身体功能,较好的认知功能,较高的生活满意度和主观幸福感。

2.健康老龄化

健康老龄化的理论基石,一是社会情绪选择理论,认为老年人积累的知

[①] 李增蔚,季孝琛,胡斌武.积极老龄化视阈下城市社区老年教育转型探究[J].职教论坛,2020(12)(待).

识经验有助于他们有效地调节自己的情绪,与年轻人相比,老年人更善于调节或释放情绪,对生活的积极度、满意度、幸福感往往高于年轻人;[①]二是社会活动理论,认为老年期的脆弱、依赖不可逆转,诉求精神的积极发展,而参与活动是促进精神发展的手段或途径。1990 年,世界卫生组织在世界老龄大会上正式提出健康老龄化(healthy aging)概念,强调老年人的身心健康和良好的社会适应能力。健康老龄化反对老年人"失能"的消极观点,提倡老年人"发展和变化",促进老年人生理健康、心理健康和良好的社会适应,主张通过营养保健、家庭、社会福利、住房和生活环境、收入保障和就业、保护老年消费者、教育等 7 个方面应对老龄化问题。为促进健康老龄化,国际上,早在 1999 年,新加坡部际人口委员会就建立了"一体式"老年教育模式,提倡在"心态"上,注重老年人的心态修养与价值观教育,让老年人保持积极健康乐观心态;在硬件上,成立"金色人力资源中心",为老年人提供工作信息,同时,联合雇主,通过人力资源重组和工作再设计,为老年人提供合适的工作岗位;在"软件"上,提供职业技能培训,营造终身教育与终身培训的社会氛围。"一体式"老年教育模式强调构建终身教育社会支持体系,注重社会基础设施、社区、亲子关系的建设等。

3. 积极老龄化

健康老龄化是积极老龄化的基础和前提,也是积极老龄化的基本保障。积极老龄化的理论基石是社会支持理论,认为社会支持是影响身心健康的重要因素,社会参与是实现老年人自身发展的根本途径。社会支持分为主观的、情感上的支持,如被他人尊重、被社会理解的情感体验;客观的、物质上的支持,如亲朋好友、家族成员、同事的支持等。1999 年,在世界老年人大会上世界卫生组织提出积极老龄化(active aging)概念,指老年人的健康、保障和参与达到最佳的状态及其过程。2002 年,世界卫生组织出版的《积极老龄化——一种政策框架》正式定义了积极老龄化,认为老年人不仅是照顾关怀的对象,而且是社会的创造者和发展的参与者,积极老龄化就是在没有疾病和伤残情况下,以一种有意义的方式生活,保持生理和心理健康。观测积极老龄化的六项指标是活得长寿、生活保障、健康自理、身心愉悦、社会交往、老

---

① 程利,袁加锦,何媛媛等.情绪调节策略:认知重评优于表达抑制[J].心理科学进展,2009(4):730－735.

年价值。积极老龄化强调老年人在老龄化过程中的积极性、主动性,鼓励老年人积极主动地参与社会活动;关注老年人的健康发展、角色发展、认知发展和价值发展。政府与社会要努力创设条件,发挥老年人知识、技能、经验、智慧,让他们积极参与经济社会发展和社会生活。为促进积极老龄化,国际上,美国形成了"围墙式"老年教育模式,让老年人在虚拟的"围墙"内拥有良好的精神生活和充足的物质生存;为老年人开设社区大学,为有兴趣、有能力、有潜力的老年劳动力提供职业技能培训,开展老年社区服务、就业服务等。

与成功老龄化相比,积极老龄化更强调老年人的主动参与及社会支持;与健康老龄化相比,积极老龄化更强调老年人的社会参与及社会保障。老龄化范式的转型必然要求老年教育的转型。

(二)职业技能补偿

"补偿"是建立在缺陷和损失的基础之上的。这里所说的职业技能补偿的对象是人口老龄化背景下愿意接受职业技能补偿,从而达到"积极老龄化"目的的老年人。他们积累了丰富的知识和技术技能,有一定人际网络与人脉关系,补偿成本低且收效快。因此它有两层含义:一是指老年人能力的增龄性补偿;二是指通过某些培训、教育等方式抵消老年人自然缺陷,以达到一种状态下的成功老龄化的理想蓝图。尽管国内外学者并未对"老年人职业技能补偿"给出统一的概念界定,但我们认为老年人职业技能补偿是人口老龄化社会背景下,提高老年人口生活质量,促进社会持续发展的重要应对战略,契合中国老年人人口特点和教育需求,有助于改善老年人口生存发展现状的教育形式。并且其将会是今后我国老龄化发展的一个重点领域,它对于促进老年教育和职业教育的相互融合与沟通、推动职业教育的转型发展、构建现代职业教育体系、解决老年人"再发展"的瓶颈问题,都将具有重要的现实意义。无论从职业教育的角度还是从人口老龄化的视角,老年人职业技能补偿并未受到足够多的关注,但它对老年人自身的发展、社会的发展、现代职业教育体系建设有着不可忽视的作用,因此,世界各国在应对人口老龄化的战略中,逐渐彰显出老年人口职业技能补偿的重要性。

（三）职业技能补偿促进积极老龄化[①]

1.职业技能补偿是终身教育体系和老年大业的活力之源

2016 年 10 月 5 日，《国务院办公厅关于印发老年教育发展规划（2016—2020 年）的通知》指出"老年教育是我国教育事业和老龄事业的重要组成部分，发展老年教育，是积极应对人口老龄化、实现教育现代化、建设学习型社会的重要举措，是满足老年人多样化学习需求、提升老年人生活品质、促进社会和谐的必然要求"。2014 年，国务院颁布《关于加快发展现代职业教育的决定》，其中提出要建立职业教育与其他教育相互沟通和衔接的"立交桥"，使职业教育与终身学习对接。终身教育主张人人受教育，时时受教育。随着科技的发展，移动互联网进入每个人的生活，时时受教育有了技术保障。但是，人人受教育，每个阶段的人受教育便成了一句号召词。如何保障老年人退休后还能继续接受教育、享受教育的权利，成为终身教育体系构建需要思考的话题。我国从 20 世纪 80 年代就已经开展了老年教育，但是未明确关于技能补偿的具体内容。终身教育体系应该是包括家庭教育、学校教育、老年教育在内的社会教育的有机整体，而不单单停留在学校教育一个阶段。将老年人技能补偿置于终身教育体系的重要地位，对于学习型社会的建设，特别是老龄大业的繁荣具有重要意义。

2.职业技能补偿是连接老年人退休后职业生涯的纽带

人力资源是第一资源，包括超出劳动年龄但仍具有劳动能力的老年人口。其最基本方面，从现实应用的状态分析包括体质、智力、知识和技能 4 个方面。从以上四方面进行老年人职业技能补偿，既填补了老年人技能短缺的现实需要，又是在经济下行背景下，经济结构转型的突破口。彼得·德鲁克认为，人力资源的特殊性在于开发。我国是劳动力大国，将人口资源优势转化成人力资源优势的关键是大力发展教育事业，而在人口老龄化的背景下，大批潜在的老年人力资源成了人力资源开发的新路径。越来越多的人开始关注老年人在劳动力市场的作用，研究表明，学校教育、在职培训、健康投入等形式的人力资本投资对于 50 岁以上退休老人的可雇佣性有着正向的影响，

---

① 钱柘，吴杰.成功老龄化视角下老年人职业教育补偿:困境与思路[J].成人教育，2017(3):52—56.

而由于技术革新和职业发展后期培训减少而发生的人力资本折旧对于老年人的可雇佣性具有负向的影响。基于此,加强老年人"工作延长期"的职业教育补偿,参加不同层次不同类型的技能培训和继续教育,提高了老年人的可雇佣性,丰富了老年人职后选择。无论是继续从事退休前工作,还是退休后转向更加偏好、更加清闲、更有意义的工作,都在扩大劳动力市场供给的同时,又弥补了技术、技能型人才严重短缺的短板,更为老年人的晚年生活增添一丝趣味。

3.职业技能补偿是老年人发挥"五老"作用的能量补给

美国心理学家马斯洛率先提出了"需求层次理论",将人的需要划分为5个层次,多维度、全方位地阐释了不同层次的需求。人在老年期,对生理的需要是最基本的,包括了衣食住行等基本条件;安全需求,主要表现在对"老有所医"的医疗护理保障;归属与爱,是老年人社会性的表现,体现出老年人对社会参与的渴求;自尊以及自我实现的需要是通过自我努力赢得他人尊重和实现自身价值的过程。近年来,中国老年人口状况发生了较大的变化,老年人口群体与其他群体一样都处于转变的过程中。新增加的老年人与以往的老年人有所不同,其经济收入、家庭、健康、文化教育等方面都出现了变化,在各方面有所改善,这就决定了他们的各方面也呈现出新的特点。因此,基于五层需求,老年人在各个方面的知识都需要补偿,五层需求所对应的"五老"——"老有所养""老有所医""老有所为""老有所学""老有所乐"的养老模式也召唤着职业技能补偿的开展。

(四)老年人职业技能育补偿桎梏

1.观念落后,模糊认知,桎梏老年技能补偿的开展

其一,一直以来,人们认为接受学习和教育都是年轻人的事情,而老年人的角色被定位为"颐养天年",老年人学习的需求和权益也就"顺理成章"地被社会忽视,更有甚者提出了"老而无为论、老人无用论"等观点。这些观点的形成一方面源于长期以来人们对老年人弱势形象的观念固着,另一方面是人们对于老年职业教育本身的认识不够。这种落后的教育观念制约了老年人社会参与的积极性,影响了我国老年教育事业的发展,阻碍了老年人继续社会化的进程。"成功老龄化"则是与这种观点相悖而行,正如一枚硬币有两面,在看到困境的同时,应该关注的还有另一面:成长、历练、生命力与成功

等。其二,相当一部分人对老年职业教育存在认知误区、模糊认识,造成了老年职业教育的不公平现象,偏离了老年教育的包容性、普惠性的本质特点。许多老年人自身也会因为思想意识落后、身心条件衰退等原因,认为自己不需要继续学习或无法继续学习,或者将老年教育与"休闲教育"挂钩,简单定义为参加一系列类似"书法、舞蹈、太极"等的活动,而忽视了自身劳动能力的再开发。

2.法规陈旧,角度偏失,缺乏老年人受教育权保障

教育体制的发展离不开法律法规的保障,而老年教育法规的欠缺无疑是老年教育发展路上的绊脚石。目前,我国老年教育的最高法律是《老年人权益保障法》,其中明确规定了老年人继续受教育的权利,各省市也颁布了保障老年人受教育的法律条文。虽然我国在大力提倡积极老龄化,重视老龄人口的再发展,但是至今未组织出台《老年教育法》等法律法规,作为其中重要部分的"老年人技能补偿与职业教育法规"更是难觅其踪。关于老年教育的相关法律法规分散在各个法律中,条块分割,缺失了专门性法律的保障,使得我国老年教育发展缺乏强有力的法律保护,在实施的过程中难以充分保障老年人继续受教育的权利,再就业机制的开发也将受到阻碍。根据现代西方老龄化理论视野,老年教育的对象并不仅仅是单纯意义上的老年人,更是生命阶段的所有人。每个人都要经历生老病死,从出生到死去的过程是必经的,而老年教育不应停驻于退休或者生理年龄到达某标准后,而应是在进入老年期之前就进行并持续至退休、亡故的整个生命周期过程。因此,老年教育法规和政令的缺失,与每个人息息相关,并牵扯到每个人的相关权益保障。

3.体系缺失,模式单一,束缚老年技能补偿的延伸

纵观当今教育体系,虽然我们大力提倡终身教育,宣扬"活到老,学到老"的观点,但是老年教育仍然处于社会发展的边缘性地位。其宏观层面的表现主要有:老年学校数量不足,学校师资配备不齐,经费投入不足。微观层面的表现主要有:教育内容匮乏,教育方法保守,办学形式单一。而关于老年职业教育发展的研究就更为稀少。究其原因,主要有以下几点:首先,当前社会上的老年大学主要以国家机关为退休人员开办的老年教育机构为主,数量有限,普通大众难有机会进入老年大学。据调查,2011 年我国能够有机会参加老年大学和老年学校的老年人仅占全体老年人的 2.76%,"僧多粥少""一位

难求""贵族学校"等现象屡见不鲜。① 而需要接受老年教育的正是社会普通大众,这与实际需求相悖。其次,老年学校的教师早期主要也由一些退休的干部担任,加之教育经费的投入不足,造成了师资的短缺。再次,由于老年人是异质性很强的群体,不同的老年人对于教育的需求层次不一,这就对老年教育的内容设置形成挑战,娱乐性质的教育大于实际生活的需要,职业教育和职业技能的展开遇到制度的藩篱。不同于普通教育,职业教育的特殊属性要求老年人需要掌握一定的知识和技能,统一的模式具有不现实性。最后,老年人接受教育的方法也大都以传统教授为主,由于自身身体状况和家庭因素,老年人的学习时间和学习情况具有不确定性,使得"知识传递"遇到瓶颈。

二、杭州市老年大学统计与调查分析

根据浙江省人口主要数据公报,2019 年末,浙江省常住人口为 5850 万人,其中,城镇人口为 4095 万人,农村人口为 1755 万人,城镇人口占总人口的比重(即城镇化率)为 70.0%。常住人口中,0~15 岁的人口为 824.9 万人,占总人口的 14.1%;16~59 岁的人口为 3820.0 万人,占总人口的 65.3%;60 岁及以上的人口为 1205.1 万人,占总人口的 20.6%,其中 65 岁及以上人口为 830.7 万人,占比为 14.2%。杭州市是一个人口老龄化、高龄化趋势尤为严峻的城市,据 2018 年杭州市人口数据公报,2018 年末杭州市常住人口中,0~14 岁的人口为 121.6 万人,占总人口的 12.4%;15~64 岁的人口为 730.5 万人,占总人口的 74.5%;65 岁及以上的人口为 128.5 万人,占总人口的 13.1%,其中 60 岁及以上人口为 192.2 万人,占比为 19.6%。

(一)杭州市老年大学统计分析

1. 老年大学分布情况

《杭州市养老服务业发展"十三五"规划》提到,预计到 2020 年末,户籍 60 周岁以上老年人口突破 180 万,老龄化比例将达 24%以上;户籍 80 周岁以上高龄人口超过 30 万,高龄化比例超过 18%。笔者通过查阅资料、收集信息,收集老年大学的地理位置分布、课程设置等情况以及结合访谈调查,以期了解老年大学职业技能补偿现状,发现其存在的问题,得出相关研究结论。杭

---

① 孙立新,罗彤彤.困境与出路:老年教育促进老年人继续社会化研究[J].职教论坛,2014(6):28−31.

州市总面积 16596 平方千米,其中市辖区 4876 平方千米,辖 9 个市辖区、2 个县,代管 2 个县级市。其中 9 个区为上城、下城、江干、拱墅、西湖、滨江、萧山、余杭、富阳;2 个县为桐庐、淳安;2 个代管县级市为临安、建德。据调研,杭州市老年大学共有 34 所,其分布地域情况见表 5-24。

表 5-24　杭州市老年大学分布地域情况

地区	建德市	临安市	西湖区	余杭区	上城区	下城区	江干区	拱墅区	萧山区	滨江区	富阳区	桐庐县	淳安县
数量(所)	1	2	3	1	3	3	3	2	6	1	3	5	1

从表 5-24 中不难看出,杭州市老年大学分布比较广,涉及 2 个市、8 个区、2 个县,一共有 34 所老年大学。其中以萧山区的老年大学数量最多,有 6 所;桐庐县的老年大学数量居第二,有 5 所。从表 5-24 中不难看出,杭州市老年大学数量并不多,并不能满足大部分老年人的需求。

2.老年大学课程设置情况

观照杭州市老年大学的课程设置,可以发现,课程类型主要分为文化涵养、语言文字、信息技术、生活保健、休闲技艺五类:文化涵养类主要包括经典电影欣赏、旅游文化、旅游名胜、音乐作品欣赏、文学作品欣赏、诗词楹联等课程;语言文字类主要包括朗诵、外语、英语交际语等课程;信息技术类主要包括平板电脑、数码图像处理、淘宝等课程;生活保健类主要包括中医保健、中医食疗、太极拳、健身舞等课程;休闲技艺类主要包括器乐、合唱、地方戏曲、摄影、时装表演、民族舞、国画、书法等课程。为满足老年人不同的学习需要,课程一般还会开设基础班和提升班。

另外,为完善老年大学课程体系建设,杭州市各老年大学在教材建设上也有自己的做法。通过访谈调查发现,目前杭州市老年大学在教材建设上,主要有以下几种做法:第一,采购教材。根据课程需要,对选用的教材进行全面筛选审定,然后进行集中采购。第二,自编讲义。教师根据实际需要,自编教学讲义。第三,编写教学大纲。有些课程无固定教材,教师自己编写教学大纲,按照教学大纲进行内容讲授。

3.老年大学师资队伍建设情况

目前杭州 34 所老年大学共有教师 1235 人,从教师的年龄结构来看,老年大学过半教师年龄都在 60 岁以上。20～39 岁教师共有 123 人,占总人数的 9.96%;40～59 岁的教师共有 356 人,占总人数的 28.83%;60 岁以上的教师共有 756 人,占总人数的 61.21%(见图 5-28)。

图 5-28　老年大学教师年龄结构

从教师职称来看,老年大学教授与副教授所占比例不高,大部分是讲师。如图 4-32 所示,教授共有 126 人,占总人数的 10.2%;副教授共有 173 人,占总人数的 14.01%;讲师共有 415 人,占总人数的 33.6%;其他共有 521 人,占总人数的 42.19%(见图 5-29)。

图 5-29　老年大学教师职称分布图

从教师来源来看,主要来源于校外。来自本校的教师共有 421 人,仅占总人数的 34.09%;外聘教师共有 814 人,占总人数的 65.91%。

通过访谈调查得知,目前杭州市老年大学大多自行聘请教师,且所有教师均为兼职。大部分老年大学学员对大部分的教师评价都很高,认为教师能够结合学员的特点去选择教学内容和教学方法。

4. 老年大学场地资金投入情况

老年大学的资金投入非常少,从其经费来源来看,主要是通过学费、高校补贴、政府资助及其他形式等来维持。杭州市老年大学在经费问题上处于自我管理、自筹资金的办学状态。总之,老年大学的资金来源主要是学费收入,政府的资金投入和高校补贴不稳定且数量不多。从这里可以看出,老年大学的资金投入严重不足。杭州市的老年大学场地设施由一些学校免费提供,不收取任何场地费和水电费。但是老年大学没有完全独立的办学场地,即使有部分专用,也是与一些机构共用。通过访谈调查发现,老年大学的场地设施大多是利用空闲的教室来上课。对于教学设备,很多昂贵的教学设备存在供不应求的现象,还存在提高的空间。

(二)杭州市老年大学调查分析

对杭州市内 6 所老年大学的领导、教师、学生和工作人员进行了深入访谈,访谈采用半结构化方式进行,访谈内容涉及老年大学的办学性质、办学特点、影响力和发展潜力,老年人职业教育补偿的学习需求,专职教师的教课情况、课程开设等方面。

1.成效

首先,对老年大学的管理者进行访谈调查,了解到的情况如下。一是90％的管理者认为,老年大学的教育意义非常之重大。管理者们认为老年大学是全面建成小康社会目标中的内容之一。而党的十八大也明确指出:"基本公共服务均等化总体实现,全民受教育程度明显提高,教育现代化基本实现,社会保障全民覆盖等。"老年教育即是其中应有之意。从积极发展继续教育、完善终身教育体系、建设学习型社会方面来说,老年教育不仅是终身教育体系的组成部分,而且从一定意义上说是实现终身教育的关键环节。从社会建设方面来说,老年教育也是和谐社会建设不可或缺的社会力量。许多老年人上了老年大学后掌握了相关本领,学到应有的知识,充当志愿者参加社会管理工作,成为社区管理的骨干,取得了很好的成绩和充足的经验,他们成为促进社会和谐不可忽视的正能量。二是管理者们认为老年大学的优势非常多,特别是借助老年大学平台实施职业技能补偿,以期实现成功老龄化,老年大学将发挥至关重要的作用。老年大学的优势主要有:老年大学的学员开展丰富多彩的活动,展示新时期老年人的精神风貌,有助于老有所乐;老年人周末对市民子女提供课业辅导、心理疏导、特长培养等志愿服务,课程全部免费,有助于解决市民子女的学习问题;老年人成立扶贫组织,利用空闲时间经常去学校看望困难学生或者去街坊看望困难家庭,给他们送去学习用品、生活用品等。三是老年大学的举办规模有大有小,但是总体上来讲,规模不是很大,呈小规模活动。这与职业教育所倡导的"小班教育"是相互呼应的。老年大学的课程种类不多,主要集中在艺术、养生、计算机等方面,而关于老年人技能补偿的内容很少,微乎其微。老年大学的管理实行集中、分散管理相结合的方式。在老年大学的师资方面,所有的管理者均表示,老年大学的报名人数增多,可是老年大学的师资人员却没有相应增加,导致师资力量不足成为普遍的问题。管理者们表示，老年大学没有专门的编制岗位给教师，所有的教师都是从高校、社会各个专业团队聘请的，没有固定的教师编制，教师的人员流动性比较大。除此之外，老年大学存在的问题很多，主要表现在以下方面：无权威机构组织牵头教材建设工作，没有把它放在与其他成人教育并列的位置上，对各级各类老年学校的办学资质、师资、教材等，没有一个明确的规定、标准和要求；教师短期意识导致教材建设滞步不前，教材的编写、教材的优劣决定因素是人，而这中间的关键又是任课老师，而任课教师基本上是聘请校外在职的教师或者已退休的老教师等，他们很少有时间能静下心来考虑教材建设的问题；门户流派各异，难以推行统编教材，老年大学的教师来自不同的地方，他们的思想、观点和使用的教材、讲义、方法、标准等都不一样，导致老年大学的学员所能学到的知识技能也是不一样的；无人提供财物支持，教材建设难以启动，教材不仅要对受教育对象负责，还要对一个城市、一个国家负责；教材编写不只是写几篇文章、编本书，而是要成系列、成体系；教材的建设开发，教材的编写出版，不只是一两所学校使用，它可能要在一个城市、一个地区乃至一个国家使用；教材不只是用一个学期、两个学期，可能要使用几年、十几年甚至更长时期。

其次，对老年大学的教师进行访谈，所了解的信息如下。一是老年大学的学员的特点是关注医疗保健、食疗，有助于身体强健；关注国家大事，期待国家强盛；有着强烈的自尊心和期望受别人尊重的心理；通过学习活动寻求精神依托达到健康长寿；渴望实现自身价值；在学习方面注重实用性和短期性；喜欢传统文化；喜欢结识新朋友。二是作为老年大学教师，他们的教材一般是依据自身的知识和实践经验进行编写的讲义，根据讲义和学员的情况再确定授课方法，一般采用讲授法、演示法、练习法等。三是在给老年人上课的时候，其乐趣在于跟老年人在一起交流非常快乐开心，老年人上课非常认真，学习非常认真，求知欲很强；其困难的地方在于，上课的场所不固定，有些老年人学习比较吃力。四是老年大学教师认为要将老年大学教师管理方面纳入教育系统，要把教师纳入教师编制，稳定教师的职业，管理好教师队伍，这有利于老年大学的师资发展。

最后，对老年大学的学员的访谈情况如下。一是老年人因为退休在家，有时间可以学学自己一直想学的东西，可以通过学习活动来填补自己多余的空虚时光，可以活到老学到老，可以跟上时代的步伐，等等。如果有机会，他们还是很愿意去学习关于技能补偿方面的内容的,也愿意以获取报酬的形式来从事力所能及的工作,并愿意主动接受相关的技能补偿与培训。二是上老年大学后有很多的收获和体会,比如学到了很多的知识,结识了很多的新朋友,学会了一门新技能等。三是老年人喜欢的教学内容主要是与老年人生活相接近、学期比较短、比较好学的。四是老年人认为老年大学的管理人员和教师应该专业化、系统化,让老年大学蓬勃发展。

2.存在的问题

首先,从宏观角度来讲,我国教育系统对老年教育的重视程度不够。当前,我国教育的发展重点在于基础教育与高等教育。社会各界参与建设老年教育的积极性不高,老年大学事实上处于教育的边缘地位或者说未处于教育的重要地位,并不是国家关注的重点,这种地位导致其在一定程度上受到冷落,而通过老年大学进行职业技能补偿更是举步维艰。另外,我国的经济实力不够,对老年教育的投入跟不上老龄化的发展,居民生活水平没有达到一定的程度,这都阻碍了老年人接受职业技能补偿。在这种"未富先老"的国情下,中国应对老龄化的经济实力还比较薄弱。这在一定程度上导致老年大学的发展受到阻碍,滞缓了职业技能补偿的实现。

其次,从中观角度来讲,老年大学办学不够规范、交流合作不够多。老年大学的课程设置、师资、教材等管理规范性不够。课程设置多为休闲性课程,不是对老年人知识更新、能力强化、适应市场有直接作用的发展型课程,也不是重视职业技能补偿的相关课程,不利于老年人教育的社会化,更加不利于在老龄化阶段起到正面作用。除此之外,缺乏专门的老年大学管理与教学人才,高等院校没有设置相关专业,老年科学研究机构屈指可数也是其发展的藩篱。而没有规范的专业教材,老师讲课吃力,自然而然学员的接受能力也会受到一定程度的影响。老年教育实践的发展急切呼唤相关的职业技能补偿的诞生。另外,即使有些地方的老年大学办得有声有色,成绩斐然,但大都停留在封闭的状态,缺乏与兄弟院校之间的交流与合作,争取邻近高校的理解和支持力度不足,使老年大学孤立于各高校之外,从而致使大量资源不能达到有效合理的配置,资源共享成为空谈。

最后,从微观角度来讲,人们对老年教育认识不够深入。目前,人们对老年教育认识还不统一,终身教育、终身学习的理念并未真正完全深入人心。很多人持有"老年教育无用论"的思想,甚至一些教育人士还对老年教育存在一定偏见。一些老年人(尤其是农村的老年人)还没有认识到老年教育可以提高老年人口素质、促进其社会化,进而使其能够真正融入到高速发展的社会之中。这也是导致老年大学发展不平衡的原因之一。我国老年教育政策侧重于宏观管理,仍停留在宏观指导政策层面上,具有可操作性的老年教育的基本法规尚未出台。老年教育实践的发展急切呼唤"老年教育法"的制定。

三、国外老年人职业技能补偿模式

(一)美国"围墙式"补偿模式

美国,人口数在世界排名第三位,综合国力排名第一位,由此可见美国的医疗技术的发展水平是世界一流的,其人均寿命为 86 岁。然而,美国社会的老年问题也是非常之多。针对不断突出的老年问题,美国政府采用的是"围墙式"的补偿模式。所谓"围墙式",在笔者看来是政府为了解决日益突出的老年问题而设置"围墙",让老年人在"围墙"内生存,包括老年人的精神生存和物质生存。在美国,政府为了解决越来越严峻的老年社会问题,由此规定白宫每 10 年召开一次老龄会议。白宫老龄会议的召开,显示出社会问题中老年人问题的重要性、突出性。政府在组织全国性的老龄会议的同时,积极制定老年人的专门性法律,修订老年人的相关就业法律法规,以保证老年人的生活蓬勃发展。现如今的美国法律中有《美国老年人法》《反老年人就业歧视法》《老年人公平法案》《就业年龄歧视法案》等法律法规,由此可见,美国对于老年人的法律法规比较重视。从《美国老年人法》中可以看到美国对老年人的权利义务的重视程度,该法明确表明老年人所应享有的权利和义务,并且依据老年人所特有的特征进行法律保护。从《反老年人就业歧视法》中可以看出,美国政府支持老年人再就业,对反老年人就业歧视有法律措施,从中可以看出,美国社会认为老年人应与年轻人一样,享有劳动的权利和义务,并且保护老年人的就业。从《老年人公平法案》中可以看出,政府保证老年人在社会上受到公平对待,政府明确表示虽然老年人的体力精力会下降,但是也必须受到社会的公平公正待遇,受到社会的充分尊重和理解。《就业年龄歧视法案》中明确表示老年人就业时不能因年龄受到歧视,社会招聘应充分考虑老年人的特点安排相应的岗位,不能因为年龄的问题而给予不同的待遇。从该《就业年龄歧视法案》中可以看出,美国的老年人就业受到保护,并且老年人积极参与就业,社会欢迎老年人就业。从以上几部法律法规的实施可以看出,美国社会老年人的职业技能补偿模式比较完善,有法律法规的实施保护,并且有社会人民的监督。为此,美国社会为服务老年人的工作,拓展老年人的劳动力市场,搭建老年人服务网络,为老年人的服务构建一体化的网络服务体系。另外,为了提高老年人的职业技能水平,美国政府为老年人开设社区大学,为潜在的有能力的有兴趣的老年劳动力提供职业技能培训服务,开展老年社区服务就业项目,为55岁及以上的低收入老年人提供公共部门或非营利性组织的就业岗位培训,为老年人创建自给自足的生活环境,从而减少社会的负担,减少社会对老年人的投资。

（二）西班牙"定制式"补偿模式

西班牙的老年危机也日益严重。西班牙地处欧洲,是欧洲的第三大国家,其国民生产经济、综合国际实力等各方面都非常强大,经济的快速发展、医疗的快速进步,使得西班牙的人口老龄化问题也越来越严峻。西班牙政府为了解决这一日益严峻的人口老龄化问题,提出要充分利用老年劳动力,提高老年劳动力的利用率。在该想法的基础上,西班牙政府从成人技能培训开始,建立一整套老年基本技能培训机制体制,主要包括基础培训、职业培训、参与度培训3个大项目。其中基础培训主要是对老年人的基础技能进行培训,以让老年人能够跟上社会时代发展的步伐,能够在科技迅速发展的社会中立足。职业培训是指针对有能力再次从事职业的老年人进行职业方面的培训,比如收银员等。对于某些有能力的老人来讲,再次进入社会从事一定能力范围内的职业,是非常有意义的。对老年人自身来讲,能够贡献自己,能够丰富自己的业余生活,能够创造更多的业余价值;对于社会来讲,能够整合并充分利用老年人的资源,提高老年人的利用率,解决老年人的危机问题。参与度培训是指让老年人参与培训,通过参与度培训,老年人能够利用自身的能力来做一些事情,能够从事社会职业,尽自己的一分力量。从这三大项目培训中可以看出,西班牙采用"定制式"的补偿模式,让老年人能够参与基础培训、职业培训、参与度培训;老年人能够根据自身的劳动力利用率进行技能补偿培训,从而能够在社会上立足。另外,在这些培训项目的基础上,西班牙政府还制定了"培训初期——知识与技能水平评估、培训中期——量身定制个性化培训方案、培训结束——证书与其他认证方式并存"的技能培训模式,以提升西班牙民众的基本技能水平。培训初期,主要是对老年人的知识与技能水平的评估,通过该培训,了解老年人所拥有的知识与技能,为后期的个性化培训做好准备。培训中期,主要是依据老年人的知识与技能定制个性化的培训方案,并依据该方案对老年人进行细致入微的培训。培训结束时,老年人能够获得培训证书和其他证书。拥有了职业技能证书,老年人在社会上找工作较为容易,并且能够得到认可。由此可见,西班牙的"定制式"补偿模式涵盖了全体老年人,考虑到了所有老年人的情况,并针对这些老年人的情况,制定了由浅入深的培训模式和培训方案。每位老年人都能够有一套符合自身情况的定制培训方案,该方案有利于老年人的自我成长,有利于老年人根据自身的劳动力情况从事恰当的工作,从而减轻政府、社会的压力。

(三)日本"保障式"补偿模式

日本的经济发展快速,老龄化问题也越来越严重。为了应对社会上出现的日益严重的老龄化问题,日本政府在早期就颁布了《高龄社会对策大纲》,该《高龄社会对策大纲》文件中对日本老龄化问题的解决提出了根本性的指导措施。《高龄社会对策大纲》文件中指出,"创造终身学习机制,促进社会参与;确保老年生活环境、社会环境、学习环境"。由此可见,日本社会注重为老年人营造终身学习的环境,并且有一套终身学习的机制来保证老年人的学习。日本注重全社会参与老年人的再教育环节,给老年人创造良好的生活环境、和谐的社会环境、温馨的学习环境。日本厚生劳动省为老年人提供再就业的从业人员培训讲座,该讲座一般安排在每年的三月到六月。老年人参加完培训之后不需要参加考试就能获得相应的从业资格证书。老年人可以通过该从业资格证书再次进行晚年的就业。由此可见,老年人的再就业问题也得到了解决。日本的"保障式"补偿模式一方面保障了本国老年人能够在退休之后针对自身情况进行再就业的职业技术教育,另一方面该补偿模式也使得本国有劳动力的老年人能够再次进行就业,从而解决了社会的老龄化危机问题。日本从老年人的角度出发,考虑到老年人的综合能力、劳动能力,考虑到老年人的学习能力,最终制定了该循序渐进的职业技术教育补偿模式。从日本对待学习的精神态度可以看出,日本社会对人们的终身学习非常重视,不仅重视小孩的学习,而且重视老年人的学习,努力营造一种全民的学习环境。在这样的一种社会情况下,日本老年人的再就业问题也因为自己的不断充电、不断学习而得到解决。

（四）新加坡"一体式"补偿模式

新加坡为了解决本国的人口老龄化问题，在1999年新加坡部际人口委员会提出"成功老龄化"战略。在该"成功老龄化"战略中，提出要以"心态""软件""硬件"为核心，建立一套"成功老龄化"的战略。该战略指出，要从3个方面入手。第一，建立"金色人力资源中心"。该中心在联合人力资源部为老年人提供工作相关信息以及培训计划的同时，接受受教育程度较低的老年人，并对其进行相关技能补偿；联合雇主，通过工作再设计以及人力资源的重组，安排老年人在各个适合于自己的职位工作。第二，增加培训机会。一方面政府通过"金色人力资源中心"补贴雇主，另一方面，最大限度提高老年人因教育水平受限而接受培训的程度，并营造终身教育与终身培训的氛围。第三，增加工作机会。为鼓励企业增加老年人工作机会，鼓励公司雇用老年人，修改企业行为准则适应新的雇佣形式，放宽对灵活就业和兼职工作的限制等。该"成功老龄化"模式中的"心态"注重培训老年人的价值观和态度，注重老年人的心态教育，让老年人养成积极向上的心态，拥有良好的人生价值观。"成功老龄化"模式中的"硬件"是指老年人所处的社会环境，这种社会环境对老年人造成的影响非常大，既有可能促进老年人的"成功老龄化"，也有可能阻碍老年人的"成功老龄化"。因此，政府在营造"硬件"社会中起到了关键性的作用。该"成功老龄化"模式中的"软件"是指代际关系、社区和社会基础设施。从中可以看出，"软件"跟一个社会的经济发展程度有着密切的关系。社会经济发展越快速，该"软件"的配置越好，老年人越能享受到"成功老龄化"的人生。

四、老年人职业技能补偿路径

（一）转变观念，深化老年教育价值认知

老年教育可以从丰富个体生活和社会参与两个维度去探视，丰富个体生活维度注重休闲活动和生活质量，社会参与维度注重老年人参与社会发展、分享社会成果的情况。海德格尔曾说，人是一种意义性存在，人所栖居的世界是一个意义世界，只有人才有意义世界。[1] 老年教育需要构建老年生活的

---

[1]　［德］马丁·海德格尔.存在与时间[M].陈嘉映，王庆节，译.熊伟，校.北京：生活·读书·新知三联书店，2014：77.

意义世界。老年教育的个体价值就在于认知自我,革新自我,激发生命活力。第一,养老。衰老必然导致认知活动、情绪情感发生变化,老年阶段需要重新认知自我,重新评价自我,重新再适应社会。老年教育,一是有助于情绪调节,通过改变对情绪事件的理解重新认知,通过对情绪事件个人意义的认知调节情绪,促进身心健康。二是有助于增强归属感。现代城市社会,家庭内往往忽视对老人的精神关怀,社区内邻里关系淡化,社区活动基础设施欠缺、使用率不高,老年人社会活动减少,接触社会范围变窄,容易产生心理落差与孤独感,城市社区老年教育能增强老年群体的认同感和归属感。第二,休闲。为减轻老人孤独感和边缘化危机,需要对老年人进行丰富的休闲教育。当前,信息科技产品就可以在一定程度上增强老年人的身体机能,使他们享受更安全、更便捷、更独立的现代生活。服务于老年人的信息科技既包括手机、电话、互联网等日常通信设备,也包括以物联网、远程医疗和远程照护、智能辅具和其他智能居家系统等为标志的延伸服务。老年人已经或正在成为信息科技产品、信息科技服务的重要受体。社区定期或不定期组织的老年活动在一定程度上能够保持老年人的社会交往,从同辈群体中获得情感支持,在活动中重新认识自我,形成老年群体亚文化。[①] 第三,潜能开发。老年教育满足老年人增长知识、完善人格和实现自我的心理需求,实现终身教育,体现自身价值,从而提高生活质量和生命质量,引导老年人领会生命意义和提升生命境界。在身体方面,保持良好的健康状况;在心理方面,保持积极健康的生活态度;在生活方面,跟上时代步伐,熟练使用现代信息技术,使生活更加方便快捷。

成功老龄化视阈下,老年教育是保障老年人接触社会、参与社会、适应社会的教育活动,不仅应关注老年教育的个体价值,更关注其社会价值。第一,促进老年人力资源开发。根据国家统计局公布的数据,我国劳动年龄人口2012年达到峰值9.22亿,此后,增量由正转负,标志着我国出现人口红利拐点,也标志着社会劳动力向中老年转型。预计到2033年,我国14~64岁适龄劳动力人口下降到9亿人;2039年,下降到8亿人;2049年,下降到7亿人;

---

① 晋一棋,姚程婷,孙姝玮,等.基于社会工作教育下城市社区居家养老精神关怀探析——以杭州市为例[J].知识经济,2019(12):28—32.

2057 年以后,下降到 6 亿人以下。① 教育红利可以有效抵消人口红利不断减少的负面作用,助推经济社会发展。老年人也是一种巨大的人口红利,需要充分适应人口结构的变化,大力开发老年人力资源,健全老年人力资源供需机制,促进经济社会可持续发展。第二,推进现代养老服务。一方面,养老问题不仅关系着老年人的自身发展,也关系着经济社会的发展;另一方面,我国城乡养老、区域养老、传统与现代养老发展不平衡不充分,需要统筹兼顾,推进养老供给侧结构性改革,推进数字化、智能化养老,这就需要以社会需求为导向,以个体需求为依据,以体制机制创新为抓手,探究社会资本整合与老年人健康问题,探究居家养老、社区养老、机构养老一体化发展问题,探索协同治理视阈下"医养一体化"健康管理等问题。第三,赋能完善社区治理体系和提升治理能力。社区是城市发展的细胞,社区治理体系和治理能力是城市治理体系和治理能力的重要组成部分。老年人学习呈现多元化、品质化趋势,而现实中老年教育供给不足,社区资源较少、使用不充分,社会资源隔离严重。老年教育有利于革新学习方式,有助于促进各种教育组织形式的有机融合,满足老年人多样化学习需求,助力完善社区治理体系,提升社区治理能力。

(二)强化立法,提供政策和制度保障

制度是有效开展老年职业教育补偿的重要保障,政府应成为发展过程中的主导性力量。首先,政府应该完善立法,在《老年法》的基础上,出台《老年教育法》等相关法律制度,用立法的形式来保障老年人受教育和再就业的权利,明确老年教育的地位、开展范围、条件保障、师资与评价机制,政府的责任,提高老年职业教育补偿的社会认可度。例如美国于 1990 年出台了《反老年人就业歧视法》,后经过不断修订,确保了老年人的合法权益得到有效保障。2010 年,美国政府核准了《老年人公平法案》,缓解了雇主的雇佣意识,优化了外部环境,整合劳动力市场资源。其次,政府应加大对老年职业教育机构的资金和人力投入,改善办学条件,完善老年教育所需的物质基础和保障设施,也要充分发挥各级各部门老年教育工作者的作用,加强师资和志愿者队伍建设。最后,政府要建立健全老年人再就业机制,保障老年人再就业的

---

① 杨中新.中国人口老龄化与区域产业结构调整研究[M].北京:社会科学文献出版社,2005:220.

权益,为"银色产业"的发展提供有力的保障。除此之外,政府还应根据实际情况,因地制宜、因时制宜,多设立一些老年就业的工作岗位,如老年职业教育咨询中心,社区内老年群体服务队伍的管理、评估、运营等。

(三)多元办学,融合老年大学和社区办学

在老年人教育补偿办学模式上,发达国家的主要经验有以下三种:政府投资型(法国、瑞典、日本等)、自治自主型(英国、澳大利亚等)和社区型(美国、加拿大等)模式。由于老年群体的特殊性,社区和学校的融合模式值得推崇。当前社会上的老年大学主要是国家机关为了退休干部举办的,一座难求,无法满足庞大的老年群体需求。社区教育以便捷性、低成本、可及性和灵活多样性受到老年群体的青睐,但社区教育存在学习资源的短缺性、教育布局的不平衡性。在终身学习理念下,人人都是学习者,结合学校发展优势为老年学习者搭建学习平台,利用职业院校资源广泛开展老年人教育培训,提供老年学习服务成为职业院校功能拓展的着力点和突破点。在专业设置和内容选择上,应当依托学校自身发展并且涉及老年特色教育,根据老年人的学习需求和成长规律来开设适当的课程。课程的方向应当是以应用技能型和自我发展型为主,将现代语言、信息技术、"互联网+"融入课程纲要,使老年人也能掌握最新的科学理论,为再就业或实现自我需求服务。在教学手段上,也不应该局限于课堂教学,而应鼓励建立老年实训基地、老年讲座、老年服务小组、远程教育以及在线学习等多种形式的教学活动的开展。通过社区和职业学校两两接轨、相互融合,将学校的资源优势和社区的人口红利相结合,派送师资进社区或者社区推荐骨干进学校,实现共赢。例如朝阳区职工大学面向社区开展的"种子工程——社区教育活动骨干培训",每年培训社区老年志愿者上千人,志愿者回到社区再组建自己的学习团队,影响范围广泛。[①] 在社区中的学习骨干经过相关考核也可以成为老年学校和社区的"双师",从而帮助更多的老年人。同时,也要注重协调城市和农村老年职业的发展,必要时可以安排社区培养的老年骨干"下乡",从而进一步拓展老年教育的受众面。

---

① 邢贞良.转型与融合:职业院校发展老年教育策略研究[J].中国职业技术教育,2015(9):89—93.

（四）构建体系，形成多层次职业技能培训体系

从职业教育体系的构建来说，技能补偿是老龄事业和职业教育体系的重要组成部分。职业技术教育是实用性、中介性、适应性的统一，提倡实现职业技术教育与终身学习对接，时时受教育，人人受教育。随着科技的发展，互联网进入千家万户，时时受教育有了技术保障。但人人受教育，每个阶段的人受教育便成了一句号召词。如何保障老年人退休后还能继续接受教育、享受教育的权利、掌握职业技能实现自我价值，成为终身教育体系构建需要思考的话题。我国的职业技能培训主要集中在年轻人，针对老年人的职业技能培训非常少。一是人们对老年职业技能的认识不够深刻，二是老年人的劳动力减弱，进而能够获得职业技能资格鉴定证书的难度加大。这就使得老年人难以加入职业技能培训体系。追本溯源，我国从20世纪80年代就已经开展了老年教育，但是关于技能补偿的内容含糊其辞。终身教育体系应该是包括家庭教育、学校教育、老年教育在内的社会教育的有机整体，而不单单是停留在学校教育一个阶段。随着我国的社会发展，人们对老年人职业技能补偿教育的认识越来越深刻，对老年人这一群体特征的认识也逐渐深刻。这些对老年人研究的深入，也逐渐加强了社会对老年人职业技能补偿的重要性的认识。老年人这一群体的数量庞大，要将其纳入职业技能培训体系，最重要的是要改革创新职业资格鉴定方式，从而让老年人一方面可以学到职业技能，另一方面能够获得职业资格证书，从而再次步入社会，实现自我价值。将老年人技能补偿置于终身教育体系的重要地位，对于学习型社会的建设，特别是促进老龄大业的繁荣具有重要意义。①

新时代教育，更加注重面向人人，注重终身学习，注重全面发展。建设服务全民终身学习的现代化教育体系，对青少年开展"朝阳"教育，打造快乐新天地；对成年人开展"正阳"教育，建立成长蓄水池；对老年人开展"夕阳"教育，建设发展充电站。以此，为建设社会主义现代化强国奠定坚实的人力资源、人才资源基础。

---

① 钱柘.成功老龄化视阈下老年大学职业技能补偿研究——以杭州市为例[D].杭州：浙江工业大学，2017.

参考文献

（一）著作类

[1]Bates A W T. Technology, E-learning and Distance Education[M]. Routledge,2005.

[2]Clark R C,Mayer R E. E-learning and the Science of Instruction: Proven Guidelines for Consumers and Designers of Multimedia Learning[M]. John Wiley&Sons,2016.

[3]Urban W J, Wayner J L. American Education: A History[M]. Mc Graw-Hill Companies,2004.

[4][美]阿历克斯·英格尔斯.人的现代化[M].殷陆君,编译.成都:四川人民出版社,1985.

[5][意]艾伯特·马蒂内利.全球现代化——重思现代性事业[M].李国武,译.北京:商务印书馆,2010.

[6]曹青阳.教育现代化与教育情报研究[M].北京:教育科学出版社,2009.

[7]褚宏启.教育现代化的理论进展与实践探索[M].北京:北京师范大学出版社,2015.

[8]褚宏启.教育现代化的路径:现代教育导论[M].北京:教育科学出版社,2013.

[9]杜成宪,丁钢.20世纪中国教育的现代化研究[M].上海:上海教育出版社,2004.

[10]冯增俊,张运红,王振权,等.教育现代化论[M].广州:广东高等教育出版社,2014.

[11]付轶男.美国现代化进程中的公民教育与道德教育关系[M].长春:东北

师范大学出版社,2015.

[12]何传启.中国现代化报告 2014～2015——工业现代化研究[M].北京:北京大学出版社,2015.

[13]何传启.中国现代化报告 2013——城市现代化研究[M].北京:北京大学出版社,2014.

[14]胡金木.启蒙与教育:中国教育现代化进程中的启蒙问题研究[M].北京:教育科学出版社,2015.

[15]胡卫.中国教育现代化进程研究[M].北京:教育科学出版社,2010.

[16]贾宏燕.教育现代化的"世纪"探索[M].北京:中国时代经济出版社,2010.

[17][美]凯瑟琳·西伦.制度是如何演化的:德国、英国、美国和日本的技能政治经济学[M].王星,译.上海:上海人民出版社,2010.

[18]李工真.大学现代化之路[M].北京:商务印书馆,2013.

[19]刘圣中.历史制度主义:制度变迁的比较历史分析[M].上海:上海人民出版社,2010.

[20]刘希平.千秋大业教育为基:浙江教育 60 年[M].杭州:浙江人民出版社,2009.

[21]刘献君.高等学校个性化教育初探[M].武汉:华中科技大学出版社,2012.

[22]饶从满.日本现代化进程中的道德教育[M].济南:山东人民出版社,2010.

[23]佘万斌,杜学元,谭辉旭.农村教育现代化的理论与实践研究[M].北京:人民出版社,2015.

[24]隋亮.1978 年以来中国职业教育法制现代化研究[M].北京:中国社会科学出版社,2015.

[25]孙进,孙宁.中国就业:职业教育现代化建设[M].北京:清华大学出版社,2015.

[26]谈松华,王健.教育现代化区域发展模式研究[M].北京:北京师范大学出版社,2011.

[27]田正平.传统教育的现代转型[M].杭州:浙江科学技术出版社,2013.

[28]王孙禺,刘继青.中国工程教育——国家现代化进程中的发展史[M].北

京:社会科学文献出版社,2013.

[29]魏超群.城市教育现代化的实践与探索[M].上海:上海教育出版社,2013.

[30]尹文耀,张亚鹏.中国分省人口发展与教育现代化[M].杭州:浙江大学出版社,2010.

[31]朱高峰.论教育与现代化[M].北京:高等教育出版社,2015.

[32]浙江省统计局.新浙江50年[M].北京:中国统计出版社,1999.

[33]浙江省教育志编纂委员会.浙江省教育志[M].杭州:浙江大学出版社,2004.

（二）期刊类

[1]Sari A,Firat A. Quality Assurance Issues in Higher Education Sectors of Developing Countries:Case of Northern Cyprus[J]. Procedia-Social and Behavioral Sciences,2016(3):29-31.

[2]Grigoryeva A A,Nikolaeva L V,Maximova L I,et al. The Ethno-Cultural Approach to Training Bachelors Teachers in the Context of Preschool Education Modernization[J]. Indian Journal of Science and Technology, 2016,9(11):68-70.

[3]Musaelian E N, Peressypkin A P, Sitnikova M I. Modernization of Russian Education: Development Technology of Scientific and Methodical Readiness among Teachers [J]. International Business Management,2016,10(16):341-344.

[4]Ramankulov S,Usembayeva I,Berdi D,et al. Formation of the Creativity of Students in the Context of the Education Informatization [J]. International Journal of Environmental and Science Education,2016,15 (7):221-222.

[5]Yilmaz R. Exploring the Role of E-Learning Readiness on Student Satisfaction and Motivation in Flipped Classroom [J]. Computers in Human Behavior,2017,24(3):37-41.

[6]Rani P. Modernization and Teacher Education in India[J]. Global Journal For Research Analysis,2017,5(10):112-117.

［7］Sergeev N，Sergeev N．High-priority Directions of Modernization of University Education in Innovational Society[J]．International Journal of Educational Management，2017，31(1)：56-61．

［8］别敦荣．治理体系和治理能力现代化与高等教育现代化的关系[J]．中国高教研究，2015(1)：29－33．

［9］陈国良．以法治思维推进中国教育现代化[J]．教育发展研究，2015(1)：4－8．

［10］陈恒敏．不丹教育现代化：发展策略及主要特点[J]．比较教育研究，2018，40(1)：13－23．

［11］陈琳，陈耀华．以信息化带动教育现代化路径探析[J]．教育研究，2013(11)：114－118．

［12］成媛．西部地区教育现代化指标体系的构建[J]．北方民族大学学报(哲学社会科学版)，2010(6)：133－136．

［13］褚宏启．教育现代化的本质与评价——我们需要什么样的教育现代化[J]．教育研究，2013(11)：4－10．

［14］丁晓昌．推进省域高等教育现代化建设的思考[J]．中国高教研究，2013(12)：6－10，50．

［15］董焱，王秀军，张珏．教育现代化发展评价指标体系研究[J]．教育发展研究，2012(21)：55－58．

［16］冯大生．区域教育现代化的发展特征及建设路径——以江苏省为例[J]．教育研究，2018，39(4)：150－154，158．

［17］高海燕．职业教育现代化监测指标设计研究[J]．教育与职业，2017(23)：44－48．

［18］高文杰．职业教育现代化标准的认知与开发理路[J]．中国职业技术教育，2017，(21)：11－16．

［19］龚春燕，田腾飞，陈瑞生，等．贫困地区教育现代化评价指标体系设计研究[J]．教育发展研究，2015(1)：48－52．

［20］龚放．"顶层设计"、"基层创新"与"中层担纲"——试论高等教育现代化的责任担当[J]．中国高教研究，2013(12)：11－15．

［21］顾明远．试论教育现代化的基本特征[J]．教育研究，2012(9)：4－10，26．

［22］韩清林，秦俊巧．中国城乡教育一体化现代化研究[J]．教育研究，2012

(8):4—12.

[23]郝天聪,臧志军.县域职业教育现代化:路径与机制[J].河北师范大学学报(教育科学版),2015,17(5):68—72.

[24]何传启.制度、质量、公平:实现高等教育现代化的突破口[J].中国高等教育,2014(7):8—10.

[25]贺雪萍.职业教育治理现代化的理论溯源、实践迷思与战略抉择[J].教育与职业,2016,1(1):12—16.

[26]胡鞍钢,王洪川,鄢一龙.教育现代化目标与指标——兼谈"十三五"教育发展基本思路[J].清华大学教育研究,2015(3):21—26,47.

[27]黄书光.教育现代化动变中的传统元素及其开掘[J].高等教育研究,2014(12):13—17.

[28]蒋桂林.对江苏教育现代化建设的几点思考[J].江苏教育,2014(43):53—54.

[29]李国强.保罗·朗格朗与终身教育理论——兼论西方终身教育理论对我国教育现代化的启示[J].教育研究,2017(6):146—150.

[30]李俊.论职业教育中的利益与权利均衡—— 浅析职业教育现代化的社会维度[J].清华大学教育研究,2013,34(2):96—101.

[31]李芒,蒋科蔚.教育信息化与"现代化风险"[J].现代远程教育研究,2012(2):3—12.

[32]李森,崔友兴.论教师教育治理体系现代化[J].西南大学学报(社会科学版),2014(9):65—72.

[33]李希贵.深化教育改革加快教育现代化[J].教育研究,2017(11):7—10.

[34]李政.县域职业教育现代化:指标与解释[J].河北师范大学学报(教育科学版),2015(5):57—62.

[35]林慧.职业教育治理现代化的内涵、要求与路径[J].教育与职业,2015,32(32):9—12.

[36]刘永福.面向 2030 的中俄教育现代化发展战略——2017 年中俄教育战略对话会议综述[J].教育研究,2017(10):154—156.

[37]刘智运.对我国实现高等教育现代化的思考[J].中国高等教育,2010(10):28—30.

[38]卢巧琴,王云裳.浙江教育发展、改革及其教育史意义[J].长春教育学院

学报,2016(12):7－9.

[39]路娟,祁占勇.教育现代化背景下教育立法与教育政策的变革——中国教育学会教育政策与法律研究分会第十届学术年会综述[J].教育研究,2018,39(2):155－156.

[40]罗云,武建鑫.民族地区教育现代化评价指标体系研究[J].教育发展研究,2015(1):43－47.

[41]吕芳婷.试析现代化教育方法的创新[J].中国教育学刊,2012(6):37－38.

[42]毛建国.建立区域大教育观的理论思考与政策建议——以江苏新一轮教育现代化建设为例[J].江苏教育研究,2013(25):12－15.

[43]彭春林.基于《早期现代化进程中的浙江教育研究》的中国现代新教育发展[J].山东图书馆学刊,2014(5):107－108.

[44]秦虹,张武升."互联网＋教育"的本质特点与发展趋向[J].教育研究,2016(6):8－10.

[45]瞿振元.建设中国特色高等教育治理体系 推进治理能力现代化[J].中国高教研究,2014(1):1－4.

[46]阮成武.我国基本实现教育现代化的路径选择[J].教育发展研究,2012(17):1－7.

[47]史秋衡.教育率先现代化:实现国家现代化的必然选择——纪念邓小平"三个面向"题词30周年[J].教育研究,2013(9):4－11.

[48]眭依凡.建设高等教育强国 加速高等教育现代化:提升高等教育国际话语权的必须选择[J].中国高教研究,2015(7):6－8.

[49]唐智彬.论农业现代化、新型职业农民培养与农村职业教育改革创新[J].职教通讯,2015,13(13):30－35.

[50]田慧生.协同创新 提高质量 为加快推进教育现代化提供智力支持[J].教育研究,2017,38(3):9－15.

[51]田正平,张彬.模式的转换与传统的调适:关于中国高等教育现代化的两点思考[J].高等教育研究,2011(2):94－101.

[52]童世骏,徐辉,陈锋,等.聚焦2035中国教育现代化(笔谈)[J].中国高教研究,2018(2):18－21.

[53]王燕.经合组织教育指标研制:理论、过程与方法[J].比较教育研究,

2012,34(2):80－84.

[54]王一军.优质均衡发展:义务教育现代化的质量范型[J].教育发展研究,
2012(22):1－9.

[55]王者鹤.新建地方本科院校转型发展的困境与对策研究——基于高等教
育治理现代化的视角[J].中国高教研究,2015(4):53－59

[56]邬志辉.乡村教育现代化三问[J].教育发展研究,2015(1):53－56.

[57]徐艳国.关于教育治理体系和治理能力现代化建设的分析[J].中国高等
教育,2014(17):53－55.

[58]杨东平.政府教育治理能力的现代化[J].教育发展研究,2013(23):
20－25.

[59]杨明.关于高职教育智慧学习系统的探讨[J].中国教育技术装备,2018
(20):27－28.

[60]杨天平,刘召鑫.现代化进程中的浙江高等教育:问题与对策[J].浙江师
范大学学报(社会科学版),2015(2):65－72.

[61]杨小微.现代化学校呼唤现代化标准[J].教育测量与评价,2018(4).

[62]杨银付.深化教育领域综合改革的若十思考[J].教育研究,2014(1):
4－19.

[63]俞冰,刘标,许庆豫.高等教育现代化的危机与消解[J].清华大学教育研
究,2012(5):27－34.

[64]俞佳君.高等教育现代化指标体系构建探析[J].中国高等教育评估,
2016,27(1):13－17.

[65]袁贵仁.深化教育领域综合改革加快推进教育治理体系和治理能力现代
化[J].中国高等教育,2014(5):4－11.

[66]张炳林,宁攀.教育现代化内涵解读及推进策略研究[J].数字教育,2017
(6):21－27.

[67]张纲,王珠珠.发挥信息技术支撑引领作用服务教育现代化发展大
局——学习领会《教育信息化"十三五"规划》[J].中国电化教育,2017
(2):140－144.

[68]张建.教育治理体系的现代化:标准、困境及路径[J].教育发展研究,2014
(9):27－33.

[69]张莉.中国教育现代化进程统计监测研究[J].统计与信息论坛,2014

(10):79－84.

[70]周光礼.中国高等教育治理现代化:现状、问题与对策[J].中国高教研究,2014(9):16－25.

[71]张猛猛.师范教育现代化的论争及其反思——兼论对师范教育走向2030的启示[J].高等教育研究,2018(3):45－50.

[72]赵蒙成.职业教育现代化的核心是"人"的现代化[J].教育发展研究,2018(1):3－8.

[73]钟贞山.以人民为中心的教育现代化:理论、实践与内涵实现[J].国家教育行政学院学报,2018(1):56－61.

（三）文件类

[1]浙江省教育现代化建设纲要(2000－2020年)[Z].浙委〔2000〕9号.

[2]浙江省教育厅关于推进实施素质教育的意见[Z].浙教基〔2007〕150号.

[3]浙江省人民政府关于实施义务教育经费保障机制改革的通知[Z].浙政发〔2007〕5号.

[4]浙江省教育厅关于全面推进中等职业教育课程改革指导意见[Z].浙教职成〔2008〕233号.

[5]浙江省教育厅关于进一步加强对外国留学生管理工作有关事项的通知[Z].浙教发〔2008〕127号.

[6]浙江省政府关于进一步加快学前教育发展全面提升学前教育质量的意见[Z].浙政发〔2008〕81号.

[7]浙江省教育厅关于切实减轻义务教育阶段中小学生过重课业负担的通知[Z].浙教基〔2010〕127号.

[8]浙江省教育厅关于进一步加强中等职业教育专业结构调整工作的指导意见[Z].浙教职成〔2010〕21号.

[9]浙江省教育厅关于规范普通高中学校中外合作办学项目管理的意见[Z].浙教外〔2011〕88号.

[10]浙江省人民政府关于加强法治政府建设的实施意见[Z].浙政发〔2011〕71号.

[11]浙江省优秀本科生出国交流学习项目实施办法的通知[Z].浙教外〔2013〕45号.

[12]浙江省人民政府关于加快发展现代职业教育的实施意见[Z].浙政发〔2015〕16 号.

[13]浙江省教育厅关于印发《浙江省中等职业学校学生学籍管理实施细则（试行）》的通知[Z].浙教职成〔2015〕122 号.

[14]浙江省教育厅关于公布规范性文件清理结果的通知[Z].浙教法〔2017〕120 号.

[15]浙江省教育厅关于印发《浙江省特殊教育标准化学校评估细则（试行）》的通知[Z].浙教基〔2019〕14 号.

[16]浙江省教育厅 浙江省人民政府教育督导委员会办公室关于开展浙江省现代化学校督导评估工作的通知[Z].浙政教督办〔2020〕1 号.

附录1:浙江省现代化学校评估细则
(指标体系略)

浙江省现代化学校评估细则
(幼儿园)

第一部分　申报条件

一、规范办学

1.近三年幼儿园无违规招生和违规收费情况;无重大安全责任事故;无体罚和变相体罚、歧视、侮辱、猥亵、虐待、伤害幼儿事件。

2.幼儿园办园行为符合《幼儿园办园行为督导评估办法》(教督〔2017〕7号)。

二、办学条件

3.省一级幼儿园。

4.幼儿园生均教育经费每年每生18000元及以上。

5.全日制幼儿园每个班级配备2名教师、1名保育员。

6.幼儿园生均用地面积、生均建筑面积、活动及辅助用房使用面积、办公及辅助用房使用面积、生活用房使用面积等达到《浙江省普通幼儿园建设标准》。

7.没有未经省级教育部门批准并报教育部备案而举办中外合作办学项目或整建制引进国外课程等问题。

三、师资队伍

8.幼儿园能按规定确保教师工资总额的 2.1%（基础工资中的基本工资＋绩效工资中的 70%）和日常公用经费总额的 10%用于教师培训经费。

9.幼儿园专任教师 100%达到专科及以上学历,100%持有适用的教师资格证。

四、教育技术装备

10.幼儿园教育装备符合《浙江省幼儿园装备规范(试行)》。

11.幼儿园符合智慧校园建设要求,教师网络学习空间人人通。

浙江省现代化学校评估细则
（小学）

第一部分　申报条件

一、规范办学

1.近三年学校无违规补课情况（公休日、节假日、寒暑假、课余时间等无课外补课）；无违规招生和违规收费行为情况；无举办各类学科竞赛辅导班，无组织或变相组织学生参加校外培训机构举办的文化课补习班；在职教师无涉及有偿补课等行为；在廉政建设上，无违法违纪事件；平安校园建设达到4A级以上，无重大安全责任事故和教学事故，近三年师生违法犯罪率为零，当年未发生侵害学生案件和学生欺凌事件。

2.学校供学生使用的教学用书只能在规定目录范围内，严格按照年级学科教辅材料使用要求向学生推荐使用。没有未经批准举办中外合作办学项目、引进境外课程、使用境外教材等问题。

3.学校严格实行平行分班；严格按照课程计划开足开齐基础性课程，开足开全拓展性和综合实践活动课程。无阴阳课表现象。

4.教学时间总量严格控制在规定范围，保证学生每天10小时睡眠时间，每天锻炼1小时。

5.学校严格按照《中共中央 国务院关于深化教育教学改革全面提高义务教育质量的意见》、《浙江省中小学校教育教学工作相关政策要求摘编》（浙教基函〔2016〕23号）等要求执行。

二、办学条件

6.公办小学生均日常公用经费高于全省上一年度平均值，并逐年增加。

7.学校班额不超过45人；2010年后新建学校（校区）学生数不超过2000人，2010年前建成的学校学生数不超过2400人。

8.学校生均体育运动场馆面积达到7.5平方米以上；生均教学及辅助用房面积达到4.5平方米以上。

9.学校每12个班级配备音乐、美术专用教室各1间以上；其中，每间音乐、美术专用教室面积分别不小于 96、90 平方米；2016 年前建成的学校，每间音乐、美术专用教室面积分别不小于 73、67 平方米。

10. 学校生均占地面积、生均建筑面积、生均集中绿地面积、各类教室面积等不低于浙江省《九年制义务教育普通学校建设标准》（2005 年版）中的 II 类学校及以上标准。

三、师资队伍

11. 学校能按规定确保教师工资总额的 2.1%（基础工资中的基本工资＋绩效工资中的 70%）和日常公用经费总额的 10% 用于教师培训经费。

12. 学校师生比达到 1∶19；每百名学生拥有体育、艺术（美术、音乐）专任教师数达到 0.9 人以上。

13. 学校专任教师专科及以上学历 100%，其中本科率 90% 及以上。

14. 学校每百名学生拥有县（区）级以上骨干教师 1 人以上，80% 的学科有县（区）级以上骨干教师。

15. 学校教师心理健康教育资格证持证率不低于 80%；有出国（境）学习、研修、交流经历的专任教师。

四、教育技术装备

16. 学校教育技术装备符合《浙江省中小学教育技术装备标准》，且生均教育技术装备值达到上一年全省平均值。

17. 学校符合智慧校园建设要求，有拓展性课程教室，教师网络学习空间人人通。

浙江省现代化学校评估细则
（初级中学，含九年一贯制学校）

第一部分　申报条件

一、规范办学

1. 近三年学校无违规补课情况（公休日、节假日、寒暑假、课余时间等无课外补课）；无违规招生和违规收费行为情况；无举办各类学科竞赛辅导班，无组织或变相组织学生参加校外培训机构举办的文化课补习班；在职教师无涉及有偿补课等行为；平安校园建设达到4A级以上，无重大安全责任事故和教学事故，近三年师生违法犯罪率为零，当年未发生侵害学生案件和学生欺凌事件。

2. 学校供学生使用的教学用书只能在规定目录范围内，严格按照年级学科教辅材料使用要求向学生推荐使用。义务教育学校未经省级及以上部门批准，不得引进境外课程、不得使用境外教材。

3. 学校严格实行平行分班；严格按照课程计划开足开齐基础性课程，开足开全拓展性和综合实践活动课程。无阴阳课表现象。

4. 教学时间总量严格控制在规定范围，保证学生每天10小时睡眠时间，每天锻炼1小时。

5. 学校严格按照《中共中央 国务院关于深化教育教学改革全面提高义务教育质量的意见》、《浙江省中小学校教育教学工作相关政策要求摘编》（浙教基函〔2016〕23号）等要求执行。

二、办学条件

6. 公办初中生均日常公用经费高于全省上一年度平均值，并逐年增加。

7. 学校班额不超过50人；2010年后建成的学校（校区）学生数不超过2000人，2010年前建成的学校（校区）学生数不超过2400人。（九年一贯制学校小学部班额不超过45人，2010年后建成的学校学生数不超过2500人；2010年前建成的学校学生数不超过3000人。）

8. 学校生均体育运动场馆面积达到10.2平方米以上；生均教学及辅助用

房面积达到 5.8 平方米以上。

9.学校每 12 个班级配备音乐、美术专用教室各 1 间以上；其中，每间音乐、美术专用教室面积分别不小于 96、90 平方米；2016 年前建成的学校，每间音乐、美术专用教室面积分别不小于 73、67 平方米。

10.学校生均占地面积、生均建筑面积、生均集中绿地面积、各类教室面积等不低于浙江省《九年制义务教育普通学校建设标准》(2005 年版)中的 Ⅱ 类学校及以上标准。

三、师资队伍

11.学校能按规定确保教师工资总额的 2.1%(基础工资中的基本工资＋绩效工资中的 70%)和日常公用经费总额的 10%用于教师培训经费。

12.学校师生比达到 1：13.5(九年一贯制学校小学部师生比为 1：19)；每百名学生拥有体育、艺术(美术、音乐)专任教师数达到 0.9 人以上。

13.学校专任教师 100%达到本科及以上学历(九年一贯制学校小学部专任教师本科率 90%及以上)。

14.学校每百名学生拥有县(区)级以上骨干教师 1 人以上；80%的学科有教师获得县(区)级以上学科带头人。

15.学校教师心理健康教育资格证持证率不低于 80%，有出国(境)学习、研修、交流经历的专任教师。

四、教育技术装备

16.学校教育技术装备符合《浙江省中小学教育技术装备标准》，且生均教育技术装备值达到上一年全省平均值。

17.学校符合智慧校园建设要求，有拓展性课程创新实验室，教师网络学习空间人人通。

浙江省现代化学校评估细则
（普通高中）

第一部分　申报条件

一、规范办学

1.近三年学校在周末、节假日、寒暑假等无违规补课情况；无违规招生和违规收费行为情况；不举办高复班，不招收复读生，无借读生；学校在职教师无涉及有偿补课等行为；平安校园建设达到4A级以上，无重大安全责任事故和教学事故，在校学生犯罪率为零，当年未发生侵害学生案件和学生欺凌事件。

2.学校无强制指定选考科目；高中各年级教辅材料在规定目录范围内，提供代购服务，做到"一模块一辅"。

3.学校开足开齐国家课程，开足开全选修课程；并开科目不超过要求（高一年级每学期开设的并开学考科目不超过8门）。

4.教学时间总量严格控制在规定范围，保证学生每天8小时睡眠时间，每天锻炼1小时。

5.严格按照《浙江省中小学校教育教学工作基本规范要求》（浙教办基〔2016〕97号）执行。

6.学校校园面积与建筑面积达到《浙江省工程建设标准〈寄宿制普通高级中学建设标准〉》（2006年）的要求。

7.没有未经省级教育部门批准并报教育部备案而举办中外合作办学项目或整建制引进国外课程等问题。

二、师资队伍

8.学校能按规定确保教师工资总额的2.1％（基础工资中的基本工资＋绩效工资中的70％）和日常公用经费总额的10％用于教师培训经费。

9.学校教职工与学生比达到1：12.5（专任教师达到教职工总数的86％）。

10.学校专任教师100％达到本科及以上学历，其中研究生学历（含硕士学位)不低于 20%(设区市属普高不低于 30%);中高级职称比例达 70%及以上,其中高级职称比例达 40%及以上。

11.学校每百名学生拥有县(区、市)级以上骨干教师 1 人以上。

12.学校教师心理健康教育上岗资格证书持证率不低于 80%;有出国(境)学习和研修经历的专任教师。

13.有 60%以上专任教师参与开发选修课程,80%以上专任教师开设选修课程。

三、教育技术装备

14.学校教育技术装备符合《浙江省中小学教育技术装备标准》,且生均教育技术装备值达到上一年全省平均值。

15.学校符合智慧校园建设要求,有拓展性课程创新实验室、学科教室,教师网络学习空间人人通。

浙江省现代化学校评估细则
（中职学校）

第一部分　申报条件

一、规范办学

1. 近三年学校无违规招生和违规收费情况；在职教师无违规兼职兼薪行为；平安校园建设达到 4A 级以上，无重大安全责任事故和教学事故，在校学生犯罪率为零，当年未发生侵害学生案件和学生欺凌事件。

2. 学校全面贯彻落实《学校体育工作条例》与《学校卫生工作条例》。坚持"两课两操一活动"制度，每天锻炼一小时。

二、办学条件

3. 确保生均公用经费不低于省定公用经费标准且高于普高的 1.5 倍，确保生均公共财政预算经费、生均公用经费比上一年度有所增长。

4. 无超 50 人班额现象。

5. 学校在校生人数达 2000 人以上（专门化学校达 1200 人以上）。

6. 校园面积与建筑面积达到教育部《中等职业学校设置标准》（教职成〔2010〕12 号）要求。

7. 没有未经省级教育部门批准并报教育部备案而举办中外合作办学项目或整建制引进国外课程等问题。

三、教师队伍

8. 学校能按规定确保教师工资总额的 2.1％（基础工资中的基本工资＋绩效工资中的 70％）和日常公用经费总额的 10％用于教师培训经费。

9. 学校专任教师与在校生之比达到 1∶16；专任教师学历达到本科及以上（特殊高技能实习指导教师可适当放宽学历要求），其中高级职称教师比例达 30％以上。

10. 学校专业教师占专任教师的比例达 50％以上；专业教师"双师型"比例达 80％以上。

11.兼职教师占专业教师的比例达 30%,且技师及相当水平的兼职教师占比不少于 60%。

12.学校教师心理健康教育上岗资格证书持证率不低于 90%;有出国(境)学习和研修经历的专任教师。

四、设备设施

13.学校实训工位数与本专业学生数相匹配,主要设备与区域龙头企业设备的先进性相当;现代制造类专业生均设备价值不少于 10000 元,其他类专业生均设备价值不少于 6000 元;校外建有符合各专业学生实习需要的实训基地;建有方便师生阅览的开放式图书室与电子阅览室;教学用计算机拥有量 5人/台。

14.学校符合智慧校园建设要求;教师网络学习空间人人通。

浙江省现代化学校评估细则
（社区学校）

第一部分　申报条件

一、规范办学

1. 近 3 年学校无违规办学和违规收费行为；无教师严重违纪、违法事件；无重大安全责任事故。

2. 学校开展的各类教育活动，均符合国家政策法律，严格执行国家质量监督检验检疫总局、国家标准化管理委员会发布的《成人教育培训服务术语》、《成人教育培训工作者服务能力评价》、《成人教育培训组织服务通则》3 项国家标准规定。

二、办学条件

3. 学校建立独立账户，地方财政按乡镇（街道）常住人口基数保障年度公用经费不低于人均 6 元，有一定专项经费用于学校基础设施设备建设并逐年增长。

4. 学校具有独立校园，且校舍总面积不低于 2000 平方米。

三、师资队伍

5. 学校专职教师和管理人员按不低于当地常住人口 0.01％ 的比例配备，且每校最低不少于 3 人；专职教师均具有大专以上学历，中级及以上职称教师占到 50％ 以上。

6. 校长专职从事成人教育工作。

7. 学校依法维护教职工的合法权益，切实保障教师在职称晋升、评先评优等方面的平等权利；切实落实教师年均工资收入水平不低于当地公务员年均工资收入水平的法律规定。

四、教育培训设施

8. 学校配备相应的教学设施设备，拥有计算机专用教室（电脑台数不少于 30 台）、多媒体电化教室各 1 个，拥有 2 个以上岗位技能实训教室。

9.学校建有3000册以上的图书阅览室和电子阅览室,每年新购更新一定数量图书。

10.学校建有服务居民终身学习的学习平台和移动学习端。

11.学校建有校外居民学习体验基地或实训基地2个及以上。

附录2:江苏省教育现代化建设市县监测评估指标体系(2016年修订)

一级指标	二级指标	检测点	监测要点	目标值	权重
教育普及度14分	各级教育(8分)	1.学前3年教育毛入园率	学前3年教育毛入园率	≥98%	2
		2.义务教育巩固率	义务教育巩固率	100%	2
		3.高中阶段教育毛入学率	高中阶段教育毛入学率	≥99%	2
		4.高等教育毛入学率	18周岁人口高等教育入学率	60%	2
	继续教育(6分)	5.终身学习网络覆盖率	终身学习网络覆盖	≥90%	2
		6.从业人员继续教育年参与率	从业人员继续教育年参与率	≥60%	2
		7.城市和农村居民社区教育活动年参与率其中:老年人年参与率	城市居民社区教育活动年参与率	≥60%	0.8
			农村居民社区教育活动年参与率	≥40%	0.8
			老年人年参与率	≥20%	0.4
教育公平度13分	机会均等(6分)	8.残疾儿童少年接受15年免费教育的比例	残疾儿童少年接受15年免费教育的比例	100%	2
		9.外来务工人员随迁子女与户籍学生享受同等待遇的比例	外来务工人员随迁子女与户籍学生享受同等待遇的比例	100%	2
		10.提供多样化教育	★提供多样化教育(问卷调查)	90%	2

续表

一级指标	二级指标	检测点	监测要点	目标值	权重
教育公平度 13分	资源配置 7分	11. 义务教育城乡、学校间条件均衡化比例 其中：教师合理流动比例	★小学办学条件校际均衡差异系数	≤0.50	1
			★初中办学条件校际均衡差异系数	≤0.45	1
			义务教育教师合理流动比例	≥15%	1
		12. 非义务教育阶段学校公共资源供给	★在公办园、普惠性民办幼儿园就读学生比例	≥90%	1
			★高中阶段财政性教育经费占高中阶段教育经费比例	≥80%	1
		13. 困难学生受帮扶比例	★家庭经济困难学生按省定补助标准受帮扶比例	100%	1
			身心发展困难学生受帮扶比例	100%	1
教育质量度 17分	学生综合素质 10分	14. 思想品德与心理健康	义务教育阶段学生综合素质评价优良率	≥95%	1
			心理健康教育课程开设率	100%	1
			★中小学生学业负担指数（问卷调查）	90%	1
		15. 学业合格率 其中：中高等职业院校毕业生双证书获取率	★小学学业合格率	≥95%	1
			★初中学业合格率	≥95%	1
			★普通高中学业合格率	≥95%	1
			中等职业学校毕业生双证书获取率	≥95%	1
		16. 体质健康合格率	★体质健康测试合格率	≥95%	3
	学校办学水平 7分	17. 人才培养模式	★人才培养模式（问卷调查）	90%	3
		18. 达到省定优秀标准的各级各类学校比例	★省优质幼儿园比例	≥90%	1
			★义务教育学校达省定办学标准比例	≥90%	1
			高中阶段达省定三星级以上学校比例	≥90%	1
			社区教育中心达省标准化社区教育机构标准的比例	≥90%	1

一级指标	二级指标	检测点	监测要点	目标值	权重
教育开放度 6分	资源共享 2分	19.学校、社会教育资源的开放和利用	社会公益性公共体育文化科技设施供学校及学生免费使用的比例	100％	1
			具备开放条件的学校体育场馆向社会开放的学校比例	100％	1
	国际化水平4分	20.参加国(境)外培训进修的教师比例	参加国(境)外培训进修的教师比例	≥5％	1
		21.参与国际合作交流的中小学校比例	参与国际合作交流的中小学比例	≥15％	2
		22.职业院校相关专业的核心课程与国际通用职业资格证书对接比例	职业院校相关专业的核心课程与国际通用职业资格证书对接比例	≥20％	1
教育保障度 20分	投入水平 8分	23.财政教育支出预算增长比例	财政教育支出预算增长比例高于公共财政预算支出增长比例	高于	1
			政府教育财政拨款的增长比例高于财政经常性收入的增长比例	高于	2
		24.财政教育支出占公共财政支出的比例	财政教育支出占公共财政支出的比例高于上一年度的比例	高于	2
		25.全社会教育投入增长比例	全社会教育投入增长比例高于地区生产总值增长比例	高于	1
		26.各类教育生均公共财政预算公用经费支出达到省定标准	42.各类教育生均公共财政预算公用经费支出达到省定标准	达到	2

续表

一级指标	二级指标	检测点	监测要点	目标值	权重
教育保障度 20分	师资水平 8分	27. 师德与专业能力建设	★学生对教师的师德满意度（问卷调查）	90%	1.5
			★中小学、幼儿园县级以上骨干教师比例	≥15%	0.5
			★中等职业学校"双师型"教师比例	≥75%	0.5
			★教师全员培训完成率	100%	1
			★县级教师发展中心达省示范标准比例	100%	0.5
		28. 教师学历比例	★幼儿园教师专科率	100%	0.5
			★小学教师本科率	≥90%	0.5
			★初中教师本科率	100%	0.5
			★高中阶段教师研究生率	≥20%	0.5
		29. 生师比	★幼儿园生师比	15∶1	0.5
			★小学生师比	17∶1	0.5
			★初中生师比	12∶1	0.5
			★高中生师比	11∶1	0.5
	信息化水平 4分	30. "三通两平台"覆盖率	宽带网络"校校通"覆盖率	100%	0.6
			优质资源"班班通"覆盖率	100%	0.6
			★网络学习空间"人人通"覆盖率	≥90%	0.6
			教育资源服务平台覆盖率	100%	0.6
			教育管理公共服务平台覆盖率	100%	0.6
		31. 智慧校园比例	智慧校园比例	≥60%	1

一级指标	二级指标	检测点	监测要点	目标值	权重
教育统筹度 16 分	布局与结构 10 分	32.各类教育协调发展与互通衔接	各类教育协调发展与互通衔接	—	2
		33.学校布局与规模合理	★幼儿园布局与规模:园均服务人口 1—1.5 万左右,且园均规模不高于 4 轨的幼儿园比例	≥90%	0.6
			★小学布局与规模:小学规模不高于 6 轨的学校比例	≥90%	0.6
			★初中布局与规模:初中规模不高于 12 轨的学校比例	≥90%	0.6
			★普通高中布局与规模:普通高中规模不高于 16 轨的学校比例	≥90%	0.6
			★中等职业学校布局与规模:校均规模不低于 3000 人	≥3000 人	0.6
		34.中等以下学校达到标准班额的比例	★幼儿园达到标准班额的比例	≥85%	1
			★小学达到标准班额的比例	≥85%	1
			★初中达到标准班额的比例	≥85%	1
			★高中达到标准班额的比例	≥85%	1
			中职达到标准班额的比例	≥85%	1
	体制与管理 6 分	35.公办学校多形式办学	公办学校多形式办学	—	1
		36.民办教育健康发展	民办教育健康发展	—	2
		37.教育治理水平	★简政放权与依法治教(问卷调查)	90%	1
			获市级以上依法治校示范学校比例	100%	1
			建立家长委员会、校董事会(理事会)学校比例	100%	1

续表

一级指标	二级指标	检测点	监测要点	目标值	权重
教育贡献度 8分	受教育水平 5分	38.新增劳动力人均受教育年限	★新增劳动力人均受教育年限(年)	≥15年	3
		39.主要劳动年龄人口平均受教育年限	★主要劳动年龄人口平均受教育年限(年)	≥12.2年	1.5
		其中:受过高等教育比例	★受过高等教育的比例	≥25.8%	0.5
	社会服务能力 3分	40.技能人才满足经济社会发展需求	★每万劳动力中高技能人才数	≥600人	2
		41.中等职业教育毕业生就业率	中等职业教育毕业生就业率	≥90%	1
教育满意度 6分	对学校及政府的满意度 6分	42.学生、社会对学校的满意度	★学生、社会对学校的满意度(问卷调查)	90%	3
		43.学校对政府管理和服务的满意度	★学校对政府管理与服务的满意度(问卷调查)	90%	3